高等学校工程管理专业规划教材

铁 路 工 程 计 价

顾伟红　主编

中国建筑工业出版社

图书在版编目（CIP）数据

铁路工程计价/顾伟红主编. —北京：中国建筑工业
出版社，2012.1
（高等学校工程管理专业规划教材）
ISBN 978-7-112-13987-3

Ⅰ.①铁…　Ⅱ.①顾…　Ⅲ.①铁路工程-工程造价
Ⅳ.①U215.1

中国版本图书馆 CIP 数据核字（2012）第 012635 号

本书全面介绍铁路工程计价的原理和方法，内容分七章：第 1 章铁路工程计价概述，第 2 章铁路工程构造，第 3 章铁路工程计价依据，第 4 章铁路工程概预算的编制，第 5 章铁路工程招标投标与工程量清单计价，第 6 章铁路工程验工计价与竣工决算，第 7 章铁路工程计价软件。

本书可作为高等院校土木工程、工程管理专业本专科学生及其他相关专业（如建设项目管理、工程投资管理、工程造价管理等各专业方向）学生学习铁路工程概预算的教材，也可供从事铁路造价管理人员、相关专业人员学习参考。

＊　　＊　　＊

责任编辑：王　跃　牛　松
责任设计：李志立
责任校对：肖　剑　关　健

高等学校工程管理专业规划教材
铁路工程计价
顾伟红　主编
＊
中国建筑工业出版社出版、发行（北京西郊百万庄）
各地新华书店、建筑书店经销
北京红光制版公司制版
北京市密东印刷有限公司印刷
＊
开本：787×1092 毫米　1/16　印张：18½　字数：456 千字
2012 年 4 月第一版　　2012 年 4 月第一次印刷
定价：**36.00** 元
ISBN 978-7-112-13987-3
（22021）

前　　言

　　近年来高速铁路建设迅速发展，对从事土木工程施工、管理的人才也提出更高的要求。教材《铁路工程计价》，以现行《铁路基本建设工程设计概预算编制办法》、《铁路工程工程量清单计价指南》、《铁路工程招投标文件补充文本》、最新《铁路工程预算定额》等最新规范性文件为依据，系统介绍铁路工程各阶段计价文件的编制原理与方法，与现有铁路预算类教材相比突出以下几个特点：

　　（1）结合高速铁路发展的特点编写；工程计价是与工程构造、工程施工紧密结合的课程，高速铁路的结构设计、施工方法都呈现与过去不同的许多特点，如从构造上出现了无砟轨道、双线箱梁、基底处理等许多新结构等。教材中及时将此部分新知识进行介绍，既是从事计价工作必须了解的工程基础知识，也是对专业前沿知识的补充。

　　（2）结合行业最新计价办法与规定编写；《铁路基本建设工程设计概预算编制办法》、《铁路工程工程量清单计价指南》、《铁路工程招投标文件补充文本》、《铁路工程预算定额》是工程计价的主要依据，教材中将2011年新颁布的铁路定额的使用说明编写进来，使教材与专业最新的规范保持同步，增强了知识的更新性。

　　（3）结合具体的铁路工程计价实例文件编写。在对基本知识理论准确精练阐述的基础上，辅以形象直观的案例，以加深理论知识的应用及可操作性。教材内容中增加对常用铁路计价软件的介绍，注重对学生实践能力的培养。

　　教材由兰州交通大学工程管理系顾伟红主编，硕士研究生赵冉、王文君在资料搜集和修改整理方面做了许多工作，在此表示衷心的感谢。

　　由于作者知识积累的局限、编写中参考的资料有限，书中难免存在疏漏或不妥，欢迎同行专家和读者在使用中给予批评指正，感谢您的交流和大力支持。

编者

2011 年 10 月

目　　录

第1章 铁路工程计价概述

1.1 工程计价的概念与原理

工程计价是建设各个阶段工程造价（或价格）的计算或确定，即工程造价目标值的确定，也称工程估价。具体是指工程造价人员在项目实施的各个阶段，根据各个阶段的不同要求，遵循计价原则和程序，采用科学的计价方法，对投资项目最可能实现的合理价格作出科学的计算，从而确定投资项目的工程造价，编制工程造价的经济文件。在工程建设的不同阶段其具体表现形式也不同，如业主进行的工程计价有：投资估算、设计概算、施工图预算、招标工程标底、竣工决算等，承包方进行的工程计价有：工程投标报价、工程合同价等。

各阶段工程计价的基本原理是相通的，均要按照工程分解结构进行组合计价，进行铁路工程计价还需考虑铁路建筑产品的特点，按照铁路基本建设的各个程序多阶段计价。

1.1.1 工程造价的概念

工程造价就是工程的建造价格，从投资者角度是指建设一项工程预期开支或实际开支的全部固定资产投资费用。投资者选定一个投资项目，为了获得预期的效益，就要经过项目决策、勘察设计、设备材料采购、施工营造，直至竣工验收等一系列投资活动，在这一系列投资活动中所支付的全部费用开支就构成了工程造价。从这个意义上说，工程造价就是工程投资费用，是工程项目固定资产投资。

工程造价的第二种含义是从市场交易的角度出发，为建成一项工程，预计或实际在建设各阶段交易活动中所形成的建设工程总价格之和。建设各阶段交易活动包括土地市场、设备市场、技术劳务市场及工程承发包市场。该含义反映以建设工程这种特定的商品形式作为交易对象，通过招标投标或其他交易方式，在多次预估基础上，最终由市场形成其价格。

铁路工程造价以初步设计阶段投资概算为例是指从投资者（业主）角度，筹建一条新建或改扩建铁路建设项目（单项工程）从开始至竣工投产运营所发生的全部建设费用，包括建筑工程、安装工程、设备购置费、其他费以及动态投资和机车车辆购置费、铺底流动资金的总和。

1.1.2 工程计价的特点

1. 单件性

建设工程都是固定在一定地点的，其结构、造型必须适应工程所在地的气候、地质、水文等自然客观条件，在建设这些不同实物形态的工程时，必须采取不同的工艺、设备和建筑材料，因而所消耗的物化劳动和活劳动也必定是不同的，再加上不同地区的社会经济发展水平不同致使构成价格和费用的各种价值要素的差异，最终导致工程造价各不相同。任何两个建设项目其工程造价不可能是完全相同的，因此，对建设工程就不能像对工业产品那样，按品种、规格、质量成批量生产和定价，只能是单件性计价。也就是说，只能根据各个建设工程项目的具体设计资料和当地的实际情况单独计算工程造价。

2. 多次性

建设工程一般规模大，建设期长，技术复杂，受建筑物所在地的自然条件的影响大，消耗的人力、物力和资金巨大，为了满足建设各阶段的不同需要，相应地也要在不同阶段多次性计价，以保证工程造价确定与控制的科学性。多次性计价是一个由粗到细，逐步深化、细化直至确定实际造价的过程。项目计价过程如图 1-1 所示。

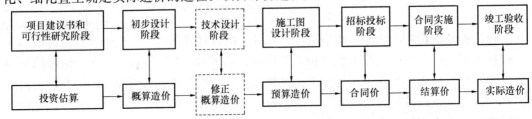

图 1-1 项目多次计价过程

3. 组合性

工程价款的计算是分部组合而成的。这一特征和建设项目的组合性有关。一个建设项目是一个工程项目的综合体。这个综合体可以分解成多个有内在联系的独立和非独立工程。从计价和工程管理的角度来看，分部分项工程还可以分解。由此可知，建设项目的组合性决定了计价的过程是一个逐步组合的过程，在计算概算造价和预算造价时尤为明显。所以，也反映到合同价和结算价中。其计算过程和计算顺序是：分部分项工程单价—单位工程造价—单项工程造价—建设项目总造价。

4. 方法的多样性

由于工程造价具有多次计价的特点，每次计价中有不同的计价依据和精度要求，这就造成了计价方法有多样性特征。如计算概预算造价的计价方法有单价法和实物法，不同的方法利弊不同，适应条件也不同，计价时应根据计价对象的特点和所掌握的计价依据资料等具体情况加以选择使用。

5. 依据的复杂性

由于影响造价的因素多，其计价依据相对复杂，种类繁多。主要可分为以下七类：

（1）计算设备数量和工程量依据，包括项目建议书、可行性研究报告、设计文件等。

（2）计算人工、材料、机械等实物消耗量依据，包括投资估算指标、概算定额、预算定额等。

（3）计算工程要素的价格依据，包括人工单价、材料价格、材料运杂费、机械台班费等。

（4）计算设备单价依据，包括设备原价、设备运杂费等。

（5）计算施工措施费、特殊施工增加费、间接费和工程建设其他费用依据，主要是相关的费用定额、指标和政府的有关文件规定。

（6）政府规定的税金税率和规费费率。

（7）物价指数和工程造价指数。

依据的复杂性不仅使计算过程复杂，而且要求计价人员熟悉各类依据，并加以正确利用。

1.1.3 工程造价计价的原理

工程计价的基本原理是将一个完整的建设项目进行层层分解，划分为可以按定额等技术经济参数测算价格的基本单元子项（即分部、分项工程）。基本子项应该是既能用较为简单的施工过程生产出来，又可以用适当的计量单位计算、测定的工程基本构造要素，也可称为假定的建筑安装产品。一般来说，分解结构层次越多，基本子项越细，就能越准确地计算基本子项的费用；反之，分解层次越少，基本子项费用计算越粗略。一个建设项目可以分解为一个或几个单项工程。单项工程是指一个建设项目中具有独立的设计文件，竣工后可以独立发挥生产能力或效益的工程。单项工程是具有独立意义的，能够发挥功能要求的完整的建筑安装产品。单项工程作为建设项目的组成部分，仍是一个比较复杂的综合实体，还需要进一步分解。一个单项工程可以分解为一个或几个单位工程。单位工程是指具有独立的设计图纸，可以独立组织施工，但竣工后一般不能独立发挥生产能力或效益的工程。单位工程按照工程部位、设备种类、使用材料的不同，分解为若干分部工程，分部工程每一部分都包括不同的结构和装修内容，但是从建筑工程计价的角度来看，还需要把分部工程按照不同的施工方法、不同的材料及不同的规格，分解为内容相对简单、可以计算出相应实物数量的分项工程，即工程计价的基本子项。针对这些基本工程构造要素分别测算其数量和单位价格，就可以计算出每个分部分项工程的造价，再按照工程分解的逆顺序逐层组合、汇总，计算出整个建设项目的工程造价。即：

$$工程造价 = \sum（实物工程量 \times 价格）$$

可见，影响工程造价的因素主要有两个，即基本子项的单位价格和基本子项的实物工程数量。这"量"和"价"的测算是工程计价的核心，在确定了"量"和"价"的基础上，再经过一定的费用取定过程，就得到了建设工程的工程造价。计价实务中，在确定了项目的设计文件要求和施工组织计划的基础上，"量"的大小主要取决于工程定额消耗量水平，"价"的高低主要取决于市场价格水平。

1.1.4 工程计价的方法

在不同的经济发展时期，存在一定的工程建设管理体制和一定的建筑产品交换方式，工程建筑产品的定价主体和价格形成机制也不同，我国建筑产品价格形成了定额计价和工程量清单计价两种模式。

下面我们分别对这两种计价模式进行介绍。

1. 传统定额计价模式

定额计价模式是我国长期以来采用的计价模式，即按照概预算定额规定的分部分项子目，逐项计算工程量，套用概预算定额单价（或单位估价表）确定直接工程费，然后按规定的取费确定措施费、间接费、利润和税金，并考虑不可预见费等因素，经汇总后即为工程概预算或标底。其计价程序如图 1-2 所示。

工程计价具有多次性特点，在项目建设的各个阶段都要进行造价的预测与计算。在投资决策、初步设计、扩大初步设计和施工图设计阶段，业主委托有关的工程造价中介咨询机构根据某一阶段所具备的信息进行确定和控制，此时的工程造价还并不完全具备价格属性。因为此时交易的另一方主体还没有真正出现，此时的造价确定过程可以理解为业主的单方面行为，属于业主对投资费用管理的范畴。工程价格形成的主要阶段是招标投标阶

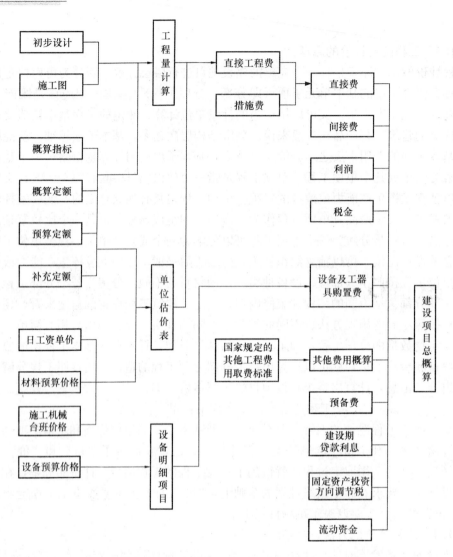

图 1-2 定额计价程序

段，但由于我国的投资费用管理和工程价格管理模式并没有严格区分，所以长期以来在招标投标阶段实行定额计价模式。

这种模式下投标报价的不利因素有：

（1）未能提供投标人竞争的统一平台。招标人和投标人按照同一定额、同一图纸、相同的施工方案、相同的技术规范重复工程量的计算工作和套价工作，招标人未能提供投标人竞争的统一平台，投标人的报价也没有反映出招标投标的竞争性和工程管理的水平。

（2）投标单位的报价按统一定额计算，不能按照自己的施工条件、施工管理、施工技术和拥有的各种优势来计算。作为投标单位的报价，不能按照自己的具体施工条件、施工设备和技术专长来确定报价；不能按照自己的采购优势来确定材料预算价格；不能按照企业的管理水平来确定工程的费用开支；企业的优势体现不到投标报价中。

（3）业主和投标单位没有市场经济风险的意识。作为投标单位，工程一旦中标，不论材料价格如何上涨，只要国家造价管理部门按照调整的综合材料预算指导价和价差调整系数予以核算，就没有经营上的任何风险。

（4）不利于施工企业技术水平和管理水平的提高。以标底价格为标准确定施工合同的做法，无法形成一种竞争向上的气氛，难以激发施工企业改进技术和管理水平。从总体上说，传统的定额计价模式不是一种价格的形成方法，其原因主要是没有给予工程交易双方真正的自主定价权。作为工程的承包方，不能按照施工企业的自身情况合理报价；作为工程的投资方，自己没有定价权，不能通过市场竞争选择自己理想的承包价格。

2. 工程量清单计价模式

工程量清单计价是根据工程量清单计价规范要求及施工图纸计算各个清单项目工程量，形成工程量清单，再根据招标文件中的工程量清单和有关要求、施工现场实际及拟订的施工方案或施工组织设计，依据定额资料、工程造价信息和经验数据计算得到工程造价。

工程量清单计价可以将各种经济、技术、质量、进度等因素充分细化考虑到单价的确定上，因而可以做到科学、准确和反映实际情况，这就从根本上防止了依据定额定价的局限、单一。

这种投标模式下优点体现在以下几个方面：

（1）用工程量清单计价符合我国当前工程造价体制改革中"逐步建立以市场形成价格为主的价格机制"的大原则。这一原则的本身就说明必须把价格的决定权逐步交给施工企业、交给建筑市场，并最终通过市场来配置资源，决定工程价格。它真正实现了通过市场机制决定工程造价。

（2）采用工程量清单计价有利于将工程的"质"与"量"紧密结合起来。质量、造价、工期三者之间存在着一定的必然联系，报价当中必须充分考虑到工期和质量因素，这是客观规律的反映和要求。采用工程量清单计价有利于投标单位通过报价的调整来反映质量、工期、成本三者之间的科学关系。

（3）有利于业主在极限竞争状态下获得最合理的工程造价。采用工程量清单计价方法增加了综合实力强、社会信誉好的企业的中标机会，更能体现招标投标的宗旨，同时也可为建设单位的工程成本控制提供准确、可靠的依据。

（4）采用工程量清单计价有利于实现风险的合理分担。采用工程量清单计价方式后，投标单位只对自己所报的成本、单价等负责，而对工程量的变更或计算错误等不负责任；相应地，这一部分风险则应由业主承担，这种格局符合风险合理分担与责权利关系对等的一般原则。

（5）采用工程量清单招标有利于节省时间，减少不必要的重复劳动。

（6）采用工程量清单招标有利于标底的管理与控制。在传统的招标投标方法中，标底一直是个关键因素。标底的正确与否、保密程度如何一直是人们关注的焦点。而采用工程量清单计价方法，工程量是公开的，是招标文件内容的一部分，标底只起到一定的控制作用（即控制报价不能突破工程概算的约束），而与评标过程无关，并且在适当的时候甚至可以不编制标底。这就从根本上消除了标底准确性和标底泄露所带来的负面影响。

（7）有利于中标企业精心组织施工，控制成本。中标后，中标企业可以根据中标价及投标文件中的承诺，通过对单位工程成本、利润进行分析，统筹考虑，精心选择施工方案；并根据企业定额或劳动定额合理确定人工、材料、施工机械要素的投入与配置，优化组合，合理控制现场费用和施工技术措施费用等。

（8）有利于控制工程索赔，搞好合同管理。在传统的招标方式中，施工单位"低报价、高索赔"的策略屡见不鲜。设计变更、现场签证、技术措施费用及价格、取费调整是索赔的主要内容。工程量清单招标方式中，由于清单项目的综合单价不因施工数量变化、施工难易不同、施工技术措施差异、价格及取费变化而调整，这就消除了施工单位不合理索赔的可能。

1.2　铁路基本建设概述

1.2.1　铁路工程建设概念及特点

铁路基本建设是铁路部门为形成铁路运输及其相关活动所需固定资产，而通过规划、设计、建造、购置和安装等活动形成用于铁路运输及其相关活动的固定资产，包括铁路、桥梁、隧道、站场、通信、信号、电力装备等建筑产品的综合性经济活动。其显著特点如下。

1. 投资大，工期长

铁路工程建设是一项庞大的系统工作，涉及面广，因素多，不仅生产周期较长，而且投资巨大。如，国家"九五"重点建设项目西安至安康电气化铁路，全线长 267.833km，其中桥隧总长约 180km，占全线的 67.2%，施工工期达 4 年之久，竣工决算 102.5 亿元，平均每公里造价达到 3827 万元。又如，京沪高速铁路客运专线，设计时速为每小时 300～350km，总长约 1305km，总投资达到 2200 亿元。因此，必须加强工程造价的管理工作，科学、准确、公正地编制概算与预算，合理确定和有效控制工程造价，这对节约工程建设投资具有十分重要的意义。由于铁路建设从投资决策、开展设计、工程招标投标到竣工运营经历时间较长，从客观上就要求对工程建设多次计价，经过投资估算、设计总概算、施工图预算、招标投标报价、竣工决算，形成工程计价由粗到细、从不太准确到逐渐准确的过程。

2. 工程线形分布，施工流动性大

铁路工程建设规模一般都比较大，从建设里程上来讲从几十公里到上百公里甚至上千公里的都有，涉及的施工区域可能不止一个省、市，尤其是铁路干线的建设，一般都要跨越几个省市以上，施工范围较广，工程数量分布也往往不均匀。特大桥梁、长大隧道以及高填深挖路段的路基土石方工程等，成为控制工期的关键工程。由于工程线形分布及建设产品的固定性，决定了施工的流动性及工作的艰苦性，这种特点在铁路概预算中也有反映。

3. 工程种类多，施工协作性高

铁路工程建筑产品类型多种多样，标准化难度大，必须个别设计，施工过程由于技术条件、自然条件及工期要求不同也有较大区别。按专业划分铁路建设的工程类别，包括路基、轨道、隧道、桥涵、站场设备、通信、信号、机务、电力、电气化、给水排水、车辆、房屋建筑等十余种工程。因此，铁路项目管理的难度较大，每项工程都需要建设、设计、施工、监理等单位密切配合，材料、动力、运输等各部门的通力合作，以及地方各级政府部门和施工沿线各相关单位的大力支持。工程的建设需要多家单位合作，分点、分段建设完成。必须协调好各方面关系，加强内、外部联系沟通，按一定的程序办事，否则必然对工程的顺利实施带来很大的影响。

铁路工程的这一特点，要求一项完整的总概（预）算，必然由许多不同工程类别的单项概（预）算单元所组成，使得编制概预算工作复杂繁琐。编制概预算必须不遗不漏，完整准确。

4. 工程风险因素多

铁路工程本身的特点要求施工建设采用露天野外的作业方式，加上施工的时间、路线一般都较长，无论是其面临的气候、地质水文条件，还是社会经济环境，乃至人文环境都将是有差异的。其中的任何一项因素的变化都会影响工程建设的顺利进展，因而决策风险、设计风险、施工风险、技术风险、质量风险、投资风险、自然灾害风险以及不可抗力风险等，几乎贯穿工程建设的全过程。由于涉及的工程风险因素多，因此承包单位在工程投标报价中必须考虑风险因素造成的造价费用的增长，同时在项目实施阶段一方面积极采取措施降低风险可能带来的损失，另一方面注意收集相关证据，积极做好索赔工作。

1.2.2 铁路工程建设分类

为了便于对铁路工程建设进行管理，按照建设项目的性质、阶段、规模、组成等进行必要的分类。

1. 按建设工程的性质分类

（1）新建。指从无到有"平地起家"开始建设的独立工程。有的建设项目的原有规模很小，经建设后，其新增加的固定资产价值是原有固定资产价值三倍以上的，也作为新建。

（2）扩建。指为扩大原有运输设备生产能力而进行新建的工程。如既有线增建复线工程就属于扩建。

（3）改建。指对原有的设施进行技术改造和更新（包括相应配套的辅助性生产、生活设施建设）。铁路既有线电气化改造、提高运能标准的建设为改建。

（4）恢复。指因自然灾害、战争等原因，使原有铁路固定资产全部或部分报废，又投资建设的项目。在恢复建设过程中，不论是按原有规模恢复，还是在恢复的同时进行扩建，其建设性质都是恢复建设。

2. 按建设工程的投资规模分类

按建设工程的投资规模可分为大、中、小型的项目，划分的标准各行业部门有不同的规定。铁路综合工程单项工程合同额在 5000 万元（含）以上的称为大型工程，在 3000 万（含）～5000 万元的称为中型工程，在 3000 万元以下的称为小型工程。

3. 按建设工程的阶段分类

建设工程项目在建设全过程中，分为筹建、施工、投产（部分投产和全部投产）、收尾和竣工等阶段。

1）筹建项目。指永久性工程尚未正式开工，只进行勘察设计、征地拆迁、场地平整等前期准备工作的建设项目。

2）施工项目。指正在进行建筑或安装施工活动的铁路项目。

3）投产项目。指按设计文件规定建成主体工程和相应配套的辅助设施，形成生产能力或工程效益，经初验合格投入生产或交付使用的项目。

投产项目分为全部建成投产或交付使用项目（简称全投项目）和部分建成投产或交付

使用项目（简称单投项目）。

（1）全投项目。指按批准的设计文件所规定的主体工程和相应的配套工程已全部建成，形成设计规定的全部生产能力（不考虑分期达到的输送能力），根据国家有关规定，按国家或部颁验收标准经初验合格，投产或交付使用的建设项目。

（2）单投项目。指设计文件规定的可独立发挥生产能力（或工程效益）的单项工程已建成，经初验合格投产或交付使用的建设项目。

4）竣工项目。指整个建设项目按设计文件规定的主体工程和辅助、附属工程全部建成，并已正式验收合格移交生产或使用部门的项目。建设项目的全部竣工是建设项目建设过程全部结束的标志。

1.2.3 铁路工程建设项目的构成

凡按一个总体进行设计并组织施工的建设工程，完工后具有完整的系统，可以独立地形成生产能力或使用价值的工程，称为一个建设项目。

铁路基本建设项目，从大的方面而言，有铁路新线修建项目、既有线复线或电化改造项目、线路或个体工程改扩建项目等，它们又包含许多子项目，如新建铁路基本建设工程项目有路基、桥涵、轨道、隧道及明洞、站场建筑设备、机务设备、车辆设备、给水排水、通信、信号、电力、房屋建筑，一般将前五项工程统称站前工程，其余工程统称站后工程。

建设项目按构成可划分为单项工程、单位工程、分部工程及分项工程。

1. 单项工程

凡具有独立的设计文件，可独立组织施工，竣工后可以独立发挥生产能力或工程效益的工程，称为一个单项工程，例如修建一条新线，将其划分为若干个区段，每个区段可作为单项工程完成。

2. 单位工程

独立设计、施工，但完工后不能独立发挥生产能力或效益的工程。铁路工程如站前工程、站后工程以及一段铁路的任何一段路基，任何一座桥梁、隧道等均可作为一项单位工程。

3. 分部工程

分部工程是单位工程的组成部分，它是按建筑安装工程的结构、部位或工序对单位工程的进一步划分。如一座桥梁，由上部建筑和下部建筑组成，而桥梁墩台又由基础工程和主体工程等分部工程组成。

4. 分项工程

分项工程是分部工程的组成部分，一般按不同的施工方法、材料或工种划分。如主体工程由模板、钢筋、混凝土等工程组成。分项工程是整个铁路工程成本、进度控制的基本单位。

1.2.4 铁路工程建设的程序

建设程序是指建设项目从规划立项到竣工验收的整个建设过程中各项工作的先后次序，这个次序是由工程建设的客观规律决定的，违反建设程序，会造成经济损失，带来不良后果。建设程序大体包括立项决策、设计、工程实施和竣工验收四个阶段。

1. 立项决策阶段

1) 编制项目建议书

根据国民经济发展的长远规划和路网建设规划，进行项目的预可行性研究，编制项目建议书。预可行性研究报告是项目立项的依据，根据国家批准的路网中长期规划，收集相关资料，进行社会、经济和运量调查、现场踏勘，系统研究项目在路网及综合交通运输体系中的作用和对社会经济发展的作用，初步提出建设方案、规模和主要技术标准，对主要工程、外部环境、土地利用、协作条件、项目投资、资金筹措、经济效益等初步研究后编制，论证项目建设的必要性和可能性。项目建议书应对拟建项目的目的、要求、主要技术标准、原材料及资金来源以及经济效益和社会效益等提出文字说明。项目建议书是进行各项前期准备工作和进行可行性研究的依据。项目建议书按国家规定必须经过报批。

2) 编制可行性研究报告

根据批准的项目建议书，在初测基础上进行可行性研究，编制可行性研究报告。可行性研究文件是项目决策的依据，根据国家批准的铁路长期规划或项目建议书开展初测，进行社会、经济和运量调查，综合考虑运输能力和运输质量，从技术、经济、环保、节能、土地利用等方面进行全面深入的论证，对建设方案、建设规模、主要技术标准等进行比较分析后，提出推荐意见，进行基础性设计，提出主要工程数量、主要设备和材料概数、拆迁概数、用地概数和补偿方案、施工组织方案、建设工期和投资估算，进行经济评价后编制，论证建设项目的可行性。可行性研究的工程数量和投资估算要有较高的准确度，环境保护、水土保持和使用土地设计工作应达到规定的深度。可行性研究是基本建设前期工作的重要组成部分，是建设项目立项、决策的主要依据。

铁路建设项目可行性研究，应根据批准的项目建议书，从技术、经济上进行全面深入的论证，采用初测资料编制。其内容和深度主要包括：解决线路方案、接轨点方案、建设规模、铁路主要技术标准和主要技术设备的设计原则（改建铁路则应解决改建方案、分期提高通过能力方案、增建二线和第二线线位的方案，以及重大施工过渡方案；铁路枢纽则应有主要站段方案和规模、枢纽内线路方案及其铁路主要技术标准、重大施工过渡方案；铁路特大桥则应有桥址方案，初步拟订桥式方案）；进一步落实各设计年度的客货运量，提出主要工程数量、主要设备概数、主要材料概数、征地及拆迁概数、建设工期、投资估算、资金筹措方案、外资使用方案、建设及经营管理体制的建议；深入进行财务评价和国民经济评价；阐明对环境与水土保持的影响和防治的初步方案，以及节约能源的措施。可行性研究的工程数量和投资估算要有较高的精度。可行性研究审批后，即作为计划任务书。

按现行规定，大中型和限额以上项目可行性研究报告经批准后，项目可根据实际需要成立项目管理机构，即建设单位。

2. 编制设计文件阶段

铁路工程基本建设项目一般采用两阶段设计，即初步设计和施工图设计。对于技术简单、方案明确的小型建设项目，也可采用一阶段设计，即一阶段施工图设计。对于技术上复杂、基础资料缺乏和不足的建设项目，或建设项目中的复杂特大桥、隧道，必要时采用三阶段设计，即初步设计、技术设计和施工图设计。勘察、设计承包单位按照招标投标法的规定应经过招标投标确定。

1) 初步设计

　　初步设计应根据批复的可行性研究报告、测设合同及勘测资料进行编制。初步设计的目的是确定设计方案，必须进行多设计方案比选，才能确定最合理的设计方案。选定设计方案时，一般先进行纸上定线，大致确定路线布置方案。然后到现场核对，对路线的走向、控制点、里程和方案的合理性进行实地复查，征求沿线地方政府和建设单位的意见，基本确定路线布置方案。对投资大、地形特殊的路线、复杂特大桥、隧道等大型工程项目，一般应选择两个以上的方案进行同深度、同精度的测设工作，并通过多方面论证比较，提出最合理的设计方案。设计方案确定后，拟定修建原则，计算工程数量和主要材料数量，提出初步施工方案，编制初步设计概算，提供文字说明和有关的图表资料。初步设计文件经审查批复，列入国家基本建设年度计划后，即作为订购主要材料、机具、设备等及联系征用土地、拆迁等事宜，进行施工准备，编制施工图设计文件和控制建设项目投资等的依据。

　　建设项目初步设计要确定线路走向、主要技术条件、运输能力、工程数量、征地数量、施工组织方案和总概算。要明确修建期限、设计年度与分期加强方案，要对项目的经济效益核算落实。铁路建设项目初步设计文件审查批准后，即可组织工程招标投标、编制开工报告等工作。

　　2）技术设计

　　按三阶段设计的项目，应进行技术设计。技术设计应根据初步设计的批复意见、勘测设计合同要求，进一步勘测调查，分析比较，解决初步设计中尚未解决的问题，落实技术方案，计算工程数量，提出修正的施工方案，编制修正设计概算，批准后即作为施工图设计的依据。

　　3）施工图设计

　　两阶段（或三阶段）施工图设计应根据初步设计（或技术设计）的批复意见、勘测设计合同，到现场进行详细的勘察测量，确定路中线及各种结构物的具体位置和设计尺寸，确定各项工程数量，提出文字说明和有关图表资料，作出施工组织计划，并编制施工图预算，向建设单位提供完整的施工图设计文件。

　　铁路工程施工图设计文件一般包括：线路、路基、轨道、桥涵、隧道、站场、机务设备、车辆设备、给水排水、通信、型号、电力、房屋建筑等各专业的施工图纸及说明，施工图预算。

　　3. 工程实施阶段

　　1）招标与投标阶段

　　铁路基本建设项目实行招标承包制。按照国家招标投标法的规定，凡是符合招标范围标准的铁路建设项目都必须招标投标，包括勘察、设计、施工、监理以及重要物资、设备采购。招标由建设单位根据国家颁布的《招标投标法》和铁道部有关规定组织进行，从投标的单位中择优选定承包方。

　　建设工程招标投标必须遵循一定的程序，并要坚持公平、有偿、讲求信用的原则，以技术水平、管理水平、社会信誉和合理报价等情况开展竞争，不受地区、部门的限制。建设工程招标的方式主要有以下两种：

　　（1）公开招标。由招标单位通过专业报刊、广播、电视等公开发表招标广告，符合资质等级要求的单位均可报名参加投标，为目前主要的招标方式。

（2）邀请招标。由招标单位向有承包能力的若干企业发出招标通知，被邀请的投标单位一般不少于三家。

按照招标程序，经过评标委员会评标，最后定标推荐中标承包单位。建设单位应与中标单位签订承发包合同，明确双方的责任和义务。承发包合同按付款方式不同，可分为总价合同、单价合同及成本加酬金合同。

2）施工准备

铁路工程施工涉及面广，为了保证施工的顺利进行，建设单位、勘测设计单位、施工单位和建设银行等都应在施工准备阶段充分做好各自的准备工作。

建设单位应根据计划要求的建设进度组建专门的管理机构，办理登记及征地、拆迁等工作，做好施工沿线各有关单位和部门的协调工作，抓紧配套工程项目的落实，提供技术资料、建筑材料、机具设备的供应。

勘测设计单位应按照技术资料供应协议，按时提供各种图纸资料，做好施工图纸的会审及移交工作。

施工单位应首先熟悉图纸并进行现场核对，编制实施性施工组织设计和施工预算，同时组织先遣人员、部分机具、材料进场，进行施工测量、修筑便道及生产、生活用临时设施的搭建，组织材料及技术物资的采购、加工、运输、供应、储备，提出开工报告。

工程监理单位应组织监理机构或建立监理组织体系，熟悉施工设计文件和合同文件；组织工程监理人员和设备进入施工现场；根据工程监理制度规定的程序和合同条款，对施工单位的各项施工准备工作进行审批、验收、检查，合格后，使其按合同规定要求如期开工。

建设银行应会同建设、设计、施工单位做好图纸的会审，严格按计划要求进行财政拨款或贷款，做好建设资金的供应工作。

3）工程施工

施工准备工作完成后，施工单位必须按工程承包合同规定的日期开始施工。在建设项目的整个施工过程中，应严格执行有关的施工技术规程，按照设计要求，确保工程质量和进度，安全文明施工，并及时做好工程的中间结算。坚持施工过程组织原则，加强施工管理，大力推广应用新技术、新工艺，尽量缩短工期，降低工程造价，做好施工记录，建立技术档案。

4）工程竣工验收阶段

建设项目的竣工验收是铁路工程基本建设全过程的最后一个程序。工程验收是一项十分细致而又严肃的工作，必须从国家和人民的利益出发，按照国家基本建设项目竣工验收规定和办法的要求，认真负责地对全部基本建设工程进行总验收。未经验收或验收不合格的，不得交付使用。竣工验收包括对工程的实体质量、工程资料、数量、工期、生产能力、建设规模和使用条件的审查。对建设单位和施工企业编报的固定资产移交清单、隐蔽工程说明和竣工决算（竣工验收时，建设单位必须及时编制竣工决算，核定新增固定资产的价值，考核分析投资效果）等进行细致检查。

当全部基本建设工程经过验收合格，完全符合设计要求后，应立即移交给生产部门正式使用。对存在的问题要明确责任，确定处理措施和期限。

项目结束后，由建设单位编制项目后评价报告，评价本项目是否达到预期目的和效益。

1.3 铁路工程造价体系及文件组成

1.3.1 铁路工程造价体系的构成

工程造价是指一个建设项目从立项开始到建成交付使用预期花费或实际花费的全部费用，即该建设项目有计划地进行固定资产再生产和形成相应的铺底流动资金和其他资产的一次性费用总和。按照铁路的基本建设程序，造价工作逐渐由粗到细、由不太准确到较准确，到最终反映工程实际投资。建设项目的每一个建设阶段都对应有计价工作，从而形成相应的具有特定用途的造价文件，主要包括以下内容。

1. 投资估算

投资估算是指在整个投资决策过程中，依据现有的资料和一定的方法，对拟建项目的投资数额进行的估测计算。

整个项目的投资估算总额，是指从筹建、施工直至建成投产的全部建设费用，其包括的内容视项目的性质和范围而定，通常包括工程费用、工程建设其他费用（建设单位管理费、征地费、勘察设计费、生产准备费等）、预备费（设备、材料价格差、设计变更、施工内容变化所增加的费用及不可预见费）和协作工程投资调节税及贷款利息等。投资估算是可行性研究、设计方案比较、编制概算和进行施工预测的基础。具体而言，其主要作用有：

（1）是决定拟建项目是否继续进行研究的依据；

（2）是审批项目建议书的依据；

（3）是批准设计任务书、控制设计概算和整个工程造价最高限额的重要依据；

（4）是编制投资计划，进行资金筹措及申请贷款的主要依据；

（5）是编制中长期规划，保持合理比例和投资结构的重要依据。

在编制工程项目可行性研究报告的投资估算时，应当根据可行性研究报告的内容、国家颁布的估算编制办法等，以估算时的价格进行投资估算，并合理地预测估算编制后直至工程竣工期间的工程价格、利率、汇率等动态因素的变化，打足建设资金，不留投资缺口。投资估算精度较差，一般应控制在实际投资造价的 $-10\%\sim+30\%$ 之间。

2. 设计概算

设计概算包括总概算或修正总概算，是初步设计或技术设计文件的重要组成部分，根据设计要求和相应的设计图纸，按照概算定额或预算定额，各项取费标准，建设地区的自然、技术经济条件和设备预算价格等资料，预先计算和确定建设项目从筹建到竣工验收、交付使用的全部建设费用，即项目的总成本。

设计概算是编制预算、进行施工预测和批准投资的基础。设计概算应控制在批准的建设项目可行性研究报告投资估算允许浮动的幅度范围内。一经批准，它所确定的工程概算造价便成为控制投资的最高限额，一般不允许突破。初步设计概算静态投资与批复可行性研究报告静态投资的差额一般不得大于批复可行性研究报告静态投资的 10%。因特殊情况而超出者，须报原可行性研究报告批准单位批准。已批准的初步设计进行设计施工总承包招标的工程，其标底或造价控制值应在批准的总概算范围内。具体而言，设计概算的主要作用有：

(1) 是确定和控制建设项目、各单项工程及各单位工程投资额的依据；

(2) 是编制投资计划的依据；

(3) 是进行拨款和贷款的依据；

(4) 是实行投资包干和招标承包的依据；

(5) 是考核设计方案的经济合理性和控制施工图预算的依据；

(6) 是基本建设进行核算和"三算"（设计概算、施工图预算、竣工决算）对比的基础。

3. 施工图预算

施工图预算是指在施工图设计阶段，当工程设计基本完成后，在工程开工前，根据施工图纸、施工组织设计、预算定额、费用标准以及地区人工、材料、机械台班的预算价格和技术经济条件等资料，对项目的施工成本进行的计算。施工图预算是施工图设计文件的重要组成部分。

编制施工图预算时要求有准确的工程数据，如详细的外业调查资料、施工图、设备报价等，要求精度较高。施工图预算是批准投资、审核项目、进行投标报价和进行成本控制的基础，其主要作用有：

(1) 是考核施工图设计合理性的依据，是落实或调整年度基本建设计划的依据；

(2) 在委托承包时，是签订工程承包合同的依据，以及办理财务拨款、工程贷款和工程结算的依据；

(3) 是实行招标、投标的重要依据；

(4) 是加强承包商企业实行经济核算的依据。

施工图预算与设计概算都属于设计预算的范畴，二者在费用组成、编制表格、编制方法等方面基本相同，只是二者的编制定额依据、设计阶段和作用不同，施工图预算是对设计概算的深化和细化。施工图预算应当按已批准的初步设计和概算进行，一般不允许突破。

4. 竣工决算

竣工决算，对业主而言，是指在竣工验收阶段，当建设项目完工后，由业主编制的建设项目从筹建到建成投产或使用的全部实际成本；对承包商而言，是根据施工过程中现场实际情况的记录、设计变更、现场工程更改、预算定额、材料预算价格和各项费用标准等资料，在概算范围内和施工图预算的基础上对项目的实际成本开支进行的核算，用作承包商向业主办理结算工程价款的依据。

竣工决算统计、分析项目的实际开支，为以后的成本测算积累经验和数据，是工程竣工验收、交付使用的重要依据，也是进行建设财务总结，银行对其实行监督的必要手段。特别对承包商而言，是作为其企业内部成本分析、反映经营效果、总结经验提高经营管理水平的手段。

1.3.2 铁路工程造价文件的组成

铁路工程造价文件由概预算编制说明和附表组成。

1. 初步设计阶段的总概算文件

总概算文件说明书按以下格式编制。

1）概述

（1）编制范围（建设名称、起讫地点、里程、线路全长及相关工程）；

（2）可行性研究审批意见及执行情况；

（3）工程概况；

（4）概算分段。

2）编制依据

（1）一般规定（说明编制依据的规章、办法、协议、纪要及公文等，以及可行性研究审批的投资估算）；

（2）定额（各类工程采用的定额）；

（3）工资（采用的工资及各项津贴标准）；

（4）料价（采用的材料预算价格的标准及依据）；

（5）水、电单价（采用的水、电单价及其依据）；

（6）运输及装卸费单价（采用的各种运输单价、装卸费单价及其依据）。

3）各项工程静态概算及费用的编制

（1）施工准备（采用资料的来源及分析指标的情况）；

（2）正式工程（分别说明各类工程的编制单位、深度、补充定额的采用和运杂费的分析）；

（3）施工措施费、特殊施工增加费（采用的费率及其依据，不含大型临时设施和过渡工程费）；

（4）间接费（采用费率及其依据）；

（5）税金（采用费率及其依据）；

（6）大型临时设施和过渡工程费（计算分析资料及其依据）；

（7）价差（编制年度、资料来源和采用费率及其依据）。

4）动态概算费用、机车车辆购置费和铺底流动资金的编制

（1）工程造价增长预留费（采用费率及其依据）；

（2）建设期贷款利息（采用费率及其依据）；

（3）机车车辆购置费（费用计算依据）；

（4）铺底流动资金（采用费率及其依据）。

5）概算指标的分析

对各类工程费用所占比重及主要技术指标作简要的分析，对一些突出的偏低、偏高的费用的指标应说明原因。

6）概算总额及技术经济指标分析

（1）概算总额及每正线公里指标；

（2）与批准的可行性研究投资估算的对照分析。

附件主要由以下部分组成：

（1）总概算汇总表（编有几个总概算表时附）；

（2）总概算表；

（3）综合概算汇总表；

（4）综合概算表；

（5）单项预算表；

（6）主要材料（设备）平均运杂费单价表（供审查用，不附在文件内）；

（7）补充单价分析表；

（8）可行性研究总估算与初步设计总概算对照表；

（9）可行性研究综合估算与初步设计综合概算对照表；

（10）有关协议、纪要及公文。

2. 施工图设计阶段的投资检算文件

1）说明书

包括初步设计审批意见及执行情况和设计说明（编制依据、原则、范围及单元，按批准的总概算编制，并说明施工图与初步设计工程的对比情况，和投资检算结果与批准的总概算的对比分析情况）。

2）附件

（1）施工图与初步设计主要工程数量对照表；

（2）投资检算汇总表；

（3）综合投资检算汇总表；

（4）综合投资检算表；

（5）单项投资检算表；

（6）投资检算与初步设计总概算对照表；

（7）综合投资检算与初步设计综合概算对照表。

思　考　题

1. 什么是工程计价？工程计价有何特点？

2. 铁路基本建设的程序和特点是什么？

3. 铁路建设项目的构成？

4. 铁路工程造价体系如何构成？

5. 铁路造价文件由哪些内容组成？

第2章 铁路工程构造

2.1 铁路工程基本构造

2.1.1 铁路路基工程构造

铁路路基是铁路工程的重要组成部分，是承受轨道和列车荷载的基础。它和铁路桥梁、隧道共同组成一个线路整体。路基由路基本体、路基防护和加固建筑物、路基排水设备三部分建筑物所组成。

1. 路基组成

路基本体是路基的主要部分。它是在天然的地层里挖成的堑槽或在地面上用土石堆成的堤埂，其各部位的名称如图2-1所示。

（1）路基面。路堤两边坡起点之间的表面或半堤半堑一边坡起点与侧沟边坡起点之间的表面或路堑两侧沟边坡起点之间的表面。

（2）轨道基础。路基面中部为铺设轨道需要而被道床覆盖的部分。

（3）路肩。路基面两侧未被道床覆盖的部分，它起到加强路基稳定性、保障道床稳固，以及方便养护维修作业的作用。

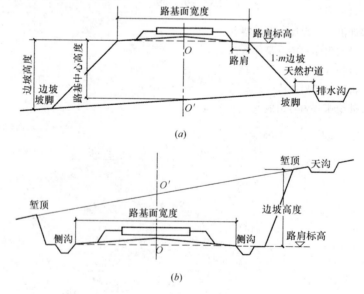

图2-1 路基构造示意图

（a）路堤；（b）路堑

（4）路基面宽度。两路肩边缘（即路基面的边缘）之间距离。

（5）路基边坡。路堤两侧的斜坡或半堤半堑各侧的斜坡以及路堑侧沟两侧的斜坡。

（6）路基边坡高度。指路基的边坡线与地面线的交点（坡脚）处到路肩边缘的竖直距离，如果左右两侧的边坡高度不等，则规定以大者代表该横断面的边坡高度。

（7）路基高度。指路基中心线的地面高程与该处的路肩标高之间的竖直距离，如图 2-1 中的 OO'。

（8）路基基底。路堤基底是指堤身所覆盖的地面线以下的地层。路堑基底是指路堑路基面下的天然地层。

（9）天然护道。指路基边坡线与地面线的交点以外的一定距离。在此距离内不许开垦或引水灌溉，以维持路基边坡原有湿度，从而稳定边坡。

最常见的路基基本断面是路堤和路堑。此外还有半路堤、半路堑、半路堤半路堑或不填不挖路基，如图 2-2 所示。

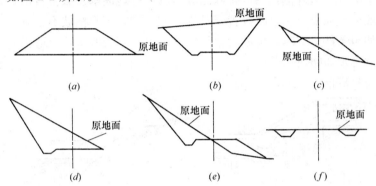

图 2-2　路基断面示意图

（a）路堤；（b）路堑；（c）半路堤；（d）半路堑；（e）半路堤半路堑；（f）不填不挖路基

2. 路基排水及防护

1）路基的排水

为了保证路基的坚实和稳固，使路基经常处于干燥状态，路基上设有一套完整的排水设施。如纵向排水沟、侧沟、截水沟等都是为排泄地面水而设置的。

（1）侧沟

侧沟设置于路堑的路肩外侧，用于汇集、排除路堑边坡面及路基面范围内的地表水。在线路不挖不填地段亦需设置侧沟。如图 2-3 所示。

（2）天沟

天沟设于路堑堑顶边缘以上适当距离处，一般为 2～5m。视需要可设一道或几道，用以截排堑顶上方流向路堑的地表水。

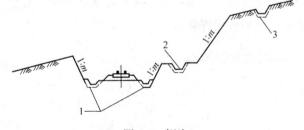

图 2-3　侧沟

1—侧沟；2—截水沟；3—天沟

（3）截水沟

截水沟设在台阶形路堑边坡的平台上及排水沟、天沟所在部位以外必须截除地表水的地方，用以截排边坡平台以上坡面的地表水，或排水沟、天沟以外流向路基的地表水。

一般情况下，天沟或截水沟的纵坡应尽可能选择适应水沟延伸方向的地形地势，使实际挖深约等于沟的需要深度，避免过深的挖方或较高的培堤。若山坡覆盖层不够稳定时，应将水沟底部放在较稳定的地层内，沟的纵坡既不缓于 2‰又不陡于所在地层的不冲流速的坡度。当沟的长度较长时，可采用自上游至下游逐渐增加陡度的纵坡，即每一下游坡段不缓于其上游坡段的坡度，但相邻坡段的坡度差不宜太大，使流速自上游至出口逐渐缓慢增加，从而使水流迅速地排出而不致发生淤积。在水沟引入桥涵或天然沟谷处，应使沟底标高略高于桥涵入口或天然沟底的标高。

在陡于 1:1 的山坡上，一般不设置天沟，但有时为导引两端山坡上的天沟水流或拦截上方的地面径流，亦常采用陡坡排水槽排水。设置此项排水槽时，其断面大小根据流量决定，并注意其稳定性及做好断面的加固工作。

（4）排水沟

排水沟位于路堤护道外侧，用以排除路堤范围内的地面水及截排自田野方面流向路堤的地面水。一般当地面横坡明显时设置于路堤上方一侧，地面横坡不十分明显时，设置于路堤的两侧，如当条件适宜时，可利用紧靠路堤护道外侧的取土坑，适当控制其断面及深度作为排水沟或排水通路。

（5）跌水与急流槽

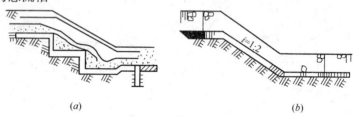

（a）　　　　　　　　　　　　（b）

图 2-4　跌水与急流槽

（a）跌水；（b）急流槽

在陡坡或深沟地段设置的坡度较陡，水流不离开槽底的沟槽称为急流槽。跌水是在陡坡或深沟地段设置的沟底为阶梯形，水流呈瀑布跌落式通过的沟槽。如图 2-4 所示。

跌水与急流槽设于水沟通过陡坡地段，一般采用砌石或混凝土结构，其各部位尺寸应根据水文、地形、地质及当地气候条件确定，其进水口应予适当加固，出水口应注意防止冲刷，一般应设置跌水井等消能设施。

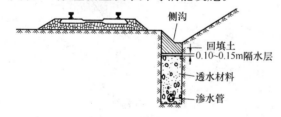

图 2-5　渗沟和渗管

除了地面水外，地下水也是破坏路基良好状态的一个重要原因（尤其是在路堑地段）。为了拦截、排泄地下水，降低地下水位来保持路基的干燥，通常采用渗沟、渗管等地下排水设备，如图 2-5 所示。地下水渗入渗沟以后，可通过渗管纵向排出路堑。

2）路基的防护和加固

路基边坡是路基稳定的主要因素之一。边坡最易受到自然因素的作用而遭到破坏，从而直接影响路基的稳固。因此，要对边坡加以防护。边坡的防护或加固措施通常有：种草、铺草皮、植树、抹面、喷浆、设置砌石护坡和挡土墙等。

挡土墙是支承路基填土或山坡土体，防止填土或土体变形失稳，而承受侧向土压力的建筑物。按其在路基横断面的位置分为路肩式、路堤式、路堑式，如图 2-6 所示。

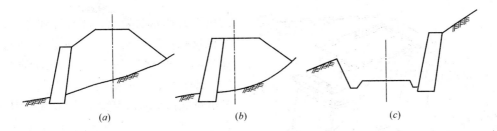

图 2-6　挡土墙在路基横断面上的位置
(*a*) 路肩式；(*b*) 路堤式；(*c*) 路堑式

按其结构形式分重型结构挡土墙和轻型结构挡土墙两类。重型结构挡土墙主要依靠本身自重来维持稳定，如重力式和衡重式挡土墙，根据建筑材料，可分为石、混凝土及钢筋混凝土式挡土墙。这种结构构造简单，施工方便，便于就地取材。

轻型挡土墙采用钢筋混凝土构件组成，如悬臂式挡土墙、扶臂式挡土墙、锚杆挡土墙、锚定板挡土墙以及加筋土挡土墙等。

2.1.2　铁路桥涵工程构造

1. 桥梁构造

桥梁的组成包括桥面、桥跨结构、墩台及基础三大部分，如图 2-7 所示。桥面就是桥梁上铺设的轨道及人行道和护栏部分；桥跨结构就是桥梁承受荷载、跨越障碍的部分；墩台则是桥跨结构的支承体，即桥梁的支座部分，其中设于桥梁中部的支座称为桥墩，设于桥梁两端的支座叫做桥台，桥墩与桥台的底部称为基础。两个相邻墩台之间的空间叫桥孔；而墩台之间在设计水位处的距离叫孔径；从桥跨结构底部到设计水位的高度，以及两相邻墩台之间的限界空间叫做桥下净空。孔径和桥下净空的大小应满足泄洪、排水及通航等要求。每一桥跨两端支点间的距离叫做跨度；桥台挡砟墙之间的长度为桥长。

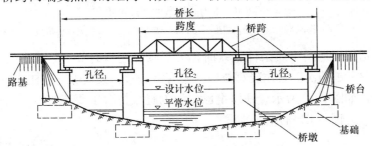

图 2-7　桥梁构造

1) 下部结构

桥台、桥墩及其基础是桥梁的下部结构。

桥墩一般由墩身、顶帽及基础三部分组成。墩身水平截面形状主要取决于水文、通航、地质及线路情况等因素。桥台由台顶、台身及基础三部分组成，其中台顶包括道砟槽及顶帽。道砟槽承托道砟、轨枕、钢轨等。此外，桥台还有防排水、检查台阶和锥体护坡等附属设备，如图 2-8 所示。桥台的结构形式取决于路堤填土高度、上部结构、水文、地质、地形地貌等因素。桥梁墩台类型可分为重力式墩台、轻型墩台两大类。重力式墩台的主要特点是靠自身重量来平衡外荷载而保持其稳定，因此墩台的截面尺寸较大，使用较重

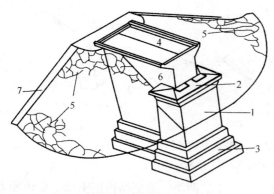

图 2-8　T 形桥台

1—台身；2—台帽；3—基础；4—道砟槽；5—锥体
护坡；6—台顶；7—检查台阶

的圬工材料如混凝土、砌石等建造。此类墩台具有坚固耐久、施工较简易、养护工作量小、取材容易等优点，同时对船、筏、漂流物、山坡落石等的撞击、磨损以及抵抗冰压力的作用等都较有利。但其缺点是工程量大，自重大也使地基压力增大，墩台截面尺寸大也必然增加基础工作量，在水中桥墩也增大了阻水面积。

重力式桥墩按其截面形状分有矩形、尖端形、圆端形和圆形等四种，如图 2-9 所示。

重力式桥台按其截面形状分主要有矩形桥台、U 形桥台、T 形桥台、耳墙式桥台、矩形埋式及十字形埋式桥台等多种。

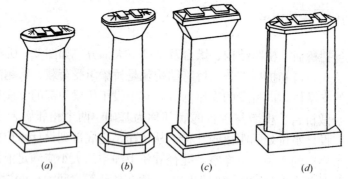

图 2-9　重力式桥墩的几种形式

(a) 圆端形桥墩；(b) 圆形桥墩；(c) 矩形桥墩；(d) 尖端形桥墩

轻型桥墩适用于地基土质条件较差时，为了减轻地基的负担，或者为了减轻墩身重量，节约圬工材料的情况。常用轻型桥墩主要有空心墩、板式墩、桩柱式墩、双柱式墩及各式柔性墩等，如图 2-10 所示。铁路上已采用的轻型桥台主要有桩柱式桥台和锚碇板式桥台，如图 2-11、图 2-12 所示。

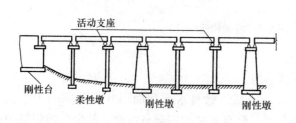

图 2-10　柔性墩桥梁布置

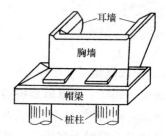

图 2-11　桩柱式桥台

基础是墩台与地基连接的部分，叫墩台基础或叫桥梁基础。基础是桥梁的重要组成部分，它既是桥梁的要害部位，又是施工的难点和关键。桥梁基础因施工方法、结构形式和入土深度的不同，有多种分类方法。依结构形式和施工方法的特征可分为：明挖基础、沉

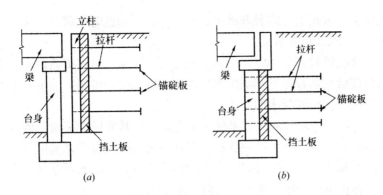

图 2-12 锚碇板式桥台

(a) 分开式；(b) 整体式

井基础、桩基础、管柱基础及其他类型的基础。前三种类型的基础应用得最普遍。

（1）明挖基础

一般指采用敞坑放坡开挖基坑，然后砌筑圬工的扩大基础；其基底埋深多在 5m 以内。近年来采用喷射或灌注混凝土护壁竖直开挖深度可达 10m 以上。明挖基础施工中的防水和排水工作较为困难，故一般只宜于无水、少水或浅水河流且无涌砂现象的基础工程。

（2）沉井基础

常指事先在墩台位置灌好的开口重型混凝土或钢筋混凝土井筒，然后在井内挖土，使井筒靠自重下沉，故名沉井，待沉至要求深度后依次在井内进行封底、填充及封顶，最后在顶盖上建造墩台身。由于井壁有防水、挡土作用，施工时无须另设护壁支撑，施工机具亦较简单且不受地形窄狭的限制。但沉井不宜用于不排水开挖的漂石层或倾斜岩层。若遇深水时可改用浮运钢沉井或薄壁钢丝网混凝土沉井。

（3）桩基础

当基底须埋入土层很深时，可采用桩基础。它是将桩尖下至土层深处，再在桩顶灌注混凝土承台，使基桩与承台形成整体结构，然后在承台上砌筑墩台身。这样，既可将荷载传至土层深处，又可减少基坑开挖量和实体基础的圬工量。因而桩基础是一种常用的深基础，桩基分打入桩和钻（挖）孔桩两种，打入桩需事先预制，施工机具设备较为复杂，施工技术要求较高，当土层中夹有大量碎石、卵石或其他障碍物时，打入困难。近年来打入桩逐渐被钻（挖）孔桩所取代，因钻（挖）孔桩所需机具设备比较简单，并可用于各类土层和岩层。

（4）管柱基础

管柱基础是一种新型的基础结构形式，一般采用薄壁大直径的钢筋混凝土管柱（比桩粗而比沉井小），直径由 1.5～6.0m，从受力作用上看，与桩基相近，从施工下沉上看，由于直径大，需用大型振动打桩机方能穿入土层，因为管柱可以穿越各种土质覆盖层或溶洞，支承于较密实的土上或基岩面上，故适用于深水、薄或厚覆盖层、岩面起伏等桥址条件（可在管柱内钻岩，增加抗滑动的稳定性），尤其适用于双柱式桥墩，可直接在管柱顶上修建墩身，不必再修筑承台。

（5）其他类型的基础

在特殊情况下，采用上述四种基础类型均不能解决问题时，可考虑沉井内加管桩（或桩群外加沉井）、气压沉箱等基础。

当沉井刃角落在倾斜岩层面时，为增加稳定（抗滑动）可在刃角内圈加设钻（挖）孔桩的办法。当修建低桩承台遇见基坑边坡坍塌施工困难时，可用一节沉井下沉至承台底面以上，在沉井内灌注承台混凝土的办法。

当地层中有大孤石等障碍物，或基底岩面起伏，或基底以上有粉细砂层易于造成翻砂不能采用沉井基础，或当需要直接检验和处理基底地层时，可考虑采用气压沉箱基础。气压沉箱基础一般适用于水下 35m 深度以内。由于沉箱内劳动条件恶劣，机具设备复杂，工程费用高昂，施工进度缓慢，非不得已时，不宜采用。

2）桥跨结构

桥梁上部结构按施工方法大致可分为预制安装和现场灌筑两大类。

（1）预制安装法

预制安装可分为预制梁整孔安装和预制节段式块件拼装两种类型。预制梁整孔安装方法有：架桥机安装法、跨墩龙门安装法、自行式起重机安装法和浮运整孔架设法等。预制节段式块件拼装法有：悬臂拼装法、逐孔拼装法、扒杆吊装法、缆索吊装法和提升法。另外，浮吊架设法根据情况可整孔架设，也可进行节段式块件拼装。

（2）现场灌筑法

现场灌筑法包括脚手架法、悬臂灌筑法、逐孔现浇法、顶推法等。还有一些特殊方法如转体施工法。

铁路桥梁主要采用预制安装方法施工。其中简支梁桥是铁路上最常用的钢筋混凝土梁桥，除非限于当时当地的运输和吊装条件而只能采用就地现浇外，一般都采用装配式结构（分片式梁）。

简支梁的截面形式主要由受力要求决定，装配式的简支梁正常高度的梁有三种截面形式。小跨度（$L \leqslant 6m$）梁，由于跨度小，梁高也小，为了使截面形式简单、制造方便，采用板式截面；较大跨度的梁（$L \geqslant 8m$），由于跨度增大，根据简支梁的工作特点，梁高也相应增高，如再采用板式截面就不合适，为了减少材料和减轻梁重而便于架设，一般采用肋式截面，如Ⅱ形截面和 T 形截面。但Ⅱ形截面梁有许多缺点（如其单片梁有四个支座，容易出现三条腿现象，使结构内部产生额外应力），现已基本上不采用。目前 T 形梁是分片式梁广泛采用的一种截面形式，如图 2-13 所示。

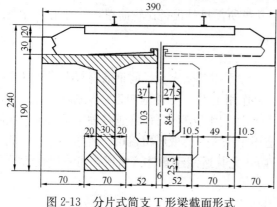

图 2-13　分片式简支 T 形梁截面形式

为了满足使用上的要求，每片梁外侧设挡砟墙，与道砟槽板（桥面板）一起形成道砟槽。道砟槽顶宽不应小于 3.9m，桥面板厚度由构造要求及受力条件确定，因为从受力看，桥面板不仅承受悬臂弯矩，而且还作为主梁受压翼缘。板的最小厚度桥规规定为 12cm。桥面板顶面做成排水坡（$i = 3.74\%$），上面设垫层并在垫层上铺设防水层。水流向梁的外侧汇向埋在挡砟墙内的泄水管排出桥面。

桥梁支座包括桥梁板式橡胶支座、盆式橡胶支座及球形支座等类型。

2. 涵洞构造

涵洞是横穿路堤内的建筑物，它由洞身、出入口和基础三部分组成，称为涵洞的主体工程，如图 2-14 所示；此外，还有出入口河床和路堤边坡加固部分，称为涵洞的附属工程。涵洞按其修建材料的不同有石涵、混凝土涵、钢筋混凝土涵等，按其截面的形状不同有箱涵、圆涵、拱涵等。

洞身是水流的通道，为充分发挥洞身截面的泄水能力，有时在涵洞入口处采用提高节。一般涵洞的洞身部分为若干节。因入口节和出口节埋置较深，故需单独分节；其余每节长度为 2～5m。各节间用 3cm 宽的沉降缝断开，以便各节在承受不均匀压力时可自由沉落，避免涵洞纵向弯曲产生开裂。岩石地基上的涵洞可不设沉降缝。为使水流顺利进出涵洞，提高涵洞的泄水能力，并保证涵洞周围路堤的稳固，设置涵洞出入口建筑。常用的有端墙式和翼墙式两种。端墙是一道垂直于涵洞轴线的矮墙，两侧有锥体护坡。这种形式的出入口工程数量小，构造简单，但水力性能差，仅在流量较小时采用。翼墙式出入口除端墙外，端墙前洞口两侧还有张开成八字形的翼墙，翼墙端部折成与线路方向平行的横墙，称为一字墙，一字墙前设锥体。八字式出入口的工程数量较大，但泄水条件较好，适用于流量较大的情况。涵洞的基础分为整体式与非整体式（分离式）两种。当涵洞孔径较小时，一般采用整体式基础；当涵洞孔径较大，并且基底土质良好时，可采用非整体式基础。非整体式基础在分离的边墙基础之间，用片石砌成流水坡，流水坡与边墙基础之间留有 3cm 宽的缝隙，坡底设有砂垫层。

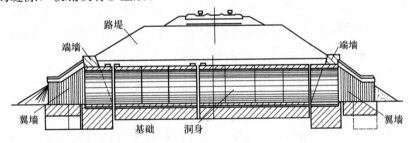

图 2-14 涵洞组成

路基边坡防护和沟床铺砌：水流进入涵洞流速加大，可能冲刷路堤边坡，因此在入口顶部及两侧一定范围内，路堤边坡要用片石铺砌防护。为了防止洞口基底受冲刷淘空而毁坏，涵洞出入口的沟床均应铺砌加固。入口处冲刷力较小，多采用干砌片石；出口处流速大，冲刷力强，多采用浆砌片石。为减少铺砌加固的长度，可在加固地段末端设置浆砌片石垂裙。

2.1.3 铁路隧道工程构造

铁路隧道结构由主体建筑物和附属建筑物两部分组成。

隧道的主体建筑物是为了保持隧道的稳定，保证列车的安全运行而修建的，它由洞身衬砌和洞门组成，见图 2-15。在洞口容易坍塌或有落石危险时则需要加筑明洞，见图 2-16。隧道的附属建筑物是为了养护、维修工作的需要以及供电、通信等方面的要求而修建的，它包括：防排水设施；大小避车洞；电缆槽；长大隧道的通风道和通风机房；根据电信传输衰耗和通信设计要求而设置的无人增音站洞；在电气化铁路上，当隧道较长或在隧道群地段，为了将接触线和承力索进行锚固而设置的下锚装置；用于存放维修接触网用的绝缘梯车的专门洞室（绝缘梯车洞）等。隧道内需设置何种附属建筑物，应根据具体情况决定。

图 2-15　隧道组成

(a) 洞身；(b) 洞门

1. 衬砌类型（支护的类型）

隧道开挖后，为了保持围岩的稳定性，一般需要进行支护（衬砌）。支护的方式有：外部支护，即从外部支撑着坑道的围岩（如整体式混凝土衬砌、砌石衬砌、拼装式衬砌、喷射混凝土支护等）；内部支护，即对围岩进行加固以提高其稳定性（如锚杆支护、锚喷支护、压入浆液等）；混合支护（内部与外部支护混合一起的衬砌）。

1) 整体式混凝土衬砌

它是指就地灌注混凝土衬砌，也称模筑混凝土衬砌。其工艺流程为：立模—灌筑—养生—拆模。模筑衬砌的特点是：对地质条件的适应性较强，易于按需要成型，整体性好，抗渗性强，并适用于多种施工条件，如可用木模板、钢模板或衬砌台车等。因此，在我国铁路隧道工程中广泛采用。

2) 装配式衬砌

装配式衬砌是将衬砌分成若干块构件，这些构件在现场或工厂预制，然后运到坑道内用机械将它们拼装成一环接着一环的衬砌。这种衬砌的特点是：拼装成环后立即受力，便于机械化施工，改善劳动条件，节省劳力。目前多在使用盾构法施工的城市地下铁道中采用。在铁路隧道中由于装配式衬砌要求有一定的机械化设备，施工工艺复杂，衬砌的整体性及抗渗性差而未能推广使用。

3) 锚喷支护

锚喷支护是目前常用的一种围岩支护手段。采用锚喷支护可充分发挥围岩的自承能力，并有效地利用洞内净空，提高作业安全性和作业效率，并能适应软弱和膨胀性地层中的隧道开挖。还能用于整治坍方和隧道衬砌的裂损。

锚喷支护包括：锚杆支护，喷射混凝土支护，喷射混凝土锚杆联合支护，喷射混凝土钢筋网联合支护，喷射混凝土与锚杆及钢筋网联合支护，喷钢纤维混凝土支护，喷钢纤维混凝土锚杆联合支护，以及上述几种类型加设型钢支撑（或格栅支撑）而成的联合支护等。

4) 复合式衬砌

复合式衬砌不同于单层厚壁的模筑混凝土衬砌，它把衬砌分成两层或两层以上，可以是同一种形式、方法和材料施作的，也可以是不同形式、方法、时间和材料施作的。目前大都采用内外两层实体衬砌。按内外衬的组合情况可分为：锚喷支护与混凝土衬砌；锚喷支护与喷射混凝土衬砌；可缩性钢架（或格栅钢构拱架）喷射混凝土与混凝土衬砌；装配式衬砌与混凝土衬砌等多种组合形式。目前最通用的是外衬为锚喷支护，内衬为整体式混凝土衬砌。

复合式衬砌是先在开挖好的洞壁表面喷射一层早强的混凝土（有时也同时施作锚杆），凝固后形成薄层柔性支护结构（称初期支护）。它既能容许围岩有一定的变形，又能限制围岩产生有害变形。其厚度多在 5～20cm 之间。一般待初期支护与围岩变形基本稳定后再施作内衬，通常为就地灌注混凝土衬砌（称二次衬砌）。为了防止地下水流入或渗入隧道内，可以在外衬和内衬之间设防水层，其材料可采用软聚氯乙烯薄膜、聚异丁烯片、聚乙烯等防水卷材，或喷涂乳化沥青及"881"等防水剂。

复合式衬砌的极限承载能力比同等厚度的单层模筑混凝土衬砌可提高 15%～25%，如能调整好内衬的施作时间，还可以改善结构的受力条件。

2. 洞门与明洞

隧道位置选定以后，隧道的长度由它两端的洞口位置来确定（即隧道长度为其进出口洞门墙外表面与线路内轨顶面标高线交点之间的距离）。洞口既是隧道进出的咽喉，又是隧道建筑物唯一暴露的部分，也是整个隧道的薄弱环节。修建洞门可稳定边、仰坡，引离地表流水，一般洞门形式有端墙式、柱式、翼墙式、带耳墙翼墙式、台阶式等。

用明挖法修建的隧道称为明洞。

明洞一般修筑在隧道的进出口处，当遇到地质差且洞顶覆盖层较薄，用暗挖法难以进洞时，或洞口路堑边坡上有落石而危及行车安全时，或铁路、公路、河渠必须在铁路上方通过，且不宜做立交桥或涵渠时，均需要修建明洞。它是隧道洞口或线路上起防护作用的重要建筑物，在铁路线上使用得较多（图 2-16）。

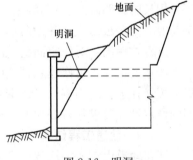

图 2-16 明洞

明洞的结构类型常因地形、地质和危害程度的不同，有多种形式，采用最多的为拱式明洞和棚式明洞两种。

1）拱式明洞

拱式明洞由拱圈、边墙和仰拱（或铺底）组成。其内轮廓与隧道一致，但结构截面厚度要比隧道大一些，结构坚固，可抵抗较大的推力。具体可分为路堑式拱形明洞、偏压直墙式拱形明洞、偏压斜墙式拱形明洞、半路堑单压式拱形明洞。

路堑式拱形明洞适用于路堑边坡处于对称或接近对称，边坡岩层基本稳定，仅防边坡有少量坍塌、落石，或用于隧道洞口岩层破碎，覆盖层较薄而难以用暗挖法修建隧道时。此种明洞承受对称荷载，拱、墙均为等截面，边墙为直墙式。洞顶做防水层，上面夯填土石后，覆盖防水黏土层，并在其上做纵向水沟，以排除地表流水。

偏压直墙式拱形明洞适用于两侧边坡高差较大的不对称路堑。它承受不对称荷载，拱圈为等截面，边墙为直墙式，外侧边墙厚度大于内侧边墙厚度。

偏压斜墙式拱形明洞适用于倾斜地形，低侧处路堑外侧有较宽敞的地面供回填土石，以增加明洞抵抗侧向压力的能力。此种明洞承受偏压荷载，拱圈等厚，内侧边墙为等厚直墙式，外侧边墙为不等厚斜墙式。

半路堑单压式拱形明洞适用于傍山隧道洞口或傍山线路上的半路堑地段。因外侧地形狭小，地面陡峻，无法回填土石，用它以平衡内侧压力。此种明洞荷载不对称，承受偏侧压力，拱圈为等截面，内侧边墙为等厚直墙，外侧边墙为设有耳墙的不等厚斜墙。由于外墙尺寸较大，为节省圬工，可做成连拱墙式。另外，特别要注意处理好外墙基础，以防因外墙下沉而使结构开裂。

2）棚式明洞（简称棚洞）

当山坡的坍方、落石数量较少，山体侧向压力不大，或因受地质、地形限制，难以修建拱式明洞时可采用棚式明洞。棚式明洞常见的结构形式有盖板式、刚架式和悬臂式三种。

盖板式明洞：由内墙、外墙及钢筋混凝土盖板组成简支结构，其上回填土石，以保护盖板免受山体落石的冲击。这种明洞的内侧应置于基岩或稳定的地基上，一般为重力式墩台结构，厚度较大，以抵抗山体的侧向压力。当基岩层完整，坡面较陡，地面水不大，采用重力式内墙开挖量较大时，可采用钢筋混凝土锚杆式内墙。外墙只承受由盖板传来的垂直压力，厚度较薄，要求的地基承载力较小。外墙也可做成梁式（即中间留有侧洞）以适应地形和节省圬工。

刚架式明洞：当地形狭窄，山坡陡峻，基岩埋置较深而上部地基稳定性差时，为了使基础置于基岩上且减小基础工程，可采用刚架式外墙，此时称明洞为刚架式明洞（有时也可采用长腿式明洞）。该明洞主要由外侧刚架、内侧重力式墩台结构、横顶梁、底横撑及钢筋混凝土盖板组成。并做防水层及回填土石处理。

悬臂式棚洞：对稳定而陡峻的山坡，外侧地形难以满足一般棚洞的地基要求，且落石不太严重的情况，可修建悬臂式棚洞。它的内墙为重力式，上端接筑悬臂式横梁，其上铺以盖板，在盖板的内端设平衡重来维持结构受外荷载作用下的稳定性。同时，为了保证棚洞的稳定性，要求悬臂必须伸入稳定的基岩内。

2.1.4　轨道工程结构

铁路轨道由钢轨、轨枕、道床、连接零件、防爬设备和道岔等部件组成。轨道是列车行驶的基础，能引导列车运行，并直接承受车轮的动压力，然后传到路基上。

1. 钢轨的类型及选择

正线轨道分为特重型、重型、次重型、中型和轻型。按照《铁路线路设计规范》（GB 50090—2006），正线轨道类型见表2-1。

钢轨的选择：

（1）无缝线路采用的钢轨宜采用50kg/m及以上的焊接连接的钢轨。

（2）长度为1km以上的隧道内，宜采用比洞外轨道重一级的钢轨，或同级的耐腐蚀的钢轨。

（3）正线曲线半径为450m及以下时，宜采用同级耐磨钢轨。

（4）特重型、重型轨道应采用25m标准长度的钢轨，其他各类轨道应采用25m或12.5m标准长度的钢轨。

正 线 轨 道 类 型　　　　　　　　　表 2-1

项　目			单位	特重型	重　型		次重型	中　型	轻型
运营条件	年通过总质量		Mt	>50	25～50		15～25	8～15	<8
	旅客列车最高设计行车速度		km/h	≤140	140	≤120	≤120	≤100	≤80
轨道结构		钢　轨	kg/m	75或60	60	60	50	50	50或43
	轨枕	混凝土枕 型　号	—	Ⅲ	Ⅲ	Ⅱ或Ⅲ	Ⅱ	Ⅱ	Ⅱ
		混凝土枕 铺枕根数	根/km	1680～1720	1680	1840或1680	1680～1760	1600～1680	1520～1640
		防腐木枕 型　号	—	—	—	Ⅰ	Ⅰ	Ⅰ	Ⅱ
		防腐木枕 铺枕根数	根/km	—	—	1840	1760～1840	1680～1760	1600～1680
	碎石道床厚度	非渗水土路基 双层 道砟	m	30	30	30	25	20	20
		非渗水土路基 双层 底砟	cm	20	20	20	20	20	15
		岩石、渗水土路基 单层 道砟	cm	35	35	35	30	30	25

注：年通过总质量包括净载、机车和车辆的质量，单线按往复总质量计算，双线按每一条线的通过总质量计算。

铺轨长度计算：

正线铺轨长度＝线路终点里程－线路起点里程＋长链－短链－车站正线上各类道岔长度的总和。

2. 钢轨连接零件

连接零件分接头连接零件和中间连接零件（亦称钢轨扣件）两类。

1）接头连接零件

接头连接零件是用来连接钢轨与钢轨间接头的零件，它包括接头夹板、接头螺栓、螺母和弹性垫圈等。接头夹板形式按部颁标准，为双头式接头夹板。不同类型的钢轨连接采用异型接头，接头处用异型接头夹板及异型垫板，使两钢轨顶面平齐。钢轨每一接头安装6根螺栓，螺栓分为普通接头螺栓和高强度接头螺栓两种。普通接头螺栓用于长度为12.5m的钢轨接头；高强度接头螺栓用于长度为25m的钢轨及无缝线路。为了防止螺栓松动，加设弹簧垫圈。

在钢轨的接头处要适当保留一定的缝隙，叫做轨缝。当气温发生变化时，轨缝可满足钢轨的伸缩。车轮通过接头时会产生撞击，从而增加行车阻力，也会使旅客感到不舒适，还会增加线路的维修工作。因而，钢轨的接头是轨道的薄弱环节。

2）中间连接零件

中间连接零件的作用是将钢轨紧扣在轨枕上，使钢轨与轨枕连为一体。中间连接零件因轨枕的不同，有木枕扣件和钢筋混凝土枕扣件两类。木枕用的扣件包括普通道钉和垫板。普通道钉用其钩头将钢轨固定于轨枕；垫板置于轨底与木枕之间，其目的在于增加木枕与轨底的接触面积，使木枕经久耐用。钢筋混凝土轨枕用的扣件有扣板式、弹条式两种基本类型。弹条式扣件因其弹性好、扣压力大，在主要干线上大量采用。

3. 轨枕

轨枕的类型按材质分为钢筋混凝土枕、木枕及钢枕三类。此外，为了减少养护维修工作，提高轨道的整体性，适应高速行车，还有许多新型轨下基础。如混凝土整体道床、沥青整体道床、板式轨道等。

1）钢筋混凝土枕

目前各型轨道采用钢筋混凝土枕如下：

（1）中型、轻型轨道采用混凝土Ⅱ型枕。

（2）重型、次重型轨道采用混凝土Ⅱ型枕或Ⅲ型枕。

（3）特重型轨道用 75kg/m 钢轨配套的高强度轨枕，即 S-3 型预应力钢筋混凝土轨枕。

这里，"S"表示配筋为钢弦，"J"表示配筋为钢筋；"2、3"表示轨枕型号产生的先后顺序及轨枕的强度等级。钢筋混凝土枕的外形尺寸以最常用的 J-2 型混凝土轨枕为例，如图 2-17 所示。

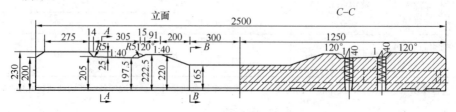

图 2-17　J-2 型混凝土轨枕

混凝土轨枕断面为梯形，上窄下宽，底面宽一些是为了保证有足够的支承面，以减少对道床的压力，为了线路维修时捣固和制造时脱模方便，底边切成 45° 的斜角。轨枕顶面支承钢轨这部分称为承轨槽（也称为承轨台），为适应轨底坡度要求，承轨槽是 1：40 的斜面。轨枕底面支承在道床上，在两端轨下部分，直接传递枕上压力，要求宽一些，以增加支承面积，减少道床压力。中间部分则可窄一些，为了增加轨枕与道床之间的相互接触，提高轨枕下道床阻力，在底面制成凹形花纹。

2）木枕

木枕即为木制轨枕，又称为枕木。木枕富于弹性，便于加工、运输和维修；有较好的电绝缘性能；此外，还与道砟之间有较大的摩擦系数，以保证轨道稳定。但是，我国木材缺乏，价格较贵，且木材易腐朽、磨损，使用寿命短，不同种类木材的木枕弹性也不一致，因此，在我国逐渐地被混凝土枕所代替。木枕分普通木枕、道岔木枕及桥梁木枕。

3）轨枕铺设数量

每公里轨枕铺设的数量与运量、轴重及行车速度有关，每公里数量多，轨枕布置得密，传递到道床上的单位面积压力相对地减少，但是轨枕间隔窄了，也不便捣固。因此规定：对木枕线路，每公里最多为 1920 根，混凝土枕为 1840 根；每公里轨枕最小为 1440 根。在 1440～1920 根之间，轨枕的级差为每公里 80 根，分别有 1920、1840、1760、1680、1600、1520、1440 根/km。每公里采用哪种数量来铺设，与线路等级有关，正线线路见表 2-1，在既有线上，线路标准略有提高，每公里混凝土枕的数量与木枕相同。在站内的到发线、驼峰溜放线，木枕线路不少于 1600 根/km，混凝土枕不少于 1520 根/

km；其他站线及次要站线一律不少于 1440 根/km。混凝土宽枕一律为 1760 根/km。

在下列地段条件之一者，正线轨道应加强，如表 2-1 列出的每公里根数，对于混凝土枕每公里增加 80 根，木枕增加 160 根，当条件重合时，只增加一次，当然不能超过允许最大铺设数量。

（1）在混凝土枕轨道 $R{\leqslant}600\mathrm{m}$ 的曲线（包括缓和曲线和圆曲线）或木枕轨道、电力牵引线路及 $R{\leqslant}800\mathrm{m}$ 的曲线地段；

（2）坡度大于 12‰的下坡制动地段；

（3）长度等于或大于 300m 的隧道内线路。

4. 防爬设备

在列车运行所产生的纵向力的作用下，钢轨会产生纵向移动，有时还会带动轨枕一起移动，这种现象叫做轨道爬行。轨道爬行常出现在单线铁路的重车方向、双线铁路的行车方向、长大下坡道及进站前的制动距离内。

轨道爬行往往引起轨缝不匀、轨枕歪斜等线路病害，对轨道的破坏性极大，严重时还会危及行车安全。因此，必须采用有效措施加以防止。通常的做法是，一方面加强钢轨与轨枕间的扣压力和道床阻力；另一方面就是设置防爬器与防爬撑。常用的防爬器为穿销式防爬器，如图 2-18 所示。

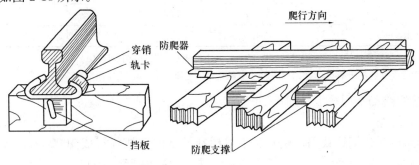

图 2-18　防爬器

5. 道床

道床是铺设在路基面上的石砟（道砟）层，主要作用是支承轨枕，把从轨枕传来的压力均匀地传递给路基；并固定轨枕的位置，阻止轨枕纵向、横向移动；缓和机车车辆轮对钢轨的冲击；调整线路的平面和纵断面。

道床的材料应坚硬，不易分化，富有弹性，并有利于排水，常用的有碎石、粗砂，粗砂在非渗水土路基道床中作垫层，轻型轨道可采用筛选卵石。

1）道床断面

道床断面呈梯形，其顶面宽度、边坡坡度、道床厚度等尺寸按轨道类型而定。

道床厚度：一般在 0.25～0.40m 之间。

道床顶宽：顶宽决定于轨枕长度和道砟肩的宽度。道砟肩的作用是阻止道砟从枕端下面挤出，提高轨道的横向阻力，保证轨道的稳定。一般肩宽为 0.30～0.45m。道床坡度：中型轨道及以上为 1：1.75；轻型轨道为 1：1.5。如表 2-2 所示。

2）道床体积计算

可利用铁路道砟体积表计算道砟数量，同时扣除相应的轨枕所占的体积。每公里道床中钢筋混凝土枕占用体积见表 2-3。混凝土宽枕端头埋入道床 8cm，中部 60cm 范围掏空计算。

道床顶面宽度及边坡坡度   表 2-2

线 路 种 类		道床顶宽（m）	曲线外侧加宽（m）		边坡坡度
			半径 R	加宽量	
正线	无缝线路	3.3	≤800	0.05	1∶1.75
	普通线路	3.1	≤800	0.10	1∶1.75
	年通过总重量密度小于 8Mt·km/km 线路	3.0	≤600	0.10	1∶1.75
站 线		2.9			1∶1.50

每公里道床中钢筋混凝土枕占用体积表（m³）   表 2-3

每公里线路铺设轨枕根数（根）	69、79 型	S-2、J-2 型	82 型宽枕
1840	102.5	154.8	—
1760	98.0	148.0	185.0
1630	93.5	141.3	176.6
1600	89.1	134.6	168.2
1520	84.6	127.9	—

注：1. 69、79 型轨枕按端部埋入道床深度为 15cm，其中部 60cm 范围内掏空计算。

2. S-2、J-2 型轨枕中部 60cm 范围不掏空，且轨枕埋入道床为 15cm，道床面平齐。

3）无缝线路和新型轨下基础

（1）无缝线路

无缝线路也叫长钢轨线路，是把若干根标准长度的钢轨焊接成 1000～2000m 长的钢轨而铺设的铁路线路。通常是在焊轨厂先将标准轨焊接成 250～500 m 的长轨条，运到现场再就地焊接后铺设。

与普通线路相比，无缝线路在其长钢轨段内消灭了轨缝，从而消除了车轮对钢轨接头的冲击，使得列车运行平稳、旅客舒适，延长了线路设备和机车车辆的使用寿命，减少了线路养护维修的工作量，并能适应高速行车的要求，是轨道现代化的发展方向。铺设无缝线路的关键是设法克服长钢轨因轨温变化而产生的温度力问题。为此，无缝线路上长钢轨的两端是用钢轨连接零件和防爬设备加以强制性固定，其他部分也是采用扣压力大的中间连接零件使之紧扣于钢筋混凝土轨枕之上的，称为锁定线路。线路锁定后，当温度变化时，钢轨不能自由伸缩，于是在钢轨内部产生力，叫做温度力，它作用在钢轨的全长上。夏天轨温升高，钢轨内部产生压力；冬天轨温降低，钢轨内部产生拉力。当温度力没有超过临界值时，长钢轨可以承受；温度力超过临界值时，线路就会被破坏。因此，在无缝线路设计施工时，必须严格控制长钢轨所受的温度力。

随着无缝线路施工技术的完善，为满足列车提速的需求，尽量减少钢轨接头的存在，把原来 1000～2000m 的长轨条焊连延长，使长轨条达到或接近两个车站之间的区间长度，这种形式的无缝线路叫区间无缝线路。当把区间无缝线路的长轨条延长，与车站道岔焊连在一起时，就形成穿越车站的跨区间无缝线路。目前，线路上大量铺设区间无缝线路和跨区间无缝线路。

无缝线路在 19 世纪 30 年代开始出现，19 世纪 50 年代以后逐步得到推广。我国无缝线路自 1958 年开始铺设，经过几十年的运营实践，在设计、施工和养护维修方面积累了丰富的经验，目前已占正线轨道里程的 50% 左右。

（2）整体道床

整体道床是用整体浇筑混凝土取代传统的道床，也称为无砟轨道，是刚性轨下基础。常用于隧道、地下铁道、无砟桥梁以及特殊需要的土质路基上。我国整体道床主要有预制钢筋混凝土支承块式和整体灌注式两种。

支承式整体道床由支承块（又称短枕）、钢筋混凝土道床、钢轨扣件、排水设施及基底组成。扣件主要为 TF－Y 型扣件。支承块尺寸：直线型为 500mm×200mm×200mm（长×宽×高），曲线型为 600mm×240mm×200mm。支承块间距按规定的轨枕间距布置。

（3）沥青道床

沥青道床是用沥青或其他聚合材料将散粒道砟固化成整体。这种新型轨下基础具有以下优点：道床下沉量和永久变形的积累比碎石道床少得多，因此可以用调整扣件的调高垫板来满足两股钢轨水平的要求；道床稳定性好、支承均匀、位移阻力大；具有较好的弹性，能减少道床的压力和振动；可防水、防脏，整齐、美观；在隧道内应用，可以减少隧道开挖面积，争取净空；可大大减少维修工作量，达到"少维修"的目的。

沥青道床按其使用材料加施工方法，可分为铺装沥青道床和填充沥青道床两类。填充沥青道床，就是用沥青灌入碎石的道床，沥青填充了道砟的空隙，并使之成为整体，可以不用中断行车，就能施工。铺装沥青道床是分层铺设由各种材料组成的承重层，最后用沥青封闭处理，再铺上混凝土枕或宽枕。

（4）宽钢筋混凝土轨枕

宽钢筋混凝土轨枕（又叫轨枕板）外形与普通钢筋混凝土轨枕相似，但要比其宽而又稍薄，是在混凝土枕的基础上发展起来的一种新型轨下基础，它仍保留原有的碎石道床形式。混凝土宽枕的长度与混凝土枕相同，宽度约为混凝土枕的 2 倍。其特点是底面积大，因而道砟应力小，轨道的永久变形比木枕或混凝土枕轨道大为减少；具有平顺、稳定的特性，有利于高速行车；道床不易脏污，外表整洁美观。主要铺设在隧道内、大桥上及大型客运站内。主要类型有弦 76、筋 76、弦 82、筋 82 等几种型号，其中"76、82"表示设计的年代。

6. 道岔

把两条或两条以上的轨道，在平面上进行相互连接或交叉的设备称为道岔。其作用是使机车车辆由一条轨道转入或越过另一条轨道，以满足铁路运输中的各种作业需要。道岔因其构造不同而形式多样，最常见的是普通单开道岔。

1）普通单开道岔

普通单开道岔有左开和右开之分，是最常见、最简单的线路连接设备。普通单开道岔的组成包括转辙器、辙叉及护轨、连接部分，如图 2-19 所示。

（1）转辙器，由两根尖轨、两根基本轨及转辙机械组成。尖轨是转辙器的主要部件，通过连接杆与转辙机械相连，操纵转辙机械就可变换尖轨的位置，以确定道岔的开通方向。

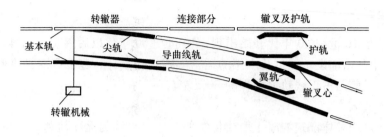

图 2-19　普通单开道岔

（2）辙叉及护轨，包括辙叉心、翼轨及护轨。其作用是保证车轮安全通过两条钢轨的相互交叉处。

从两翼轨最窄处到辙叉心的实际尖端之间，有一段钢轨中断的空隙，叫做辙叉的有害空间。当机车车辆轮对通过辙叉的有害空间时，车轮轮缘就有走错辙叉轮缘槽而导致脱轨的可能。因此，必须设置护轨，以强制引导车轮的运行方向，保证车轮安全过岔。道岔上的有害空间是限制列车过岔速度的一个重要因素。为消除有害空间，减轻车轮对翼轨和心轨的冲击，适应列车的高速运行，现已设计铺设了活动心轨辙叉道岔。当尖轨开通某一方向，活动心轨的辙叉心就与开通方向一致的翼轨密贴，与另一翼轨分开，从而消除有害空间。

（3）连接部分，即连接转辙器和辙叉及护轨的部分。它包括直线轨和导曲线轨。由于导曲线的半径较小，又不能在导曲线上设置缓和曲线和超高，所以列车在侧向过岔时，速度要受到严格的限制。

2）道岔号数

道岔因其辙叉角的大小不同，有不同的道岔号（N），道岔号数表明了道岔各部分的主要尺寸。道岔号数用辙叉角（α）的余切值来表示。辙叉角 α 越小，N 值就越大，导曲线的半径也相应越大，机车车辆侧线通过道岔时的允许速度也就越高。所以，采用大号码道岔对于列车运行是有利的，然而，道岔号越大，道岔全长就越长，铺设时占地就越多。因此，采用多大号的道岔来连接线路，应根据线路的用途来决定。

目前，我国定型生产的普通单开道岔主要有 9、12、18、30 号等型号，它们所允许的侧向过岔最高速度分别为 30、45、80、140km/h。

3）其他类型的道岔

除了单开道岔外，按照用途和构造形式的不同，还有对称双开道岔、菱形交叉、交叉渡线和交分道岔等。

对称双开道岔的特点是相衔接的两条线路各自向两侧对称分岔，如图 2-20（a）所示。

菱形交叉即两条线路平面相交时引渡列车由一条线路跨越另一条线路的设备。机车车辆通过交叉设备时，只能沿原线路继续运行而不能转线，如图 2-20（b）所示。

交叉渡线是将四组单开道岔和一组菱形交叉组合在一起的设备，如图 2-21（a）所示。

交分道岔是在菱形交叉的基础上，增设两组转辙器和两条侧线，使机车车辆既可以顺交叉轨道直向运行，也可以沿曲线转入侧线运行的道岔，如图 2-21（b）所示。

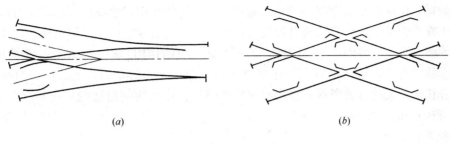

图 2-20 对称双开道岔和菱形交叉

(*a*) 对称双开道岔；(*b*) 菱形交叉

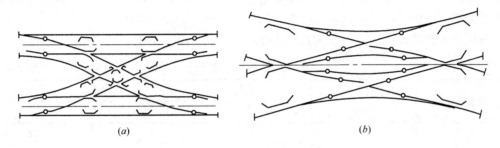

图 2-21 交叉渡线和交分道岔

(*a*) 交叉渡线；(*b*) 交分道岔

2.2 高速铁路路基工程

路基是轨道的基础，是铁路线路的重要组成部分。路基的稳定性与坚固性直接关系到线路的质量，列车的正常运行、安全。而高速铁路要保证列车快速、安全、平稳地运行，路基工程比普速铁路的技术标准就要高。其技术特点主要表现在路基按照结构物设计，填料和压实标准高、严格控制路基变形和工后沉降、路桥及横向构筑物间设置过渡段、路基动态设计、地基处理类型多等。其中，路基的工后沉降已成为路基工程设计的主要控制因素，也成为高速铁路路基区别于传统的铁路路基的一个最大的技术要点。这些技术特点使高速铁路路基具有足够的强度、稳定性和耐久性，使之能抵抗各种自然因素作用的影响。

2.2.1 路基横断面的基本构造

高速铁路路基面设计为路基面中心向两侧 4％的横向排水坡，形状应为三角形，曲线加宽时，应保持路基面的三角形形状。

1. 线间距

高速铁路的线间距较普通铁路的线间距有所增大，这是因为高速列车运行时，速度更快，会产生列车风，相邻线路高速列车相向运行时所产生的空气压力冲击波容易导致乘客的不适以及列车运行时失去平稳性。所以，高速铁路的线间距要在原有的基础上有所增大。

2. 路肩宽度

铁路路基顶面中，道床覆盖的以外部分称为路肩。路肩虽然不直接承受列车荷载的作用，但是它对保证路基受力部分的稳固起到十分重要的作用。它在保护路堤受力的堤心部分、防止道砟失落、通行养路机具埋设各种标志、通信信号铺设接触网支柱、保证行人的安全等方面起到了重要的作用。因此，为了保证路肩的作用，路肩必须保持必要的宽度。我国高速铁路有砟轨道，路肩宽度还取决于机车的外形、列车的长度、行车的速度等因素。结合其他国家的有关资料，提出有砟轨道路堤、路堑两侧路肩的宽度不应小于 1.4m（双线）和 1.5m（单线）的标准。

3. 路基面宽度

路基横断面宽度和布置形式设计要考虑路基稳定的需要、线间距、轨道结构形式、曲线超高设置、路肩宽度、通信信号和电力电缆布置、接触网立柱基础位置、声屏障基础等因素的影响，并应综合考虑路基防排水问题。

我国高速铁路设计规范中规定直线地段路基面宽度应不小于表 2-4 的规定数值。

路 基 面 标 准 宽 度 表 2-4

轨道类型	设计最高速度 （km/h）	双线线间距 （m）	路基面宽度	
			单线（m）	双线（m）
无砟轨道	250	4.6		13.2
	300	4.8	8.6	13.4
	350	5.0		13.6
有砟轨道	250	4.6		13.4
	300	4.8	8.8	13.6
	350	5.0		13.8

曲线地段路基面加宽值应符合表 2-5 的规定。

有砟轨道曲线地段路基面加宽值 表 2-5

设计最高速度 （km/h）	曲线半径 R （m）	路基外侧加宽值 （m）	设计最高速度 （km/h）	曲线半径 R （m）	路基外侧加宽值 （m）
250	12000≥R≥10000	0.2	300	12000≥R≥9000	0.3
	10000>R≥7000	0.3		9000>R≥7000	0.4
	7000>R≥5000	0.4		7000>R≥5000	0.5
	5000>R≥4000	0.5		R<5000	0.6
	R<4000	0.6	350	12000≥R>9000	0.4
				9000≥R≥6000	0.5

图 2-22～图 2-29 所示为我国高速铁路路基的标准横断面图。

2.2.2 高速铁路路基结构

伴随着高速铁路的出现，铁路的路基基础在原有的基础上也有了新的发展。高速铁路路基，一般是由基床、路堤和地基几部分组成。其中高速铁路路基基床是由基床表层和底层组成的两层结构。

1. 基床表层

基床表层是基床的重要组成部分，也是高速铁路路基结构中最为重要的部分之一。主

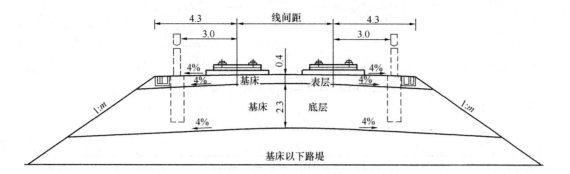

图 2-22 无砟轨道双线路堤标准横断面示意图（m）

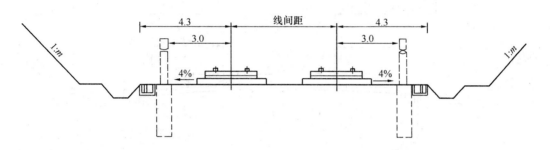

图 2-23 无砟轨道双线硬质岩路堑标准横断面示意图（m）

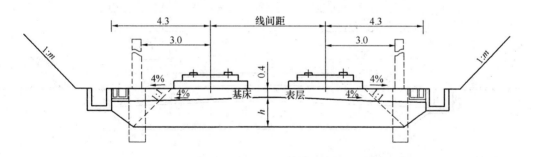

图 2-24 无砟轨道双线非硬质岩路堑标准横断面示意图（m）

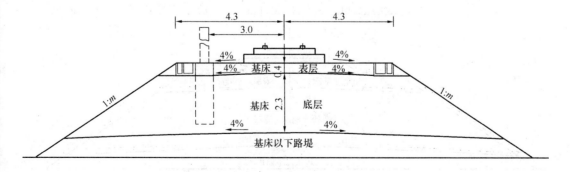

图 2-25 无砟轨道单线路堤标准横断面示意图（m）

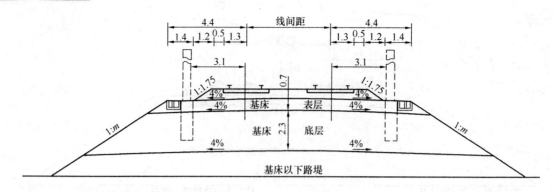

图 2-26　有砟轨道双线路堤标准横断面示意图（m）

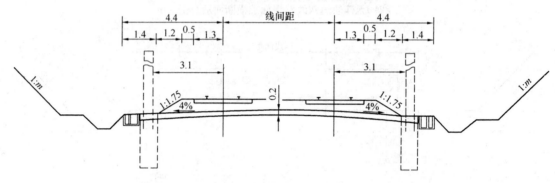

图 2-27　有砟轨道双线硬质岩路堑标准横断面示意图（m）

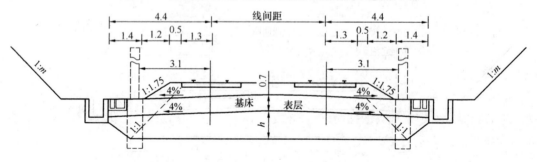

图 2-28　有砟轨道双线非硬质岩路堑标准横断面示意图（m）

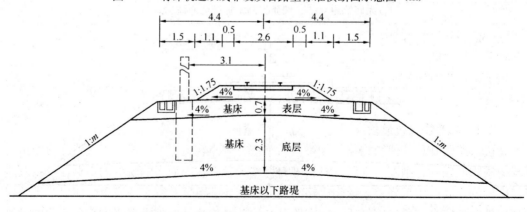

图 2-29　有砟轨道单线路堤标准横断面示意图（m）

要是因为轨道的直接基础是基床表层，基床表层受到列车动荷载的剧烈作用，对轨道的平顺和稳定影响很大。所以基床表层的强度应能承受列车荷载的长期作用，其厚度应使扩散到其底层面上的动应力不超过基床底层土的长期承载力。根据以上特性，基床表层的材料应具有较高的强度、弹性模量、耐磨、反滤等特性。我国高速铁路基床表层一般要求填筑级配碎石、级配砂砾石和沥青混凝土。我国对路基基床填筑材料和压实标准提出了具体的要求，见表2-6。

基床表层压实标准　　　表 2-6

压实标准	级配碎石
压实系数 K	≥0.97
地基系数 K_{30}（MPa/m）	≥190
动态变形模量 E_{vd}（MPa）	≥55

注：无砟轨道可采用 K_{30} 或 E_{v2}。当采用 E_{v2} 时，其控制标准为 $E_{v2} \geq 120$MPa，且 $E_{v2}/E_{v1} \leq 2.3$。

2. 基床底层

我国高速铁路路基对于基床底层材质的要求是有足够的强度和稳定性，因此一般采用A、B组填料或改良土，A、B组填料粒径级配应符合压实性的要求。块石类作为基床底层填料时，应级配良好，其粒径不大于10cm，其压实标准符合表2-7的规定。

基床底层压实标准　　　表 2-7

压 实 标 准	化学改良土	砂类土及细砾土	碎石类及粗砾土
压实系数 K	≥0.95	≥0.95	≥0.95
地基系数 K_{30}（MPa/m）	—	≥130	≥150
动态变形模量 E_{vd}（MPa）	—	≥40	≥40
7d 饱和无侧限抗压强度（kPa）	≥350（55）	—	—

注：1. 无砟轨道可采用 K_{30} 或 E_{v2}；当采用 E_{v2} 时，其控制标准为 $E_{v2} \geq 80$MPa，且 $E_{v2}/E_{v1} \leq 2.5$。
　　2. 括号内数字为寒冷地区化学改良土考虑冻融循环作用所需强度值。

3. 路堤

基床以下路堤一般选用A、B组填料和C组块石、碎石、砾石类填料。当选用C组细粒土填料时，应根据填料的性质进行改良后再填筑。其粒径级配应符合表2-8规定的路堤压实标准。

基床以下路堤压实标准　　　表 2-8

压实标准	化学改良土	砂类土及细砾土	碎石类及粗砾土
压实系数 K	≥0.92	≥0.92	≥0.92
地基系数 K_{30}（MPa/m）	—	≥110	≥130
7d 饱和无侧限抗压强度（kPa）	≥250	—	—

注：无砟轨道可采用 K_{30} 或 E_{v2}；当采用 E_{v2} 时，其控制标准为 $E_{v2} \geq 45$MPa，且 $E_{v2}/E_{v1} \leq 2.6$。

2.2.3　高速铁路过渡段

高速铁路路基与其他结构物，如桥台、路堑、有砟轨道、无砟轨道等线路分界处由于两端结构物的强度、刚度、变形、材料等方面差异较大，因而影响轨道的平顺性；以及路基与结构物之间产生沉降差，影响线路结构的稳定，甚至危及行车的安全。所以，为了保证高速铁路的安全、平稳、舒适，应在路基与这些结构物连接处设置刚度均匀变化的过渡段，尽可能地减少路基与结构物之间的沉降差，减缓线路结构的变形，保证轨道的平顺性。

1. 路桥过渡段设计

路堤与桥台连接处应设置过渡段，可采用沿线路纵向倒梯形过渡段形式（图 2-30、图 2-31）。

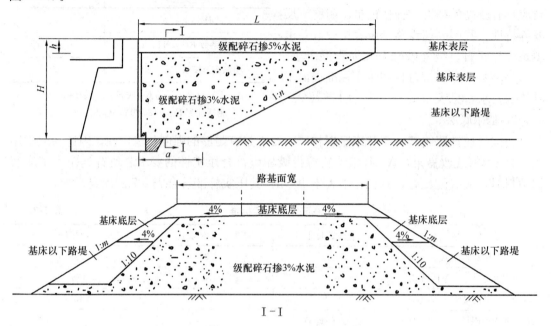

图 2-30　台尾过渡段设置示意图

路桥过渡段应符合下列规定。

1）过渡段长度的确定

L 一般不小于 20m。

图 2-30 中　L——过渡段的长度（m）；

a——常数，取 3～5m；

H——台后路堤的高度（m）；

h——基床表层厚度（m）；

m——常数，取 2～5。

2）路桥过渡段路堤设计

过渡段路堤基床表层应满足设计要求，在与桥台连接的 20m 范围内基床表层的级配碎石内掺入 5％的水泥，表层以下梯形级配碎石掺入 3％的水泥并分层填筑。压实标准应满足压实系数 $K \geqslant 0.95$，地基系数 $K_{30} \geqslant 150MPa/m$，动态变形模量 $E_{vd} \geqslant 50MPa$ 和孔隙率 $n < 28％$。如果是采用二次过渡段时，在正梯形级配碎石过渡段后设置倒梯形二次填料过渡段，采用 A、B 组填料填筑，填料压实标准以及级配碎石的级配范围应符合设计的要求。

3）过渡段桥台基坑

过渡段桥台基坑应以混凝土回填或以碎石分层填筑，并用小型机具碾压密实，使地基系数 $K_{30} \geqslant 60MPa/m$，碎石填筑应满足 $E_{vd} \geqslant 30MPa$。

2. 路堤与横向结构物过渡段设计

路堤与横向结构物（立交框构、箱涵等）连接处，应设置过渡段（图 2-31）。横向结构物顶面填土厚度不大于 1.5m 时，横向结构物及两侧 20m 范围内基床表层填筑级配碎石应掺入 5％的水泥，级配碎石采用正梯形时在与正梯形级配碎石连接段后设置倒梯形过渡段，用 A、B 组填料填筑。

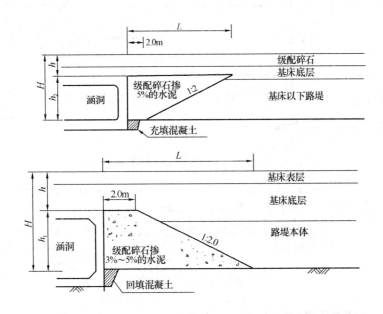

图 2-31　路堤与横向结构物（$h>1.0$m）连接处过渡段设置示意图

3. 路堤与路堑过渡段设计

路堤与路堑连接处应设置过渡段，过渡段可采用下列设置方式。

（1）当路堤与路堑连接处为硬质岩土路堑时，在路堑一侧顺原地面纵向开挖台阶，台阶高度大约为 0.6m，每个台阶的开挖深度应该大于等于 1.0m。如图 2-32 所示。

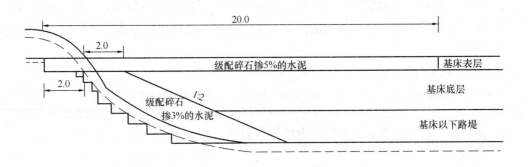

图 2-32　硬质岩土堤堑过渡段示意图（m）

（2）当路堤与连接处为软质岩土与土质路堑时，应顺原地面纵向挖成 1∶2 的坡面，坡面上开挖台阶，每个台阶的开挖深度应该大于等于 1.0m，开挖部分填筑应与路堤的相应位置相同。如图 2-33 所示。

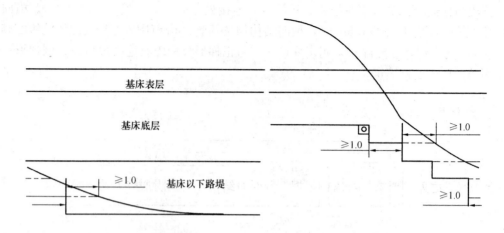

图 2-33　软质岩土或土质堤堑过渡段示意图（m）

（3）土质、软质岩及强风化硬质岩路堑与隧道连接地段，应设置过渡段，并采用渐变厚度的混凝土或掺入 5% 的级配碎石填筑。

（4）无砟轨道与有砟轨道连接路基应设置过渡段，并符合轨道形式的过渡要求。

2.3　高速铁路桥梁工程

2.3.1　高速铁路桥梁的特点

高速铁路上的桥梁，除了需要满足一般铁路桥梁的要求外，还需满足一些符合高速铁路的速度快、轨道结构的高平顺性、桥梁结构承受较大的动力作用等特点的特殊要求。所以，高速铁路桥梁结构对桥梁的强度与刚度、动力特性等提出了更加严格的要求。因而，高速铁路桥梁的工程特点可以概括为以下几点。

1. 刚度大，整体性好

随着列车速度的提高，乘客乘坐舒适度的提高，要求桥梁有较大的刚度，动力效应也要求高速铁路桥梁较普通铁路桥梁有更大的刚度（即较高的固有频率）。还应有良好的整体性，这样才能防止桥梁出现较大的挠度和振幅。还应限制预应力徐变和不均匀温差引起的结构变形。

2. 施工难度大

高速铁路桥梁中常用跨度主要是 32、24m 箱形梁，自重分别达到 850、620t。因此，采用预制（梁场的布置、台座、模板）、架设（起吊、运输、架设）、现场浇筑（支架法施工、造桥机施工、悬臂浇筑）等施工方法进行施工，施工难度较大。

3. 耐久性好

高速铁路运营密度高，列车速度快，损耗快，桥梁结构物应尽量做到少维修和免维修，任何中断性行车都会给列车的调度和经济造成重大的损失。所以，这就对高速铁路的结构物的耐久性提出了更高的要求。

4. 桥梁沉降控制严格

墩台基础的沉降量应按恒载计算，其工后沉降量不应超过下列容许值：

（1）对于有砟桥面桥梁：30mm；

（2）对于无砟桥面桥梁：20mm。

外静定结构相邻墩台沉降量之差：

（1）对于有砟桥面桥梁：$\Delta=0.5L$（mm），并且不大于 15mm；

（2）对于无砟桥面桥梁：$\Delta=0.14L$（mm），并且不大于 5mm；

式中　Δ——相邻墩台沉降量之差（mm）；

　　　L——相邻墩台间的梁跨长（m）。

对于外静不定结构，其相邻墩台均匀沉降量之差的容许值，除了要满足外静定结构相邻墩台沉降量之差的要求外，还应根据沉降时对结构产生的附加应力的影响而定。

5. 结构与环境的协调

伴随着高速铁路的飞速发展，如今它已经成为了重要的现代交通运输工具。所以，应更加重视结构和环境相协调，减少噪声污染，避免桥面污水损坏生态环境。

2.3.2　高速铁路桥梁的荷载设计

高速铁路桥梁设计荷载可分为主要荷载、附加荷载以及特殊荷载。我国的相关规范规定，根据高速铁路的特点，在原有的桥涵设计规范基础上，针对高速行车和桥上铺设无缝线路的实际情况，增加了长钢轨的伸缩力、挠曲力、断轨力和气动力，以最不利的组合情况进行设计。如表 2-9 所示。

高速铁路桥涵荷载的分类和组合原则　　　　　　　　表 2-9

荷载分类		荷 载 名 称	
主 力	恒载	①结构自重及桥面恒载 ②混凝土收缩和徐变的影响 ③土压力	④预加应力 ⑤地基基础变位的影响 ⑥水浮力及净水压力
	活载	①列车竖向静活载 ②列车的竖向动力作用 ③横向摇摆力 ④人行道荷载 ⑤列车活载产生的土压力 ⑥气动力	⑦公路竖向静活载 ⑧长钢轨的伸缩力 ⑨挠曲力 ⑩离心力
附加力		①制动力或牵引力 ②风力 ③冰压力及冻胀力	④雪荷载 ⑤流水压力 ⑥温度变化的影响
特殊荷载		①列车脱轨荷载 ②汽车撞击力 ③地震力	④船只或排筏的撞击力 ⑤施工临时荷载 ⑥长钢轨断轨力

2.3.3　结构变形、变位和自振频率的限值

1. 梁体竖向变形、变位的限值应符合的规定

（1）在 ZK 荷载静力作用下，梁体的竖向挠度不应大于表 2-10 所列数值。

梁体的竖向挠度限值 表 2-10

跨度范围 设计速度	$L \leqslant 40m$	$40m < L \leqslant 80m$	$L > 80m$
250km/h	$L/1400$	$L/1400$	$L/1000$
300km/h	$L/1500$	$L/1600$	$L/1100$
350km/h	$L/1600$	$L/1900$	$L/1500$

注：1. 表中限值适用于 3 跨及以上的双线简支梁；对于 3 跨及以上一联的连续梁，梁体竖向挠度限值按表中数值的 1.1 倍取用；对于 2 跨一联的连续梁、2 跨及以下的双线简支梁，梁体竖向挠度限值按表中数值的 1.4 倍取用。
　　2. 对于单线简支或连续梁，梁体竖向挠度限值按相应双线桥限值的 0.6 倍取用。

（2）拱桥、刚架及连续梁桥的竖向挠度，应考虑列车竖向静活载和温度两个因素的影响。梁体竖向挠度取下列不利者值的情况：①列车竖向静活载作用下产生的挠度值与 0.5 倍温度引起的挠度值之和。②0.63 倍列车竖向静活载作用下产生的挠度值与全部温度引起的挠度值之和。

（3）桥面附属设施应尽量在轨道铺设前完成。轨道铺设完成后，预应力混凝土梁的竖向残余徐变变形应符合下列规定：①有砟桥面：梁体的竖向变形不应大于 20mm。②无砟桥面：$L \leqslant 50m$ 时，梁体的竖向变形不应大于 10mm；$L > 50m$ 时，梁体的竖向变形不应大于 $L/5000$ 且不大于 20mm。

（4）设有纵向坡度的无砟轨道桥梁，应考虑梁体纵向伸缩引起的梁缝两侧钢轨支承点竖向相对位移对轨道结构的影响。

2. 梁体横向变形的限值应符合的规定

（1）梁体的水平挠度应小于等于梁体计算跨度的 1/4000。

（2）无砟轨道桥梁相邻梁梁端两侧的钢轨支点横向相对位移不应大于 1mm。

3. 桥梁的自振频率的限值标准

桥梁的竖向自振频率是导致桥梁动力系数出现峰值的主要原因，因此引起了桥梁共振，桥梁共振就会引起道床松散、钢轨损伤、混凝土开裂、结构疲劳、承载力下降等不利的影响。因此，应该对桥梁的最小自振频率加以限制。梁的竖向自振频率一般取大于 $n_0 = 1.1 v_{max}/L$ 的计算值。另外，因为客运专线铁路车辆的动力作用较大，一般客运专线跨度为 12～40m 铁路简支梁的竖向自振频率采用 $n_0 = 1.2 v_{max}/L$，按 350km/h 的列车速度计算约为 $n_0 = 120/L$ (Hz)（L 以 "m" 为单位来计算）。常用跨度双线简支箱梁不需进行动力检算的竖向自振频率限值如表 2-11 所示。

常用跨度双线简支箱梁不需进行动力检算的竖向自振频率限值 表 2-11

设计速度（km/h） 跨度（m）	250	300	350
12	$100/L$	$100/L$	$120/L$
16	$100/L$	$100/L$	$120/L$
20	$100/L$	$100/L$	$120/L$
24	$100/L$	$120/L$	$140/L$
32	$120/L$	$130/L$	$150/L$

4. 桥梁转角的限值标准

在 ZK 竖向静活荷载的作用下，无砟轨道桥梁两端竖向转角 $\theta_1 + \theta_2$ 不应大于 2/1000；有砟轨道桥梁梁端竖向转角 $\theta_1 + \theta_2$ 不应大于 4/1000。梁端转角示意图如图 2-34 所示。

图 2-34 梁端转角示意图

5. 梁体扭曲变形限值标准

ZK 静活荷载作用下梁体扭转引起的轨面不平顺限值按我国《京沪高速铁路设计暂行规定》规定：以一段 3m 长的线路为基准，在荷载的作用下，一线两根钢轨的竖向相对变形量控制 $t \leqslant 1.5mm$；实际运营的列车静荷载作用下，一线两根钢轨的竖向相对变形量 $t \leqslant 1.2mm$。容许的桥面扭转示意图如图 2-35 所示。

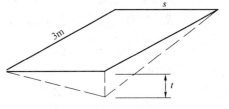

图 2-35 容许的桥面扭转示意图

6. 墩台横向水平线刚度限值

墩台横向水平线刚度应对最不利荷载组合作用下墩台顶横向计算弹性水平位移进行控制。在 ZK 活载、横向摇摆力、离心力、风力和温度的作用下，墩台顶横向水平位移引起的桥面处梁端水平折角应不大于 1/1000 弧度。梁端水平折角示意图如图 2-36 所示。

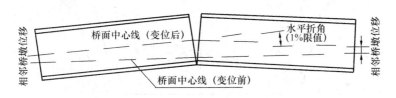

图 2-36 梁端水平折角示意图

7. 桥涵基础工后沉降限值

为了满足高速铁路的高平顺性，使旅客更加舒适、安全，除了严格的路基沉降外，不均匀沉降的控制更为关键。为了保证墩台发生沉降后，桥头和桥上线路的改变不影响列车的正常运行，或者即使要进行线路高程调整时，工作量也不至于过大，需对桥涵基础工后沉降进行一定的控制。具体见表 2-12。

桥涵基础工后沉降量限值标准（mm）　　　　　　　　表 2-12

轨道结构	350km/h		250km/h	
	工后总沉降	相邻桥墩沉降量之差	工后总沉降	相邻桥墩沉降量之差
有砟轨道	30	15	50	20
无砟轨道	20	5	20	5

2.3.4 高速铁路桥梁结构设计原则

1. 桥跨的布置

高速铁路一般采用多孔等跨的布置方式，《京沪高速铁路设计暂行规定》规定：除受控制点影响外，尽量按等跨布置，且以 32、24m 等标准梁跨为主，一座桥尽量以同一梁跨布置；特长桥梁必须采用两种及以上常用跨度梁时，相同梁跨宜集中布置。

2. 桥面布置

桥面的布置应符合下列规定：

（1）桥上有砟轨道轨下枕底道砟厚度不应小于 0.35m。

（2）桥上应设置挡砟墙或防护墙，其高度应与相邻轨道轨面等高。直线和曲线，曲线内侧和外侧可采用不同的高度。有砟轨道桥梁，直线线路中心至挡砟墙内侧净距不应小于 2.2m。

（3）桥面应为主要设备的安装预留位置。

（4）桥上栏杆高度不应小于 1.0m。

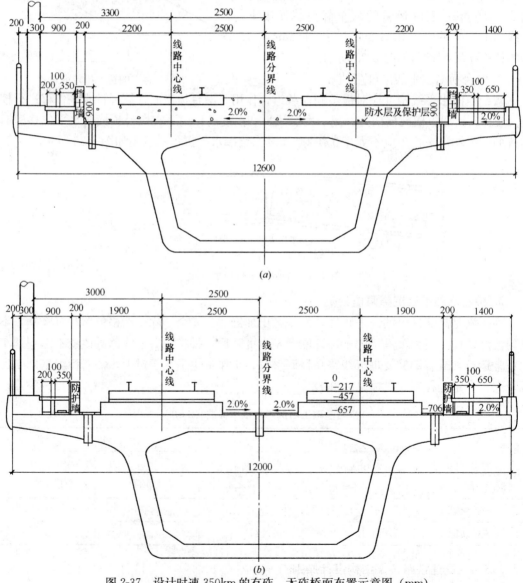

图 2-37　设计时速 350km 的有砟、无砟桥面布置示意图（mm）

（a）有砟桥面；（b）无砟桥面

（5）强风口地段应设置防风设施。当设置防风设施时，桥上栏杆或声屏障与防风设施要结合考虑，同时要考虑旅客观光需要。

（6）线路中心线距接触网支柱内侧边缘最小距离不应小于 3.0m。曲线地段接触网支柱内侧至线路中心线距离应符合建筑限界加宽的要求。当接触网支柱设置在桥面上时，不宜设在梁跨跨中。

（7）主梁翼缘悬臂板端部宜设遮板。

（8）桥面宽度应按照建筑限界、作业维修通道及电缆槽、接触网立柱构造宽度的要求计算确定。

设计时速为 350km 的桥面布置图如图 2-37 所示。

3. 结构材料

高速桥架一般采用钢筋混凝土、预应力混凝土以及部分预应力混凝土的结构材料。

4. 桥墩形式

高速铁路采用高速专用桥墩，分为矩形双柱墩、圆形双柱墩、圆端形板式墩、圆端形桥墩、单圆柱形桥墩、矩形空心墩、圆端形空心墩。根据道路斜交、水流条件和墩高等不同情况分别选用。我国一般采用双柱式桥墩。

5. 梁型及结构形式

结合各种实际情况，一般采用混凝土简支梁、混凝土连续梁和混凝土刚架桥，在建筑高度受限时，也可采用钢板梁上设混凝土板的结合梁。

6. 支座的形式

目前，我国一般采用减振性能良好的橡胶支座，这样就可以减少列车荷载作用下引起的桥梁振动。也可以防止结构的横向移动。

2.4 高速铁路隧道工程

2.4.1 高速铁路隧道列车空气动力学效应

随着高速铁路的发展，一定会出现大量的隧道工程，因为隧道是高速铁路基础设施的重要组成部分，更因为高速铁路的线路技术标准要远远高于普通铁路。国外已建的大部分高速铁路隧道所占的比例比较大，我国在近几年所建的高速铁路，隧道也占比较大的比重。

当列车进入隧道时，原来占据着空间的空气被排开，空气的黏性以及隧道壁面和列车表面的摩阻作用使得被排开的空气来不及像隧道外的空气那样及时、顺畅地沿列车两侧和上部形成绕流，于是列车前方的空气受到压缩，列车后方则形成一定的负压，当列车以很快的速度通过高速铁路隧道的时候，就会产生极强的空气动力学效应。

对高速铁路运营有负面影响的主要空气动力学效应有：

（1）由于瞬变压力（瞬变压力建议值见表 2-13），造成旅客的耳膜不适，产生耳鸣，舒适度大大降低，对铁路员工和车辆产生危害。

（2）行车阻力加大，对行车动力和运营能耗有着特殊的要求。

（3）行车风加剧，影响隧道养护维修人员的正常作业。

（4）高速列车进入隧道时，会在隧道出口处产生微气压波（微气压波控制基准见表

2-14），发出轰鸣声，危及洞口及洞口周围的建筑物。

（5）列车克服阻力所做的功转化为热量，导致隧道内热量积聚。

（6）产生空气动力学噪声。

我国高速铁路瞬变压力建议值 表 2-13

铁路类型	隧道长度占线路长度的比例		隧道密集程度（座/h）		瞬变压力（kPa/3s）
A（平原）	单线	＜10％	而且	＜4	2.0
B（平原）	双线	＜10％	而且	＜4	3.0
A（山丘）	单线	＞25％	或者	＞4	0.8
B（山丘）	双线	＞25％	或者	＞4	1.25

我国高速铁路隧道洞口微气压波的控制基准 表 2-14

条　件		微气压波峰值 p_{max}			
洞口有建筑物	建筑物无特殊环境要求	日本	DB	《京沪高速铁路设计暂行规定》	
	建筑物有特殊环境要求	建筑物处 $p_{max}＜20Pa$		建筑物处 $p_{max}＜20Pa$	
洞口无建筑物（或住宅距洞口大于 50m）		按要求	建筑物无特殊环境要求	按要求	
		距洞口 20m 处 $p_{max}＜50Pa$		建筑物有特殊环境要求	距洞口 20m 处 $p_{max}＜50Pa$
				建筑物有特殊环境要求	不设

2.4.2　高速铁路隧道横断面

高速铁路隧道设计的特点主要体现在隧道断面上，其横断面面积主要要满足隧道建筑限界、列车运营要求、列车—隧道空气动力学的要求。根据我国高速铁路隧道的设计暂行规定，要满足最大瞬变压力控制标准值 3.0kPa/3s 的要求，即要满足对人体作用的最大瞬变压力控制标准值的要求。但是在实际设计中除了要满足以上要求外，还要满足围岩稳定、结构受力、对周围环境有利等方面的要求。高速铁路隧道横断面主要由隧道净空断面积、隧道内的预留空间（包括安全空间、救援通道、工程技术作业空间）组成。

1. 隧道净空断面积

隧道的横断面由堵塞比确定，也就是列车的横断面面积与隧道的横断面面积的比值。在高速铁路隧道设计时，确定了运营列车的类型和速度。根据列车的断面面积确定隧道的断面面积。

隧道断面堵塞比计算公式为：

$$\beta = A_{tr}/A_r$$

式中　A_{tr}——列车横截面面积；

　　　A_r——隧道净空断面积。

我国高速铁路设计规范规定隧道净空断面积要符合下列规定：

（1）设计行车速度目标值为 300、350km/h 时，双线隧道不应小于 $100m^2$，单线隧道不应小于 $70m^2$。

（2）设计行车速度目标值为 250km/h 时，双线隧道不应小于 $90m^2$，单线隧道不应小于 $58m^2$。

（3）设计行车速度目标值为 200km/h 时，双线隧道不应小于 $80m^2$，单线隧道不应小于 $52m^2$。

2. 隧道内的预留空间

隧道断面不仅要满足空气动力学特性的要求，还要满足隧道列车高速运行安全，以及救援通道等设施空间的要求。我国高速铁路设计规范中要求隧道内应设置救援通道和安全通道。

1）安全空间

安全空间为铁路工作人员而设置，内设把手、保护栏等。规范规定，安全空间应设在距线路中心线 3.0m 以外，单线隧道在救援通道一侧设置，多线隧道在两侧设置，安全空间宽度不小于 0.8m，其高度不应小于 2.2m。

2）救援通道

隧道内设置贯通的救援通道，用于自救或外部救援。救援通道应设在安全空间的一侧，距线路中心线不应小于 2.3m，救援通道走行面不低于轨面高程。其宽度不应小于 1.5m，在装设专业设施处，宽度可减少 0.25m，其高度不应小于 2.2m。

3）工程技术作业空间

工程技术作业空间是为设备安装或加强衬砌以及安装噪声护墙板预留的空间。在安全空间和救援通道以外，其宽度应为 0.3m。一般要求不得用技术作业空间来满足隧道施工误差（图 2-38、图 2-39）。

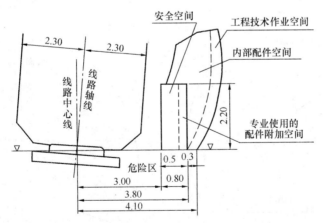

图 2-38 《京沪高速铁路设计暂行规定》中的安全空间（cm）

3. 隧道衬砌

高速铁路隧道的横断面面积较大，受力比较复杂，列车运行速度较高，隧道维修有一定的时间限制，因此隧道的衬砌应具有良好的永久性和防水性。复合式衬砌比喷锚衬砌安全，且永久性好、防水性好。我国高速铁路设计规范规定暗挖隧道应采用复合式衬砌，明挖隧道应采用整体式衬砌。

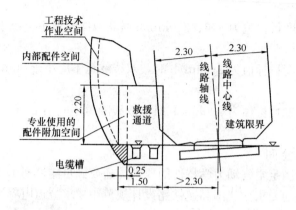

图 2-39 《京沪高速铁路设计暂行规定》中的救援通道（m）

双线、单线隧道内衬砌轮廓如图 2-40～图 2-43 所示。

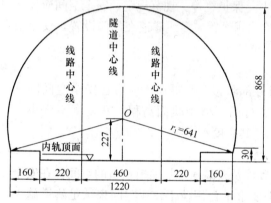

图 2-40 250km/h 的双线隧道内轮廓（cm）

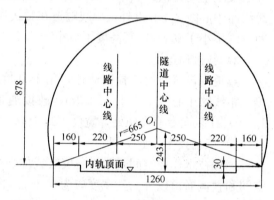

图 2-41 300、350km/h 的双线隧道内轮廓（cm）

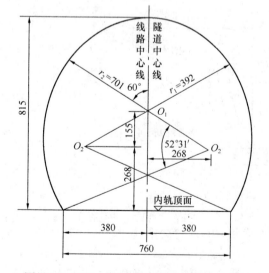

图 2-42 250km/h 的单线隧道内轮廓（cm）

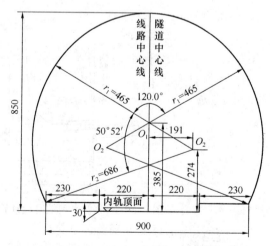

图 2-43 300、350km/h 的单线隧道内轮廓（cm）

4. 单洞双线和双洞单线方案选择

因为高速铁路隧道要考虑空气动力学特性，所以一般都采用单洞双线断面，因为单洞双线隧道方案的堵塞比较小，当然，在某种特殊情况下，也会采用双洞单线的方案。一般情况下，长度小于或等于 10km 的客运专线隧道，多采用单洞双线的方法；长度大于 10km 而小于等于 20km 的隧道，如果客车速度目标值为 200km/h 及以上并且为客货共线时则宜采用双洞单线方案；如果是客运专线，可根据辅助坑道的设置情况进行技术比较，选用合适的方案；当隧道长度大于 20km 时，则一般采用单洞双线方案。

5. 洞口形式和缓冲形式

隧道洞门一般采用斜切式和帽檐式的结构形式。还应结合地形、地质和环境条件等来考虑。始终贯彻"早进晚出"的设计原则。一般洞口不采用缓冲结构，不过当洞口有建筑物或特殊环境要求时，应设置缓冲形式。洞口的缓冲结构设置应符合表 2-15 的要求。

洞口缓冲结构设置要求   表 2-15

建筑物至洞口距离	建筑物有无特殊环境要求	基准点	微气压波峰值
<50m	有	建筑物	按要求
	无		≤20Pa
≥50m	有	距洞口 20m 处	<50Pa

6. 隧道照明设施

考虑到维修养护、满足紧急情况下人员疏散及救援人员的通行要求，列车进入隧道后的亮度和旅客对舒适度的要求，根据我国高速铁路设计的有关规定，凡是长度在 100m 以上的高速铁路隧道均安装照明设备，这些设备可就地开关或由行车调度人员遥控开关。

2.5 高速铁路轨道工程

2.5.1 高速铁路对轨道结构的基本要求

1. 高平顺性

高平顺性是高速铁路对轨道的最基本的要求，也是建设高速铁路的控制条件。对于轨道来讲，最主要的就是要求轨道具有良好的几何状态，这样才不会引起列车的振动，轮轨动作用力增大。因此，为了保障高速铁路行车的平稳、安全和舒适，必须严格控制轨道的高平顺性。要达到高速铁路轨道的高平顺性，必须满足以下条件：

（1）路基设计和施工必须满足路基的工后沉降、不均匀沉降小、在动力作用下变形小、稳定性高等要求，路基的高平顺性和高平稳性是保证轨道高平顺性的前提条件。

（2）桥梁的动挠度等变形必须满足高平顺性。

（3）严格控制轨道的初始不平顺，轨道铺设阶段产生的初始不平顺是运营后各种轨道不平顺发生、发展和恶化的根源，因此要提高轨道铺设的精度标准，一旦马虎，将会产生严重的后果，需要付出更多的维修工作量。因此，我国高速铁路设计规范中规定的正线轨道静态平顺度铺设精度标准如表 2-16～表 2-18 所示。

有砟轨道静态铺设精度标准   表 2-16

序　号	项　目	容许偏差	备　注
1	轨卧	±1mm	相对于标准轨卧 1435mm
		1/1500	变化率
2	轨向	2mm	弦长 10m
		2mm/5m	基线长 30m
		10mm/150m	基线长 300m
3	高低	2mm	弦长 10m
		2mm/5m	基线长 30m
		10mm/150m	基线长 300m
4	水平	2mm	不包含曲线、缓和曲线上的超高值
5	扭曲	2mm	基长 3m，包含缓和曲线上由于超高顺坡所造成的扭曲量
6	与设计高程偏差	10mm	站台处的轨面高程不应低于设计值
7	与设计中线偏差	10mm	

无砟轨道静态铺设精度标准   表 2-17

序　号	项　目	容许偏差	备　注
1	轨卧	±1mm	相对于标准轨卧 1435mm
		1/1500	变化率
2	轨向	2mm	弦长 10m
		2mm/测点间距 $8a$（m）	基线长 $48a$（m）
		10mm/测点间距 $240a$（m）	基线长 $480a$（m）
3	高低	2mm	弦长 10m
		2mm/测点间距 $8a$（m）	基线长 $48a$（m）
		10mm/测点间距 $240a$（m）	基线长 $480a$（m）
4	水平	2mm	不包含曲线、缓和曲线上的超高值
5	扭曲	2mm	基长 3m，包含缓和曲线上由于超高顺坡所造成的扭曲量
6	与设计高程偏差	10mm	站台处的轨面高程
7	与设计中线偏差	10mm	不应低于设计值

注：表中 a 为扣件节点间距，m。

道岔静态铺设精度标准   表 2-18

项　目	高低	轨向	水平	扭曲（基线 3m）		轨距
幅值（mm）	2	2	2	2	±1	变化率 1/1500
弦长（m）	10	—				

2. 高可靠性

运用的轨道部件要求高精度和高可靠性。轨道结构由钢轨、扣件、轨枕和枕下基础等轨道部件组成，其中钢轨直接支撑着列车的运行，其合理放入外形和几何尺寸良好的内在质量是列车高平顺性的前提。所以，对钢轨的要求较为严格，如钢轨的原始平直度公差要小，焊缝的几何尺寸公差要小，等等。

3. 高稳定性

高稳定性主要是指轨道抵抗失稳的能力。高速轨道采用跨区间无缝线路，是为了保证轨道的连续性以及均衡性。保持足够的轨道纵向、横向阻力，降低高速列车的蛇形运动和横向冲击振动是非常重要的技术政策。

4. 高耐久性

运用高精度和高可靠性的轨道部件，就可以提高结构的系统性和耐久性。高耐久性是保持高速轨道能经常处于高平顺性、高可靠性和高稳定性的基本前提。

2.5.2 高速铁路轨道结构

1. 高速铁路轨道结构部件

和普通铁路轨道结构一样，高速铁路轨道也是由钢轨、轨枕、扣件、道床、道岔等部分组成。其中钢轨是轨道结构的主要部件之一，它是直接承受车轮压力并引导车轮运行方向的。一般情况下，钢轨具有较强的强度和足够的韧性。较强的强度是为了承受车轮的强大压力，不会发生伤损和破坏。韧性是为了减轻车轮对钢轨的冲击作用。一般情况下，对于高速铁路的钢轨以及扣件有如下规定：

（1）正线轨道应采用 100m 定尺长 60kg/m 无螺栓孔新钢轨，其质量应符合相应速度等级的钢轨的相关要求。

（2）有砟轨道采用与轨枕配套的弹性扣件，其轨下弹性垫层静刚度一般为 60±10kN/mm。

（3）无砟轨道采用与轨道板或双块式轨枕配套的弹性扣件，其轨下弹性垫层静刚度一般为 25±5kN/mm。

2. 高速铁路轨道结构类型

目前，高速铁路轨道的结构类型一般可以分为有砟轨道和无砟轨道两种，这两种轨道类型都有各自的优缺点，目前，世界高速铁路轨道结构的发展趋势是完善有砟轨道结构和运用无砟轨道。

1）高速铁路正线有砟轨道

一般对正线有砟轨道有如下规定：正线有砟轨道应采用 2.6m 长的混凝土轨枕，每千米铺设 1667 根。道岔区段应铺设混凝土岔枕。道床设计应满足以下规定：

（1）应采用特级碎石道砟，道砟上道前应进行清洗。

（2）道床顶面应低于承轨面 40mm，且不应高于轨枕中部顶面。

（3）路基地段单线道床顶面宽度 3.6m，道床厚度 0.35m，道床边坡 1:1.75，无缝线路轨道砟肩应使用碎石道砟堆高 0.15m。双线道床顶面宽度应分别按单线设计。无缝线路轨道半径小于 800m、有缝线路轨道半径小于 600m 的曲线地段，曲线外侧道床顶面宽度应增加 0.1m。石质路堑地段应采用弹性轨枕或铺设砟下弹性垫层。

（4）桥上道床标准应与路基地段相同，应采用弹性轨枕或铺设砟下弹性垫层。砟肩至挡砟墙间以道砟填平。

（5）隧道内标准应与路基地段相同，应采用弹性轨枕或铺设砟下弹性垫层。砟肩至边墙（或高侧水沟）间以道砟填平。

（6）线路开通前，道床密度不得小于 1.75g/cm³，轨枕支承刚度不得小于 120kN/

图 2-44 高速铁路无砟轨道
与有砟轨道过渡段

mm，纵向阻力不得小于 14kN/枕，横向阻力不得小于 12kN/枕。

高速铁路无砟轨道与有砟轨道过渡段，如图 2-44 所示。

2）无砟轨道

无砟轨道是用整体混凝土结构代替传统有砟轨道中的轨枕和散粒体碎石道床的轨道结构。因此它们的根本区别就是用塑性变形小、耐久性好的混凝土或沥青材料代替了有砟轨道结构中容易磨耗、粉化和破碎的道砟材料。无砟轨道种类繁多，主要有德国的雷达型无砟轨道、日本的板式轨道、英国应用于隧道内的 LVT 型无砟轨道技术。我国采用的无砟轨道类型有 CRTS I 型板式无砟轨道、CRTS II 型板式无砟轨道、CRTS III 型板式无砟轨道、CRTS I 型双块式无砟轨道、CRTS II 型双块式无砟轨道、道岔区无砟轨道等。其中，CRTS I 型板式、CRTS II 型板式、CRTS I 型双块式无砟轨道、道岔区无砟轨道等逐渐被广泛使用。

（1）CRTS I 型板式无砟轨道

预制轨道板通过水泥乳化沥青砂浆充填层，铺设在现场浇筑的具有凸形挡台的钢筋混凝土底座上，并适用 ZPW-2000 轨道电路的单元轨道板无砟轨道结构形式（图 2-45）。

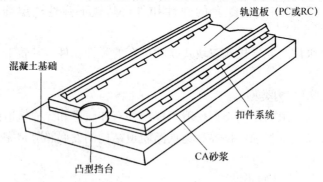

图 2-45 CRTS I 型板式无砟轨道

轨道结构由钢轨、弹性扣件、轨道板、水泥乳化沥青砂浆充填层、底座、凸形挡台及其周围填充树脂等组成。轨道板结构形式可分为预应力混凝土平板、预应力混凝土框架板和钢筋混凝土板，根据环境条件和下部基础合理选用。

标准轨道板长度宜为 4962mm，轨道板宽度宜为 2400mm，厚度不宜小于 190mm。轨道板两端设半圆形缺口，半径宜为 300mm。水泥乳化沥青砂浆充填层厚度为 50mm；对于减振型板式轨道厚度为 40mm。底座采用钢筋混凝土结构，混凝土强度等级为 C40，轨道板外侧的底座顶面应设置横向排水坡。凸形挡台形状分圆形和半圆形，混凝土强度等级为 C40。凸形挡台和轨道板之间填充树脂材料，设计厚度为 40mm。曲线超高在底座上设置，超高设置以内轨顶面为基准，采用外轨抬高方式，并在缓和曲线范围内线性过渡。图 2-46 所示为桥梁地段 CRTS I 型板式无砟轨道标准横断面示意图。

（2）CRTS II 型板式无砟轨道

CRTS II 型板式无砟轨道是通过水泥乳化沥青砂浆调整层将预制轨道板铺设在现场摊

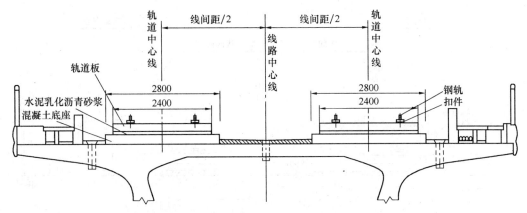

图 2-46　桥梁地段 CRTSⅠ型板式无砟轨道标准横断面示意图（mm）

铺的混凝土支承层或现浇钢筋混凝土底座上，并适应 ZPW-2000 轨道电路要求的纵连板式无砟轨道结构形式，如图 2-47 所示。

图 2-47　CRTSⅡ型板式无砟轨道

路基地段 CRTSⅡ型板式无砟轨道由 60kg/m 钢轨、弹性扣件、预制轨道板、砂浆调整层及支承层等部分组成。它的主要技术要求有：轨道板宽度为 2550mm，厚度为 200mm，标准轨道板长度为 6450mm，异型轨道板（补偿板）长度根据具体铺设段落合理配置。轨道板采用 C55 级混凝土，并应满足《客运专线铁路 CRTSⅡ型板式无砟轨道混凝土轨道板（有挡肩）暂行技术条件》的要求；砂浆调整层设计厚度为 30mm，并应满足《客运专线铁路 CRTSⅡ型板式无砟轨道水泥乳化沥青砂浆暂行技术条件》的要求；支承层顶面宽度为 2950mm，底面宽度为 3250mm，厚度为 300mm，并应满足《客运专线铁路无砟轨道支承层暂行技术条件》的要求；曲线超高在路基基床表层设置；轨道系统应设置性能良好的防排水系统。直线地段采用两列排水，曲线地段采用三列排水；左右线支承层间填筑矿物混合料，其顶面采用 C25 混凝土填充。填充混凝土沿线路纵向与轨道板间以及沿线路横向每隔 5m 均设置伸缩缝，采用沥青灌注。轨道外侧支承层表面及路基面采用乳化沥青进行表面处理。图 2-48 所示为桥梁地段 CRTSⅡ型板式无砟轨道标准横断面示意图。

隧道地段 CRTSⅡ型板式无砟轨道由 60kg/m 钢轨、弹性扣件、预制轨道板、砂浆调整层及支承层等部分组成。其主要的技术要求有：轨道板、砂浆调整层及支承层技术要求同路基地段 CRTSⅡ型板式无砟轨道；轨道系统中混凝土结构应满足相关耐久性的规范要

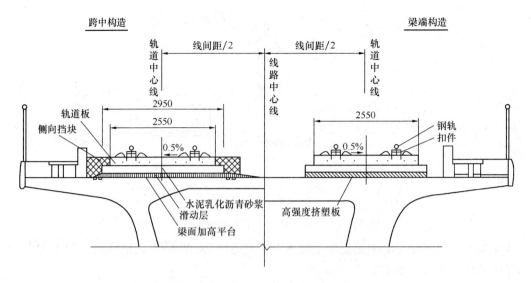

图 2-48　桥梁地段 CRTS Ⅱ 型板式无砟轨道标准横断面示意图（mm）

求；曲线超高在支承层上设置；隧道地段采用中间排水方式。

（3）CRTS Ⅲ 型板式无砟轨道

预制轨道板通过水泥沥青砂浆调整层或自密实混凝土，铺设在现场摊铺的混凝土支承层或现场浇筑的钢筋混凝土底座上，并适应 ZPW-2000 轨道电路的连续轨道板，且对每块板限位的无砟轨道结构形式，如图 2-49 所示。

（4）CRTS Ⅰ 型双块式无砟轨道

将预制的双块式轨枕组装成轨排，以现场浇筑混凝土的方式将轨枕浇入均匀连续的钢筋混凝土道床内，并适应 ZPW-2000 轨道电路的无砟轨道结构形式，如图 2-50 所示。

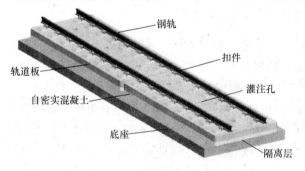

图 2-49　CRTS Ⅲ 型板式无砟轨道结构

图 2-50　CRTS Ⅰ 型双块式无砟轨道

路基地段 CRTS Ⅰ 型双块式无砟轨道由钢轨、弹性扣件、双块式轨枕、道床板、支承层等组成。支承层在路基基床表面上设置，顶面宽度一般为 3200mm，底面宽度一般为 3400mm，厚度一般为 300mm。沿路线纵向，每隔不大于 5m 切一横向预裂缝，缝深一般为厚度的 1/3。道床板宽度范围内的支承层表面应进行拉毛处理。道床板为纵向连续的钢筋混凝土结构，在支承层上构筑。道床板宽度为 2800mm，厚度为 260mm。曲线超高在路基基床表层上设置。线路两侧及线间路基面应进行防水处理。

桥梁地段 CRTS Ⅰ 型双块式无砟轨道由钢轨、弹性扣件、双块式轨枕、道床板、隔离层、底座及凹槽周围的弹性垫层等组成。道床板、底座沿线路纵向在梁面上分块构筑，分块长度宜在 5.0～7.0m，相邻道床板及底座的间隔缝为 100mm。道床板宽度宜为 2800mm，厚度宜为 260mm。底座宽度宜为 2800mm。底座通过梁体预埋套筒植筋或预埋钢筋与桥梁连接，轨道中心线 2.6m 范围内，梁面应进行拉毛处理。曲线超高在底座上设置。底座顶面应设置隔离层，对应每块道床板。底座设置限位凹槽，凹槽侧面设弹性垫层。底座范围内，梁面不设防水层和保护层，如图 2-51 所示。

隧道地段 CRTS I 型双块式无砟轨道由钢轨、弹性扣件、双块式轨枕、道床板等组成。道床板为纵向连续的钢筋混凝土结构，直接在隧道仰拱回填层（有仰拱隧道）或底板（无仰拱隧道）上构筑。道床板宽度宜为 2800mm，厚度宜为 260mm，其宽度范围内，仰拱回填层或底板表面应进行拉毛处理。曲线超高在道床板上设置。距洞口 200m 范围内，隧道内道床板结构与路基地段相同，其余地段的道床板结构设计应根据相应的设计荷载确定。

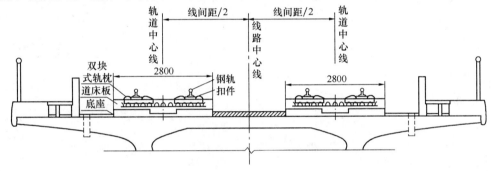

图 2-51　桥梁地段 CRTS I 型双块式无砟轨道标准横断面示意图（mm）

（5）CRTS II 型双块式无砟轨道

以现场浇筑混凝土方式，将预制的双块式轨枕通过机械振动法嵌入均匀连续的混凝土道床内，并适应 ZPW-2000 轨道电路的无砟轨道结构形式，如图 2-52 所示。

（6）道岔区无砟轨道

道岔区无砟轨道有轨枕埋入式和板式两种。道岔区轨枕埋入式无砟轨道是将预制的混凝土岔枕组装成标准道岔轨排，现浇混凝土形成均匀连续的钢筋混凝土道床，并适应 ZPW-2000 轨道电路的无砟轨道结构形式。道岔区板式无砟轨道是预制道岔板通过水泥沥青砂浆调整层，铺设在现场摊铺的混凝土支承层或现场浇筑的钢筋混凝土底座上，并适应 ZPW-2000 轨道电路的无砟轨道结构形式，如图 2-53 所示。

图 2-52　CRTS II 型双块式无砟轨道

图 2-53　高速铁路板式无砟道岔

思 考 题

1. 铁路路基的组成?
2. 铁路桥梁的组成?
3. 隧道衬砌的类型?
4. 道岔的结构及类型?
5. 高速铁路横断面结构? 过渡段构造?
6. 高速铁路桥梁的特点?
7. 高速铁路隧道横断面的设计特点?
8. 高速铁路对轨道的基本要求?
9. 无砟轨道有哪些类型?

第3章 铁路工程计价依据

3.1 铁路工程计价依据

3.1.1 工程造价的计价原则

在建设的各阶段要合理确定其造价，为造价控制提供依据，应遵循以下原则。

1. 符合国家的有关规定

工程建设投资巨大，涉及国民经济的方方面面，因此国家对投资规模、投资方向、投资结构等必须进行宏观调控。在造价编制过程中，应贯彻国家在工程建设方面的有关法规，使国家的宏观调控政策得以实施。

2. 保证计价依据的准确性

合理确定工程造价是工程造价管理的重要内容，而造价编制的基础资料的准确性则是合理确定造价的保证。为确保计价依据的准确性，应注意以下几个方面：

（1）正确计算工程量，合理确定工、料、机单价。工程量及工、料、机单价的合理与否，直接影响到造价中最为重要、最为基本的直接费的准确性，进而影响整个造价的准确性。

（2）正确选用工程定额。为适应建设各阶段确定造价的需要，铁道部编制颁发了《铁路工程估算指标》、《铁路工程概算定额》、《铁路工程预算定额》等工程定额。在编制造价时应根据建设阶段以及编制办法的规定，合理选用定额，才能准确地编制各阶段造价。

（3）合理使用费用定额。编制铁路工程造价，取费必须按《铁路基本建设工程投资预估算、估算编制办法》或《铁路基本建设工程设计概（预）算编制办法》中规定的计算方法和费率进行，各项费率应根据工程的实际情况取定。

（4）注意计价依据的时效性。计价依据是一定时期社会生产力的反映，而生产力是不断向前发展的。当社会生产力向前发展了，计价依据就会与已经发展了的社会生产力不相适应，因而，计价依据在具有稳定性的同时，也具有时效性。在编制造价时，应注意不要使用过时或作废的计价依据，以保证造价的准确、合理性。

3. 技术与经济相结合

完成同一项工程，可有多个设计方案、多个施工方案。不同方案消耗的资源不同，因而其造价也不相同。编制造价时，在考虑技术可行的同时，应考虑各可行方案的经济合理性，通过技术比较、经济分析和效果评价，选择方案，确定造价。

3.1.2 工程造价的计价依据

计算工程造价需要掌握与工程项目建设相关的各种数据、资料和信息，统称为工程造价的计价依据。工程项目处于不同的建设阶段，采用不同的承发包方式，其计价依据也不同。工程造价的计价依据主要有工程技术文件、项目建设条件、工程定额、工程量计算规则和工程造价信息等方面。以下具体介绍铁路工程计价依据的主要资料。

1. 有关工程造价的经济法规、政策

有关工程造价的经济法规、政策包括与建安工程造价相关的国家规定的建筑安装工程营业税税率、城市建设维护税税率、教育费附加费费率；与进口设备价格相关的设备进口关税税率、增值税税率；与工程建设其他费中土地补偿相关的国家对征用各类土地所规定的各项补偿费标准等。

2. 编制办法

铁路基本建设工程各阶段计价的编制和取费应依据国家颁布的费用编制办法进行。编制办法规定了工程建设项目在编制工程造价中除人工、材料、机械消耗以外的其他费用需要量计算的标准，包括措施费、特殊施工增加费费率、间接费费率、设备工具器具及家具购置费标准、其他费费率和计算方法。目前，铁路投资估算采用铁道部公布的《铁路基本建设工程投资预估算、估算编制办法》，该办法自 2008 年 2 月 1 日起施行；铁路概算和预算采用铁道部公布的《铁路基本建设工程设计概（预）算编制办法》，该办法自 2006 年 7 月 1 日起施行。

3. 工程定额

工程定额是指在正常施工条件下，完成规定计量单位的符合国家技术标准、技术规范（包括设计、施工、验收等技术规范）和计量评定标准，并反映一定时间施工技术和工艺水平所必需的人工、材料、施工机械台班消耗量的额定标准。在建筑材料、设计、施工及相关规范等没有突破性的变化之前，其消耗量具有相对的稳定性。铁路工程定额体系按编制程序和用途分包括施工定额、预算定额、概算定额及估算指标等，按生产要素分包括材料预算价格定额、施工机械台班费用定额。

（1）施工定额。施工定额是指施工企业在自身的技术水平和管理水平下，为完成一定计量单位的合格产品所需要消耗的人工、机械台班和材料的数量标准。施工定额属于企业定额性质，反映了施工企业施工生产与生产消费之间的数量关系。由于施工定额是以工序为基础编制的，可以作为企业编制施工作业计划、进行施工作业控制的标准，所以施工定额也是一种作业性定额。

施工定额是根据企业自身的技术水平和管理水平编制的。不同施工企业的技术水平、管理水平各不相同，所以不同企业的定额水平也各不相同。施工定额的定额水平应该取平均先进水平，即正常施工条件下，企业大部分工人通过努力能够达到的水平。由于施工定额反映了本企业施工生产和生产消费之间的关系，它的作用也仅限于企业内部使用，属于企业的商业机密。在当前国家推行工程量清单合理低价评标的原则下，施工定额对企业的生存发展起到愈来愈重要的作用。

（2）预算定额。属于计价性定额，是在编制施工图预算时，计算工程造价和计算工程中劳动、机械台班、材料需要量使用的一种定额。铁路预算编制办法规定对于"站前"工程编制初步设计概算时也要采用预算定额。

铁路工程预算定额包括路基、桥涵、隧道、轨道、通信、信号、电力、电力牵引供电、房屋建筑、给水排水、机械设备安装及站场共 12 个分册。

（3）概算定额。属于计价性定额，是编制初步设计概算及修正设计概算时，计算和确定工程概算造价，计算劳动、机械台班、材料需要量所使用的定额。它的项目划分粗细，与初步设计的深度相适应。它是在预算定额基础上，对预算定额的综合扩大。

铁路工程概算定额按照专业也划分为 12 个分册，与预算定额相对应。

（4）估算指标。属于计价性定额，是在项目建议书和可行性研究报告阶段编制投资估算、计算投资需要量时使用的一种定额。它非常概略，往往以独立的单项工程或完整的工程项目为计算对象。它的概略程度与项目建议书和可行性研究相适应。

4. 设计图纸资料

设计图纸资料在编制造价时其作用主要表现在两个方面：一是提供计价的主要工程量，这部分工程量一般是从设计图纸中直接摘取。二是根据设计图纸提出合理的施工组织方案，确定造价编制中有关费用的基础数据，计算相应的辅助工程和辅助设施的费用。

5. 基础单价

基础单价是指工程建设中所消耗的劳动力、材料、机械台班以及设备工器具等单位价格的总称。

（1）劳动力的工日单价。是指建筑安装生产工人的日工资单价，由生产工人基本工资、辅助工资、特殊地区津贴及地区生活补贴、工资性补贴、职工福利费等组成，具体标准可按照编制办法规定计算。

（2）材料单位价格。习惯称为材料的预算价格，是指材料（包括原材料、构件、成品、半成品、燃料、电等）从其来源地（或交货地点）到达施工工地仓库后的出库价格。目前，铁路工程建设材料价格基期（2005 年）采用铁道部 2006 年公布的《铁路工程建设材料及其价格》，编制期主要材料的价格采用当地调查价。

（3）施工机械台班单价。是指列入概、预算定额的施工机械按照相应的铁路施工机械台班费用定额分析的单价。目前，铁路施工机械定额采用铁道部 2006 年公布的《铁路工程施工机械台班费用定额》，施工机械台班费用定额规定了机械台班中折旧费、大修理费、经常修理费、安装拆卸费标准，以及人工、燃油动力消耗标准等其他费用标准。

（4）设备费单价。是指各种进口设备、国产标准设备和国产非标准设备从其来源地（或交货地点）到达施工工地仓库后的出库价格。

6. 施工组织计划

施工组织计划是对工程施工的时间、空间、资源所作的全面规划和统筹安排，它包括施工方案的确定、施工进度的安排、施工资源的计划和施工平面的布置等内容。以上这些内容均涉及造价编制中有关费用的计算，如对同一施工任务可采用不同的施工方法，其工程费用会不相同；资源供应计划不同，施工现场的临时生产和生活设施就不会相同，相应的费用也不会相同；施工平面布置中堆场、拌合场的位置不同，则材料运距不同，其运费也不相同……由此可知，施工组织设计是造价编制中不可忽略的重要计价依据之一。铁路工程施工组织的主要内容见本章第 3 节。

7. 工程量计算规则

工程量计算规则是计量工作的法规，它规定工程量的计算方法和计算范围。在铁路工程中，工程量计算规则都是放在工程定额的说明中。若采用工程量清单编制概预算时，其工程量计算规则依据铁路、公路工程量清单计价指南中的规定执行，具体内容见后续章节。在铁路工程设计文件中列有各分部分项工程的工程量，在编制造价时，对设计文件中提供的工程量进行复核，检查是否符合工程量计算规则，否则应按工程量计算规则进行调整。

8. 其他资料

包括有关合同、协议以及用到的其他一些资料，如某种型号钢筋的每米质量、土地平整中土体体积计算时的棱台公式、标准构件的尺寸等，需要从一些工具书或标准图集查阅。

3.2 铁路预算定额的使用方法

3.2.1 预算定额的使用

定额在各种计价模式下，对准确分析工程造价都有重要参考作用，因此要正确合理地确定工程造价，必须以正确使用定额为前提。铁路预算定额是编制概预算文件或进行投标报价中使用较多的定额，重点介绍其使用方法。

（1）首先，在使用铁路预算定额时应仔细阅读定额的总说明和各工程项目的分项说明，熟悉相关条款规定。

（2）其次，查找定额时应仔细核对设计文件中的工程项目、工作内容是否与所采用定额内容一致，对各分项工程细目要做到不遗漏、防重复。这要求预算人员要熟悉各类工程构造、施工程序、各种施工技术方法，才能将工程分项逐项列出，完整不漏，才能参照定额选择适宜的分项条目。

（3）在使用定额时应注意定额中工程量单位与设计文件中工程数量单位的一致性，进行必要的换算。

以下的定额项目表（表 3-1）摘自路基工程预算定额，LY-140 子目反映用 ≤6t 的自卸汽车每完成 100m^3 运土，运距不大于 1km 时，所消耗的工、料、机数量及价格（基期价格水平）。

自 卸 汽 车 运 土　　　　　　　　　表 3-1

工作内容：施工准备、等待装车、运、空回等。　　　　　　　　　　　　单位：100m^3

电算代号	定　额　编　号		单位	LY-140	LY-141	LY-142	LY-143
	项　　目			≤6t 自卸汽车		≤8t 自卸汽车	
				运距≤1km	增运 1km	运距≤1km	增运 1km
	基　　价			496.18	134.10	414.19	109.20
其中	人工费		元	—	—	—	—
	材料费			—	—	—	—
	机械使用费			496.18	134.10	414.19	109.20
	重　　量		t				
19364	自卸汽车不大于 6t		台班	1.628	0.440	—	—
19365	自卸汽车不大于 8t		台班	—	—	1.062	0.280

3.2.2 预算定额的总说明

预算定额的总说明是针对整套定额所共有情况的说明。包括以下条款：

（1）《铁路工程预算定额（2010 年）》（以下简称本定额）是标准轨距铁路工程专业性的全国统一定额。

（2）本定额适用于新建和改建铁路工程。

（3）本定额按专业内容分为 13 个分册：

第一册　路基工程

第二册　桥涵工程

第三册　隧道工程

第四册　轨道工程

第五册　通信工程

第六册　信号工程

第七册　电力工程（上、下）

第八册　电力牵引供电工程（上、下）

第九册　房屋工程（上、中、下）

第十册　给水排水工程

第十一册　机务、车辆、机械工程

第十二册　站场工程

第十三册　信息工程

为避免重复，属专业间通用的定额子目，只编列在其中一个分册内，使用时可跨册进行。各册定额工程范围的划分，不涉及专业分工。

（4）本定额按照合理的施工组织和正常的施工条件编制，定额中所采用的施工方法和质量标准，是根据现行的铁路设计规范（指南）、施工规范（指南）、技术安全规程、施工质量验收标准等确定的，本定额主要内容体现了铁路建设"六位一体"和标准化管理的"机械化、工厂化、专业化、信息化"四个支撑手段（以下简称"四个支撑手段"）的要求。

（5）使用本定额时，应结合施工条件和专业施工机械配置指导意见，优先采用体现"四个支撑手段"的施工工艺、工法及与之相适应的定额子目，详见各册定额附录：体现工厂化、机械化的定额子目索引。

（6）定额中的工作内容仅列出了主要的施工工序，次要工序虽未列出，亦包括在定额内。

（7）定额中的人工消耗量不分工种、技术等级，其内容包括：基本用工、人工幅度差、辅助用工、工地小搬运用工。

（8）定额中的材料消耗量，均已包括工地搬运及施工操作损耗。其中周转性材料（如模板、支撑、脚手杆、脚手板、挡土板等）的消耗量，均按其正常摊销次数摊入定额内，除另有说明外，使用时不得因实际摊销次数不同而调整。当设计采用的主材与对应定额子目不符时，可抽换。

（9）定额中混凝土和水泥砂浆的数量（表中圆括号内的数字），仅用于根据混凝土和砂浆配合比计算水泥、砂子、碎石的消耗量，使用时不得重复计算。其水泥消耗量系按中粗砂编制。当设计采用的强度等级、骨料类型、粒径、使用环境等与定额不同时，应按相关技术标准和基本定额配合比用料表调整。

（10）定额中的施工机械类型、规格型号，系按正常情况综合选定。

（11）定额中除列出的材料和施工机械外，对于零星的及费用很少的材料和施工机械的费用，综合列入"其他材料费"和"其他机械使用费"中，以"元"表示。

（12）定额中的"重量"，为各项材料的重量之和，不包括水和施工机械消耗的燃料重量。

（13）定额中凡注有××以内（下）者，均包括××本身，××以外（上）者，则不包括××本身。

（14）表中未注尺寸单位均为"mm"。

3.2.3　路基工程预算定额说明

1. 综合说明

（1）本定额系对原《铁路路基工程预算定额》（铁建设〔2004〕47 号）的修订，适用于铁路路基工程、改移道路、平交道、改沟及其他土石方工程。

（2）本定额按照"机械施工与人力施工"分别编制的子目，应优先采用"机械施工"的定额子目，需人工完成的工程量由施工组织设计确定。

（3）本定额按照"工厂化施工与非工厂化施工"分别编制的子目，应优先采用"工厂化施工"的定额子目，需人工完成的工程量由施工组织设计确定。

（4）混凝土定额单位为"10m³"的子目系按集中拌制编制，未含混凝土拌制、运输内容，混凝土拌制、运输按《铁路桥涵工程预算定额》（铁建设〔2005〕15 号）的相关子目另计。当根据规定采用商品混凝土时，混凝土按当地的市场价格计算，不再计算混凝土拌制与运输的费用。

（5）本定额中的混凝土构件预制、钢筋制作等子目是按工厂化生产考虑的，未含场外运输，场外运输按相关标准另计。

（6）除另有说明外，本定额用于封锁线路作业时，人工和机械台班消耗量乘 2.0 的系数。

2. 分章说明

1）土方工程

（1）土石方挖填工程，除工作内容说明以外，另包括：路堑修坡检底、取土坑整修等所需的人工、材料、机械消耗量。

（2）土石方工程定额单位，挖方为天然密实方，填方为压（夯）实方。当以填方压实体积为工程量，采用以天然密实方为计量单位的定额时，所采用的定额应乘以表 3-2 所示系数。

采用以天然密实方为计量单位的定额时，应乘的系数　　　　　　　　表 3-2

岩土类别		土　方			石　方
铁路等级		松土	普通土	硬土	
设计速度 200km/h 及以上铁路	区间	1.258	1.156	1.115	0.941
	站场	1.230	1.130	1.090	0.920
设计速度 160km/h 及以下Ⅰ级铁路	区间	1.225	1.133	1.092	0.921
	站场	1.198	1.108	1.068	0.900
Ⅱ级及以下铁路	区间	1.125	1.064	1.023	0.859
	站场	1.100	1.040	1.000	0.840

注：表中系数已包括路堤施工要求两侧加宽的土石方数量。

（3）土石方运输定额已考虑了道路系数（便道及交通干扰等因素），土石方工程中汽车增运定额仅适用于运距 10km 及以内的运输，10～30km（含）乘以 0.85 的系数，超过 30km 部分按运杂费计算。

（4）工程量计算规则：

①开挖与运输数量以天然密实体积计算，填筑数量以压（夯）实体积计算，光面（预裂）爆破数量按照设计边坡面积计算。

②路堑开挖按照设计开挖线计算土石方数量。

③路堤填筑按照设计填筑线计算土石方数量，护道土石方、需要预留的沉降数量计入填方数量。

④清除表土及原地面压实后回填至原地面标高所需的土、石方数量按设计确定的数量计算，并纳入到路基填方数量内。

2）石方工程

（1）土方工程说明适用于石方工程。

（2）光面（预裂）爆破定额单位按爆破面积计算，应与其他石方开挖定额叠加使用。

（3）控制爆破定额适用于既有电气化铁路增建二线需控制爆破的石方开挖工程。其他类似施工条件，可结合设计要求比照执行。

①按施工条件不同分为 A、B、C 三类，分类如表 3-3 所示。

按施工条件的分类   表 3-3

A 类	B 类	C 类
线间距≤5m，开挖高度≥8m，开挖厚度≤4m，既有边坡坡度大于 1∶0.5，岩石硬度为次坚石以上	线间距各≤10m，开挖厚度≤10m，既有边坡坡度≤1∶0.5	不满足 A、B 类条件，但距既有线路堑边坡顶 50m 之内无天然屏障的石方爆破

注：表中开挖高度为路肩至路堑边坡最高点的高度；开挖厚度为爆破体平均开挖厚度。

②定额中已经考虑了要点封锁线路引起的工效降低因素，使用时不再计列行车干扰施工增加费。

③爆破覆盖层分为 4 层、2 层、1 层三种，覆盖材料为钢筋网、橡胶炮被、土袋。4 层为钢筋网、土袋各 1 层，橡胶炮被 2 层；2 层为橡胶炮被、土袋各 1 层；1 层为橡胶炮被。

3）路基加固及附属工程

（1）当设计采用的土工合成材料和透水软管的规格型号与本定额不同时，可抽换。

（2）本定额中的各种地基处理未包含桩顶空钻部分，实际发生时应单独计算空钻部分的工程数量，按以下原则计列：人工和机械台班消耗量乘 0.5 的系数，扣除成桩材料费。

（3）旋喷桩、石灰桩、碎石桩、砂桩定额中主要材料用量系按一般情况编制，当设计采用类型规格或用量与定额不同时，可抽换。

（4）钻孔压浆定额中浆液系按水泥砂浆编制，当设计采用其他类型浆液时，可抽换。

（5）填筑砂石定额适用于构筑物基底、后背填筑。抛填片石定额适用于人工抛石挤淤工程。

（6）工程量计算规则：

①全坡面护坡、护墙其挖基数量仅计算原地面（或路基面）线以下部分；骨架护坡挖基需另计在坡面开挖沟槽的数量。

②铺设土工织物、土工格栅按照设计铺设面积计算，但特殊设计需要回折的，回折部分另行计算并纳入工程数量中。

③路基边坡斜铺土工网垫按照设计铺设面积计算，定额中已经包括了撒播草籽。

④石灰桩、碎石桩、水泥搅拌桩、旋喷桩按照设计桩长乘以设计桩截面积计算，如需试桩，按设计文件计入工程数置。

4）路基支挡结构工程

（1）挡土墙定额亦适用于护墙。

（2）挡土墙、护墙、护坡的基坑开挖、支护等，应采用桥涵预算定额的相应子目。

（3）土钉定额中不含挂网和喷射混凝土，需要时应按有关定额另计。

（4）软土地基垫层定额中石垫层定额亦适用于机械施工抛石挤淤工程。当设计采用砂卵石等混合填料时，可抽换。

（5）工程量计算规则：

①圬工体积按设计尺寸以实体体积计算，不扣除圬工中钢筋、钢绞线、预埋件和预留压桩孔道所占体积。

②锚杆挡土墙中铺杆制安以及锚索制安按照所需主材（钢筋或钢绞线）重量计算，附件重量不得计入。其计算长度是指嵌入岩石的设计有效长度，按规定应留的外露部分及加工过程中的损耗，均已计入定额。

③抗滑桩桩孔开挖，不论哪一深度均执行总孔深定额。桩身混凝土工程量按桩顶至桩底的长度乘以设计桩断面积计算，不包括护壁混凝土的数量。护壁混凝土按相应定额另计。

5）其他

（1）级配碎石（砂砾石）拌制定额的基价是按照碎石进行编制的，如设计采用级配砂砾石，材料应进行抽换。各种粒径的碎石（砂砾石）用量，应按照设计确定的配合比计算。

（2）路桥过渡段压实定额包括了掺入水泥的工作内容，但不包括掺入的水泥价格，使用时应按照设计用量另计。

（3）压实定额中已包括洒水或翻晒，洒水定额仅适用于特殊干旱地区或单独洒水的工程。

（4）承载板、位移桩预制及埋设定额不含日常观测用工。

（5）挖沟定额如发生运输时，可按土方工程中普通土或石方工程中次坚石的有关定额计算。

（6）在斜坡上挖台阶定额，仅供既有线路基帮宽时使用。

（7）"土质路面（拱）、边坡修整"、"石质路堑（渠）底面或边坡修整"定额的工作内容已经包含在土石方的有关定额中，使用土石方定额时，不得重复计算，该定额仅供单一工作项目使用。

（8）挖除树根定额，其直径系地面以上 20cm 处直径。

（9）绿化工程定额计量规格：胸径是指从地面起至树干 1.3m 高处的直径，冠径是指枝展幅度的水平直径，苗高是指从地面起至梢顶的高度。灌木以冠径/苗高表示。

（10）栽植定额以原土回填为主，如需换土，按"换种植土"定额另计。

（11）香根草、穴植容器苗、植生袋定额中已含养护管理费用。

（12）喷混植生定额中绿化基材当设计配方与本定额不符时可以进行抽换调整。

（13）本定额中一般地区、干旱地区、寒冷地区的划分标准执行《铁路路基边坡绿色防护技术暂行规定》中的有关规定。一般地区是指年平均降水量大于 600mm、最冷月月平均气温大于 −5℃ 的地区；干旱地区是指年平均降水量不大于 600mm 的地区；寒冷地区是指最冷月月平均气温不大于 −5℃ 的地区。

3. 定额基价中采用的人工、材料、机械使用费计费标准

（1）人工费：执行铁道部《铁路基本建设工程设计概（预）算编制办法》（铁建设〔2006〕113 号，以下简称 113 号文）。

（2）材料费：执行铁道部《铁路工程建设材料基期价格（2005 年度）》（铁建设〔2006〕129 号）。

（3）机械使用费：执行铁道部《铁路工程施工机械台班费用定额（2005 年度）》（铁建设〔2006〕129 号）。其中柴油 3.67 元/kg，汽油 3.98 元/kg。

（4）水、电单价：执行"113 号文"，水 0.38 元/t，电 0.55 元/kWh。

3.2.4 桥涵工程预算定额说明

1. 综合说明

1）本定额系对原《铁路桥涵工程预算定额》（铁建设〔2005〕15 号）的修订，适用于铁路桥梁、涵洞工程。

2）本定额按陆上、水上分别编制。水上定额适用于设计采用船舶施工的工程，水上如采用栈桥、栈桥加平台或筑堤等，则混凝土工程采用陆上定额，另列栈桥或筑堤等费用。河滩、水中筑岛施工采用陆上定额。

水上定额已含材料（成品、半成品）的水上短途运输。

3）辅助结构及周转性材料原则上已按摊销计入定额，除另有说明外，不扣除回收料的残值。但每使用一个季度的子目及第 5 章第 7 节中钢结构制作、木结构制安拆子目，其摊销和使用费应根据施工组织确定的时间计算。

4）现浇异形梁模板可按建设项目一次摊销，并扣除模板回收残值。

5）施工机械种类、规格型号，系按一般情况综合选定。除另有说明外，不得抽换。

6）除另有说明外，定额中已含脚手架、支架、扒杆等的搭拆及摊销。

7）构筑物基底、后背填筑砂石等，采用《铁路路基工程预算定额》（铁建设〔2004〕47 号）的相应子目。

8）本定额的混凝土工程除水上子目和定额单位非"10m³"子目外，定额单位为"10m³"的子目其混凝土拌制与浇筑是分开编制的，若施工组织设计按集中搅拌供应混凝土的，应分别套用搅拌站拌制、浇筑、搅拌运输车运送混凝土子目；若施工组织设计按分散搅拌供应混凝土的，应分别套用搅拌机拌制、浇筑子目。当根据规定采用商品混凝土时，混凝土按当地含运费的市场价格计算，不再计算混凝土拌制与运输的费用。

9）本定额的实体墩、现浇梁子目适用于墩高不大于 30m 的情况，超过此高度时，扣除混凝土和钢筋子目中汽车起重机的台班数量，另按施工组织设计确定的墩身与现浇梁的

班制及工期，每工班（按 8h 计）计列塔式起重机 1 个台班。塔式起重机地基加固处理的费用根据设计要求另计。

10）预应力筋定额中已含孔道压浆数量，但未含两端封锚后涂刷防水涂料的数量，应按防水层的相应定额另计。

11）本定额中混凝土构件预制、钢筋制作是按工厂化生产考虑的，未含场外运输，场外运输按相关标准另计。

12）工程量计算规则：

（1）基坑开挖数量以天然密实体积计算，填筑数量以压实体积计算。

（2）各类砌体的体积，按砌体设计尺寸以实体体积计算。

（3）混凝土的体积，按混凝土设计尺寸以实体体积计算，不扣除混凝土中钢筋（钢丝、钢绞线）、预埋件和预留压浆孔道所占的体积。

（4）钢筋的重量按钢筋设计长度（应含架立钢筋、定位钢筋和搭接钢筋）乘理论单位重量计算。不得将焊接、接头套筒、垫块等材料计入工程数量。

（5）预应力混凝土结构的预应力钢筋（钢丝、钢绞线）的重量按结构内设计长度或两端锚具之间的预应力筋长度计算。不得将张拉等施工所需的预留长度部分和锚具重量计入工程数量。

（6）各种桩基如需试桩，其数量由设计确定，纳入工程数量。

2. 分章说明

1）下部工程

（1）挖基及抽水

①无水挖基指开挖地下水位以上部分，有水挖基指开挖地下水位以下部分。开挖淤泥、流砂不分有水、无水均采用同一定额。

②开挖基坑定额不含坑壁支护，需要时应根据设计确定的支护方式采用相应定额。本定额仅编制了挡土板和钢筋混凝土围圈子目，当设计采用锚杆、喷射混凝土、土钉等支护方式时，可采用路基定额的相应子目。

③在同一基坑内，不管开挖哪一深度均执行该基坑的总深度定额。

④基坑开挖定额中弃方运距为 20m，如需远运，按路基定额的相应子目另计。

⑤挖井基础可采用《铁路路基工程预算定额》（铁建设［2004］47 号）的抗滑桩相关子目。

⑥使用基坑开挖定额，一般情况下应采用机械开挖子目，当工点零星、工作面狭窄，不适合采用机械开挖时，可采用人工开挖子目。

⑦井点降水定额适用于地下水位较高的地区，井点管安拆子目中已包括井点管、总管及附件的摊销。

⑧采用井点降水后的基坑开挖按无水计。

⑨采用无砂混凝土管井降水时，水泵的抽水费用另计。每座无砂混凝土管井需配置 1 台水泵，水泵的选型应根据工点的设计涌水量确定。

⑩工程量计算规则：

a. 基坑开挖的工程量按基坑设计容积计算。

b. 挡土板支护的工程量按所支挡的基坑开挖数量计算。

c. 基坑回填数量＝基坑开挖数量－基础（承台）圬工数量。

d. 基坑深度一般按坑的原地面中心标高计算，路堑地段按路基成型断面路肩设计标高至坑底的标高计算。

e. 井点降水使用费的计算，以50根井点管为一套，不足50根的按一套计。使用天数按施工组织设计确定的日历天数计算，24h为一天。

f. 与无砂混凝土管井配套的水泵台班数量，按施工组织设计确定的日历天数计算，24h为一天，每天每台水泵计3个台班。

g. 基坑抽水工程量为地下水位以下的湿处开挖数量。已含开挖、基础浇（砌）筑至混凝土终凝期间的抽水。

h. 抽静水定额仅适用于排除水塘、水坑等的积水。工程量按设计抽水量计算。

（2）围堰及筑岛

① 土坝、草袋、塑料编织袋围堰及筑岛定额中已包括20m以内的运输，当运距超过20m时，按增运10m定额另计。

② 打钢板桩定额系按正常摊销次数编制，当施工组织设计确定不再拔除钢板桩时，按一次摊销计算。

③ 双壁钢围堰在水中下沉定额中，按摊销量计入了定位船至双壁钢围堰上、下兜缆，兜缆数量不得另计。

④ 钢围堰定额系按使用导向船、定位船的施工方法编制，如施工组织设计为其他施工方案，应调整后使用。

⑤ 定额中的定位船系按一前一后两艘编制，施工组织设计每增减一艘定位船，有关定额中工程驳船（≤400t，三班制）的台班应增减的数量见表3-4。

按施工组织设计增减工程驳船（≤400t，三班制）数量表　　　表3-4

项目名称	单位	增减数量
双壁钢围堰、钢沉井底节、钢围笼浮运、定位、下水	台班/t	0.17
吊箱围堰浮运、定位、下水	台班/t	0.195
双壁钢围堰在水中下沉	台班/100m³	1.18
双壁钢围堰在覆盖层中下沉	台班/100m³	2.63
钢沉井在水中下沉	台班/100m³	1.86
钢沉井在覆盖层中下沉	台班/100m³	4.35
双壁钢围堰内钢护筒安拆及固定价制安拆	台班/t	1.31
双壁钢围堰基底清理	台班/10m²	0.72
钢沉井基底清理（覆盖层）	台班/10m²	1.1
钢沉井基底清理（风化岩）	台班/10m²	2.76

⑥ 双壁钢围堰下沉定额中未含井壁填充混凝土，需要时按填充混凝土定额另计。

⑦ 工程量计算规则：

a. 土坝、草袋及塑料编织袋围堰的工程量，长度按围堰中心长度，高度按设计的施工水位加0.5m计算，不包括围堰内的填心数量，需填心时，按筑岛填心定额另计。

b. 钢围堰浮运的工程量按设计确定所需的浮运重量计算。

c. 钢围堰拼装的工程量按设计的围堰身重量计算，不包括工作平台的重量。

d. 双壁钢围堰在水中下沉的工程量按围堰外缘所包围的断面积乘以设计施工水位至原河床面中心标高的高度计算。

e. 双壁钢围堰在覆盖层下沉的工程量按围堰外缘所包围的断面积乘以河床面中心标高至围堰刃脚基底中心标高的高度计算。

f. 钢围堰拆除的工程量按施工组织设计确定的拆除数量计算。

g. 双壁钢围堰基底清理的工程量按围堰刃脚外缘所包围的断面积计算。

h. 拼装船组拼拆除的工程量按设计使用次数计算。

i. 双壁钢围堰下沉设备制安拆的工程量按设计使用墩数计算。

（3）定位船、导向船及锚碇设备

①定位船船面设备定额中已含定位船至导向船的拉缆摊销量。

②锚碇系统定额中均已含抛锚、起锚，锚绳、锚链安拆及摊销等全部内容。

③主锚及边锚定额，分为铁锚及混凝土锚两类，无覆盖层河段可以使用混凝土锚，其他河段采用铁锚。

④ 工程量计算规则：

锚碇的工程量按施工组织设计确定的数量计算。

（4）钻孔桩及挖孔桩

①本定额钻孔地层分类见表 3-5。

桥涵工程预算定额钻孔地层分类　　　　　　　　　表 3-5

地层分类	代表性岩土类
土	黏土、粉质黏土、粉土、粉砂、细砂、中砂、黄土，包括土状风化岩层。残积土、有机土（淤泥、泥炭、耕土）、含硬杂质（建筑垃圾等）在 25% 以下的人工填土
砂砾石	粗砂、砾砂、轻微胶结的砂土、石膏、褐煤、软烟煤、软白垩、礓石及粒状风化岩层、细圆（角）砾土、粒径 40mm 以下的粗圆（角）砾土、含硬杂质（建筑垃圾等）在 25% 以上的人工填土
软石	岩石单轴饱和抗压强度小于 30MPa 的各类软质岩，如泥质页岩、砂质页岩、油页岩、灰质页岩、钙质页岩、泥质砂岩、泥质胶结的砂岩和砾岩、砂页岩互层、泥质板岩、滑石绿泥石片岩、云母片岩、凝灰岩、泥灰岩、泥灰质白云岩、钻孔遇洞率 30% 及以下或蜂窝状或溶洞内充填物较多的岩溶化石灰岩及大理岩、盐岩、结晶石膏、断层泥、无烟煤、硬烟煤、火山凝灰岩、强风化的岩浆岩及花岗片麻岩、冻土、冻结砂层、金属矿渣、粒径 40~100mm 且含量大于 50% 的粗圆（角）砾土、卵（碎）石土
卵石	粒径 100~200mm 且含量大于 50% 的卵（碎）石土
次坚石	岩石单轴饱和抗压强度 30~60MPa 的各类硬岩，如长石砂岩、钙质胶结的长石石英砂岩、钙质胶结的砂岩或砾岩、灰岩及轻微硅化灰岩、钻孔遇洞率 30%~60% 的岩溶化石灰岩、熔结凝灰岩、大理岩、白云岩、橄榄岩、蛇纹岩、板岩、千枚岩、片岩、凝灰质砂岩、集块岩、弱风化的岩浆岩及花岗片麻岩、冻结粗圆（角）砾土、混凝土构件、砌块、粒径 200~800mm 且含量大于 50% 的漂（块）石土
坚石	岩石单轴饱和抗压强度大于 60MPa 的各类极硬岩，如花岗岩、闪长岩、花岗闪长岩、正长岩、辉长岩、花岗片麻岩、粗面岩、石英粗面岩、安山岩、辉绿岩、玄武岩、伟晶岩、辉石岩、硅化板岩、千枚岩、流纹岩、角闪岩、碧玉岩、刚玉岩、碧玉质硅化板岩、角页岩、石英岩、燧岩、硅质灰岩、硅质胶结的砂岩或砾岩、硅化或角页化的凝灰岩、钻孔遇洞率 60% 以上的岩溶化石灰岩、粒径大于 800mm 且含量大于 50% 的漂（块）石土、钙质或硅质胶结的卵石土

② 在滩涂、水田等浅水、淤泥地带钻孔，其工作平台的费用可采用筑岛填心定额计算。

③ 钻孔定额适用于孔深 50m 以内，若钻孔深度大于 50m 时，超过部分每增加 10m（含不足 10m 部分），定额中人工和机械台班消耗量以 50m 为基数按表 3-6 中的系数调整。

调整系数	表 3-6
地层分类	系数
土	1.05
砂砾石	1.08
卵石、软石、次坚石、坚石	1.10

为方便使用，可按钻孔总深度采用表 3-7 中的综合系数调整定额中的人工和机械台班消耗量。

	综合调整系数				表 3-7
地层分类	钻孔深度（m）				
	≤60	≤70	≤80	≤90	≤100
土	1.008	1.022	1.039	1.058	1.080
砂砾石	1.013	1.035	1.063	1.096	1.134
卵石、软石、次坚石、坚石	1.017	1.044	1.080	1.123	1.172

④ 水上钢护筒按一次摊销计，不另计拆除及整修的费用，也不扣除回收料的残值。

⑤ 双壁钢围堰内清水钻孔定额亦适用于浮运钢沉井及管柱内清水钻孔。

⑥ 钢筒内钻岩定额，仅适用于管柱内钻岩。

⑦ 双壁钢围堰内钻孔护筒定额，已含护筒固定架的摊销量。

⑧ 钢护筒和双壁钢围堰内导向护筒定额中已含护筒的摊销量。

⑨ 挖孔桩定额按不同桩长及不同岩土分级编制，在同一根桩内不论挖何种地层，均执行总孔深定额。

⑩ 挖孔桩桩身混凝土定额按普通混凝土编制，当自孔底及孔壁渗入的地下水的上升速度大于 6mm/分钟时，应抽换为水下混凝土。

⑪ 钻孔用泥浆和钻渣外运定额，原则上适用于当地政府有明文规定的区域内的工程。

⑫ 工程量计算规则：

a. 钻孔桩钻孔深度，陆上以地面标高、水上以河床面标高、筑岛施工以筑岛平面标高、路堑地段以路基设计成型断面路肩标高至桩尖设计标高计算。当采用管柱作为钻孔护筒时，钻孔深度应扣除管柱入土深度。

b. 钻孔桩桩身混凝土工程量按设计桩长（桩顶至桩底的长度）加 1m 乘以设计桩径断面积计算，不得将扩孔因素计入工程量。

c. 水中钻孔工作平台的工程量，一般钻孔工作平台按承台面尺寸每边各加 2.5m 计算面积，钢围堰钻孔工作平台按围堰外缘尺寸每边加 1m 计算面积。

d. 钢护筒和钢导向护筒的工程量按设计重量计算，包括加劲肋及连接部件的重量，不包括固定架的重量。

e. 钻孔用泥浆和钻渣外运工程量按钻孔体积计算，计算公式为：$V = 0.25\pi D^2 H$（m³）

式中　D——设计桩径（m）；

H——钻孔深度（m）。

f. 声测管的数量按设计钢管重量计算。

g. 挖孔桩开挖工程量按护壁外缘包围的断面积乘以设计孔深计算。

h. 挖孔桩桩身混凝土工程量按承台底至桩底的长度乘以设计桩径断面积计算，不包括护壁混凝土的数量。护壁混凝土按相应定额另计。

（5）钢筋混凝土方桩与管桩

①打桩定额系按打直桩编制。如打斜桩，人工和机械台班数量应分别乘以 1.15 和 1.21 的系数。

②钢筋混凝土方桩与钢筋（预应力）混凝土管桩定额中已含嵌入承台内的桩长、导桩、送桩的摊销量及凿除桩头的损耗。

③工程量计算规则：

a. 钢筋混凝土方桩预制与沉入的工程量按承台底至桩尖的长度乘以桩断面积计算。

b. 钢筋（预应力）混凝土管桩的工程量按承台底至桩尖的长度计算。

c. 钢管桩制作的工程量按设计重量计算。

d. 钢管桩沉入的工程量按承台底至桩尖的长度计算。

（6）管柱

① 管柱下沉定额未含射水吸泥管路的数量，需要时按沉井外管路中的射水吸泥管路定额另计。

② 管柱钻岩定额中已含封端。

③ 管柱内浇筑混凝土。管柱内部分采用管柱内浇筑水下混凝土定额，管柱内钻孔桩部分采用水上钻孔浇筑水下混凝土定额。

④ 工程量计算规则：

a. 管柱下沉定额中未含管柱的数量。预制管柱的工程量按承台底至柱底的长度计算。

b. 管柱下沉的工程量按设计的入土深度计算。

（7）沉井

①定额中的薄壁轻型沉井，适用于利用泥浆套和空气幕下沉的沉井工程。

②浮运钢沉井下沉设备及浮运、定位、下水可采用双壁钢围堰定额。

③沉井吸泥下沉定额中未含射水吸泥等所用的各种管路。使用时按沉井内外管路制安拆定额另计。

④射水吸泥管路定额适用于管柱、沉井、双壁钢围堰等工程射水吸泥。

⑤工程量计算规则：

a. 沉井陆上下沉的工程量按沉井外缘所包围的断面积乘以原地面或筑岛平面中心标高至沉井刃脚基底中心标高的高度计算。

b. 浮运钢沉井在水中下沉的工程量按钢沉井外缘所包围的断面积乘以设计施工水位至原河床面中心标高的深度计算。

c. 浮运钢沉井在覆盖层下沉的工程量按钢沉井外缘所包围的断面积乘以河床面至沉井刃脚基底中心标高的深度计算。

d. 沉井基底清理的工程量按沉井刃脚外缘所包围的断面积计算。

（8）墩台

①墩台高度为基础顶面或承台顶面至墩台帽、盖梁顶或 0 号块底的高度。

②墩顶支撑垫石和防震落梁混凝土挡块可采用顶帽混凝土子目。

③斜拉桥索塔定额分为下塔柱、斜腿、上塔柱、锚固区及横梁。下塔柱为塔座顶至下斜腿底；斜腿为下塔柱顶至下横梁底；上塔柱为下横梁顶至锚固区底。

④索塔定额按水上施工编制，若塔墩在岸边或陆上，则取消定额中的船舶数量，混凝土按陆上浇筑调整。

⑤工程量计算规则：

劲性钢骨架的工程量按设计钢结构重量计算，不包括钢筋的重量。

2）上部工程

（1）钢筋混凝土拱桥

拱上墙柱、桥面板及墩上结构定额亦适用于钢管拱。

（2）石拱桥

拱圈安砌定额中未含拱架，需要时按拱架安拆定额另计。

（3）钢筋（预应力）混凝土简支梁

①梁体钢筋制安定额未含梁体预埋钢件，其费用以预埋钢件设计数量按相应定额另计。

②钢筋（预应力）混凝土梁现浇定额中未含梁下支架及地基处理，需要时应根据设计采用的施工方法按有关定额另计。

③钢筋（预应力）混凝土梁架设定额中未含梁和支座的数量及支座的安装，梁和支座的费用应按有关规定或定额另计。

④预应力混凝土简支梁后张法纵向预应力筋制安定额是按橡胶棒制孔编制的，当设计采用波纹管制孔时，波纹管的费用按设计数量另计。

⑤门式起重机架梁定额适用于单独铺架且墩台附近场地平坦，场地最小宽度能满足运梁车与起重机同时运行的工程。

⑥桥头线路加固定额仅适用于没有做路桥过渡段设计的架桥机架设成品梁的桥梁。

（4）预应力混凝土连续箱梁

①梁体钢筋制安定额未含梁体预埋钢件，其费用以预埋钢件设计数量按相应定额另计。

②预应力筋制安定额已含波纹管制安。

③连续箱梁混凝土浇筑定额中未含墩旁托架、边跨鹰架、合龙段吊梁及临时支座等项目，需要时根据施工组织设计另计。

④预应力连续箱梁拼接顶推定额中已含顶推用千斤顶、托架、制动架、导向架、顶推锚栓、千斤顶顶座、墩顶临时支座、导梁上拉杆、锚梁、滑板等的摊销量。但未含顶推用的导梁制安拆，顶推用的导梁需按导梁定额另计。

（5）钢梁

①钢梁架设定额中未含钢梁和支座的数量及支座的安装。钢梁的费用按成品价格另计，支座按有关定额另计。

②钢桁梁连接拖拉架设法的连接及加固定额中未含枕木垛，需要时根据施工组织设计按有关定额另计。

③钢桁梁悬臂架设定额中未含施工临时加固杆件。

④钢桁梁架设定额中的高强度螺栓带帽是按平均 0.5kg/套编制的，当设计采用的高强度螺栓带帽规格与此不符时，可调整。

⑤工程量计算规则：

钢梁的工程量按设计杆件和节点板的重量计算，不包括附属钢结构、检修设备走行轨和支座、高强度螺栓的重量。

（6）钢管拱

①钢管拱架设定额系按悬臂扣挂的施工工艺编制的。

②钢管拱架设定额中未含钢管拱的数量，钢管拱的费用按成品价格另计。

③钢管拱架设定额中未含缆索吊装设备，需要时可根据施工组织设计按缆索吊装定额另计。

④钢管拱系杆安装定额系按高强度钢丝束编制的，设计采用的材质与定额不同时可抽换。

⑤工程量计算规则：

a. 钢管拱的工程量按设计重量计算，不包括支座和钢管拱内混凝土的重量。

b. 系杆的工程量按设计重量计算，不包括锚具、保护层（套）的重量。

（7）钢斜拉桥

①钢桁梁悬臂架设定额中未含钢梁和支座的数量及支座的安装。钢梁的费用按成品价格另计，支座按有关定额另计。

②斜拉索挂索定额中未含索的数量。斜拉索的费用按成品价格另计。

③钢桁梁架设定额中的高强度螺栓带帽是按 0.5kg/套编制的，当设计采用的高强度螺栓带帽规格与此不符时，可调整。

④工程量计算规则：

a. 斜拉索的工程量按设计斜拉索重量计算。不包括锚具、锚板、锚箱、防腐料、缠包带的重量。

b. 斜拉索张拉的工程量按设计数量计算，每根索为一根次。

c. 斜拉索调索的工程量按设计要求计算，每根调整一次算一次。

d. 斜拉桥钢梁的工程量按设计杆件和节点板的重量计算，包括锚箱重量，不包括附属钢结构、检修设备走行轨和支座、高强度螺栓的重量。

（8）支座

支座安装定额中未含支座。未含的支座按成品价格另计。

（9）桥面

①桥面结合板预制、安装及湿接缝混凝土定额，仅适用于公路桥面板与钢梁结合的工程。结合板的钢筋可采用预制梁钢筋定额。

②钢筋混凝土栏杆安装定额中已含套筒，但未含预埋钢件，应按相关子目另计。

③公路桥面排水管路安装定额，仅适用于公路在上、铁路在下的双层公铁两用桥。

④铁路桥面金属结构油漆是按《铁路钢桥保护涂装》（TB/T 1527—2004）涂装体系编制的，当设计采用其他涂装体系时，可按设计要求调整。

⑤工程量计算规则：

a. 公路桥面排水管路的工程量按自公路面至钢梁底的直线长度计算。

b. 钢筋混凝土栏杆的工程量按设计长度以"双侧米"计算。

c. 公路桥面栏杆的工程量按设计栏杆长度以"单侧米"计算。

d. 护轮轨的工程量按设计铺设长度计算，不包括弯轨和梭头的长度。弯轨和梭头按相应定额另计。

e. 梳形板的工程量按设计的铸钢梳形板及与之连接的钢料重量之和计算。

（10）桥上设施

防震落梁挡块内钢筋及旧钢轨数量按设计钢材重量计算。

3）涵洞工程

（1）基础和涵身及出入口定额，适用于各类涵洞。

（2）钢筋混凝土倒虹吸管管身定额中已含钢筋混凝土圆管的制安和钢筋混凝土套梁的制作。

4）既有线顶进桥涵工程

（1）顶进作业的接缝处隔板与钢插销制安定额，适用于顶拉法及中继间法。

（2）框架身外沿底宽是指框架顺线路方向外侧间的长度。

（3）现浇框架式桥身采用现浇框架涵定额。

（4）工程量计算规则：

①顶进框架式桥涵身重量包括钢筋混凝土桥涵身和钢刃脚的重量。

②顶进的工程量按设计顶程计算，即为被顶进的结构重心移动的距离。

③接缝处隔板与钢插销的工程量按桥身外沿周长计算。

5）其他工程

（1）吊轨梁、扣轨梁安拆定额，其钢轨重量按 50kg/m 轨编制，当设计采用的轨型与定额不符时，可抽换。

（2）枕木垛搭拆在 5m 以上高空构筑物或平台上时，定额人工消耗量乘以 1.5 的系数。

（3）军用梁安拆定额中未含钢梁下搭拆的枕木垛，需要时可按相应定额另计。

（4）拼装及架设钢梁用的木支架定额中未含枕木垛，需要时可按相应定额另计。如支架下需铺垫木时，每 10m³ 垫木需增加：人工 1.4 工日，垫木 0.601m³。

（5）水中凿除混凝土、钢筋混凝土和拆除石笼、砌石定额，仅适用于水深 0.5m 以内，超过 0.5m 需筑围堰及抽水时，按有关定额另计。

（6）拆除钢板梁定额中未含铺拆滑道及搭拆枕木垛，需要时可按上、下滑道及枕木垛定额另计。

（7）玻璃钢电缆槽定额中未含支架，需要时按支架制安定额另计。

（8）满堂支架搭拆定额已考虑了在正常施工期间杆件的使用折旧因素；门式支架万能杆件的使用费，应根据施工组织设计确定的使用时间，按每使用一季度的子目另计。

（9）限高架定额未含支柱基础，其基坑挖填与基础浇筑的费用应按相关定额另计。

（10）钢件防腐处理定额适用于设计要求做防腐、耐久处理的零小构件（如支座板的上下连接螺栓、人行道的预埋 U 形螺栓等），定额仅含需要做防腐处理所增加的工作，不含钢件本身。

（11）工程量计算规则：

①防水层、防护层（玻璃纤维和聚丙烯网状纤维混凝土除外）和伸缩缝的工程量按设计敷设面积计算。

②使用满堂式支架搭拆定额时，满堂支架的工程量按以下公式计算：

满堂支架空间体积＝梁底至地面的平均高度×［梁的跨度（L_p）－1.2］×（桥面宽＋1.5），式中1.2、1.5的单位为"m"。

③现浇梁支架堆载预压重量按设计梁重乘1.2的系数计算。

6）混凝土拌制、运输、蒸汽养护

（1）本章定额的单位"10m³"是指构成实体的设计数量，不含损耗及扩孔等因素。与其他章节中定额单位为"10m³"的非水上混凝土子目配套使用，应根据该子目所对应的设计实体体积，乘以消耗量体积与设计实体体积的换算系数。

（2）一般情况下，制梁及与制梁场有关的混凝土采用120m³/h的搅拌站拌制子目，否则采用60m³/h的搅拌站拌制子目。

3. 定额基价中采用的人工、材料、机械使用费计费标准

（1）人工费：执行"113号文"中的综合工费标准，其中：Ⅰ类工为20.35元/工日，Ⅱ类工为24.00元/工日。

（2）材料费：执行铁道部《铁路工程建设材料基期价格（2005年度）》（铁建设［2006］129号）。

（3）机械使用费：执行铁道部《铁路工程施工机械台班费用定额（2005年度）》（铁建设［2006］129号），其中：柴油3.67元/kg，汽油3.98元/kg。

（4）水、电单价：执行"113号文"，水0.38元/t，电0.55元/kWh。

3.2.5　隧道工程预算定额说明

1）本定额系对原《铁路隧道工程预算定额》（铁建设［2004］47号）的修订，适用于使用小型机具钻爆法施工的新建和改（扩）建隧道工程。

2）本定额按正常条件下的合理工期均衡组织施工编制，未考虑突泥、突水、帷幕注浆等影响。当路基、桥涵等专业定额用于洞内工程时，人工应乘以1.257的系数。

3）正洞洞身：

（1）本定额按隧道正洞洞身断面有效面积不大于50m² 与不大于90m² 分别编制。

洞身开挖定额，按围岩开挖、出砟运输分别编制。不分工程部位（即拱部、边墙、仰拱、底板、沟槽、洞室）均使用本定额。

洞身开挖定额石方爆破，按光面爆破编制，定额消耗中已考虑超挖及预留变形因素。

洞身开挖定额已含施工用水抽排，排水量按不大于10m³/h编制。当洞内涌水量超过10m³/h时，根据所采取的治水措施另行分析计算排水费用。

洞身出砟运输定额，隧道断面有效面积各不大于50m² 时按有轨、无轨运输模式分别编制，使用时根据实际施工组织设计安排选用。隧道断面有效面积不大于90m² 部分仅考虑无轨运输方式。

洞身出砟运输定额有轨运输子目，均按洞内坡度不大于13‰编制，当洞内坡度大于13‰时，电瓶车及充电机台班消耗量应乘以1.5的系数。

明洞暗挖定额，未考虑出砟运输，使用时应采用相应断面出砟定额。明洞明挖及洞门

土石方挖运，应采用路基定额的相应子目。

（2）洞身衬砌定额，按模板和混凝土拌制、浇筑及运输分别编制。不分工程部位（即拱部、边墙、仰拱、底板、沟槽、洞室）均使用本定额。

洞身及明洞衬砌定额，混凝土子目按采用高性能混凝土编制，定额消耗中已考虑超挖回填因素；当设计采用的混凝土强度等级与本定额不符或采用特殊混凝土时，可以抽换。

衬砌沟槽模板定额，按双侧沟槽编制，如设计采用单侧沟槽，定额消耗量应乘以 0.7 的系数。

当设计采用的防水板、止水带、透水管材料规格与防排水定额中采用的规格不符时，可以抽换。

明洞衬砌定额，未考虑混凝土运输，使用时应采用桥涵定额的相应子目。

（3）支护定额，按喷射混凝土、锚杆、钢筋网及格栅钢架、型钢钢架、超前支护分别编制。其中，喷射混凝土定额消耗中已计入混凝土的回弹量；喷射合成纤维混凝土定额，合成纤维掺入量按 $0.9kg/m^3$ 计入，当设计采用掺入量与本定额不符或采用其他纤维时，可以抽换。

（4）正洞内开挖、混凝土运输、通风、管线路等项目，均按正洞全隧长不大于 1000、2000、3000、4000m 综合编制。

当隧长大于 4000m 时：

①正洞开挖时，以隧长不大于 4000m 定额为基础，与隧长大于 4000m 时增加定额叠加使用。

②混凝土运输，以隧长不大于 4000m 定额为基础，与隧长大于 4000m 时每增 1000m 的定额叠加使用。

③通风、管线路，以隧长不大于 4000m 定额为基础，与隧长大于 4000m 时每增 1000m 的定额叠加使用。

4）洞门及附属工程：

（1）本定额适用于各类型的隧道洞门及明洞洞门。

（2）本定额洞门工程混凝土子目按高性能混凝土编制，当设计采用其他类型混凝土时，可以抽换。

（3）洞门土石方及加固工程，采用路基定额的相应子目。

5）辅助坑道：

（1）平行导坑定额也适用于横洞、通风洞。

（2）斜井定额，适用于斜井长不大于 800m、斜角不大于 35°；采用有轨运输的斜井工程。

（3）平行导坑的开挖、出砟运输、通风及管线路定额，按平行导坑单口掘进长度综合编制。已含平行导坑建成后，通过平行导坑进行正洞作业时，平行导坑内轨道及管线路摊销部分。当平行导坑长度大于 4000m 时，以平行导坑长度不大于 4000m 为基础，与平行导坑长度大于 4000m 时每增 1000m 的定额叠加使用。

（4）斜井的开挖、出砟运输、通风及管线路定额，按斜井长不大于 800m 综合编制。已含斜井建成后，通过斜井进行正洞作业时，斜井内轨道及管线路摊销部分。

6）洞内无砟道床工程采用轨道工程的相应定额。

7）材料运输：

（1）材料运输定额，适用于支护材料、衬砌工程中除模板和混凝土运输以外的钢筋、钢筋混凝土盖板、防水板、止水带、盲沟、透水管等材料的洞内运输。

（2）正洞材料运输定额按全隧长综合编制。当隧长大于 1000m 时，与隧长每增 1000m 的定额叠加使用。平行导坑材料运输按平行导坑长度综合编制。当平行导坑长度大于 1000m 时，与平行导坑长度每增 1000m 的定额叠加使用。斜井材料运输定额按斜井长度综合编制。

8）套用定额时，隧长及平行导坑长度不足 1000m 部分，按 1000m 计。

9）改（扩）建：

（1）本定额系按封锁线路施工编制，封锁时间按每工作天给点两次、每次 2h 计。如遇其他给点情况及断线改造时，人工和机械台班应按表 3-8 中的系数调整。

遇其他给点情况及断线改造时，人工和机械台班的调整系数　表 3-8

给点方案	每次封锁时间（h）					断线改造
	1	1.5	2	2.5	3	
每工作天给点两次	1.5	1.3	1	0.78	0.64	0.47
每工作天给点一次	2.5	2	1.75	1.37	1.12	

（2）洞身开挖与衬砌定额，按拱上、拱下综合编制，使用时不分工程部位均使用本定额；未含出砟、进料、管线路使用及照明用电等内容，使用时按相应定额计算。

（3）使用本定额，不得再计列行车干扰施工增加费。

10）监控量测：

（1）本定额仅编制隧道施工监控量测必测项目定额子目，定额中已含洞内外观察等工作内容。

（2）净空变化测量定额包括二次衬砌前、后净空变化测量监控的全部工作内容。

11）工程量计算规则：

（1）本定额所指断面有效面积，系指隧道洞身衬砌后的轨顶面以上净空横断面面积。

（2）本定额所指隧长，系指隧道进出口（含与隧道相连的明洞）洞门端墙墙面之间的距离，以端墙面与内轨顶面的交线同线路中心线的交点计算。双线隧道按下行线长度计算；位于车站上的隧道以正线长度计算。

出砟运输定额所指运距，系指隧道工程依据施工组织设计所划分的正洞独立施工段落中最大独头运输距离，当通过辅助坑道施工正洞时，应根据不同施工方向分别计算运距。

平行导坑定额所指平行导坑长度，系指平行导坑单口掘进长度。

（3）正洞洞身、平行导坑、斜井的开挖、出砟的工程数量，均按图示不含设计允许超挖、预留变形量的设计开挖断面数量计算，包含沟槽及各种附属洞室的开挖数量。

（4）正洞洞身、平行导坑、斜井的衬砌混凝土拌制、浇筑及运输的工程数量，均按图示不含设计允许超挖回填、预留变形量的设计衬砌断面数量计算，包含沟槽及各种附属洞室的衬砌数量。

（5）防水板、明洞防水层工程数量，按设计敷设面积计算。

（6）止水带、盲沟、透水软管工程数量，均按设计长度计算。

（7）拱顶压浆工程数量，设计时可按每延长米 0.25m³ 综合考虑。

（8）喷射混凝土的工程数量，按喷射面积乘以设计厚度计算。喷射面积按设计外轮廓线计算。

（9）锚杆定额工程数量，均以 100m 作为计算单位。砂浆锚杆按每根长 3m、直径 22m 考虑，中空锚杆、自钻式锚杆按每根长 3m 考虑，当杆径变化时，可调整其钢筋及锚杆体规格。

（10）格栅钢架、型钢钢架工程数量，均按设计钢架及除螺栓、螺母以外的连接钢材重量计算。

（11）洞门砌筑及附属工程，均按设计工程数量计算。

（12）斜井的开挖、衬砌工程数量，均包含井身、井底车场、砟仓、水仓与配电室等的综合开挖衬砌数量。

（13）材料运输，按正洞和辅助坑道分别计算，其材料重量的计算范围仅为第 2 章的全部子目，第 3 章中第 4 节、第 5 节的全部子目。

（14）监控量测工程数量，地表下沉与底板沉降、拱顶下沉子目按设计测点个数计算，净空变化按设计基线条数计算。

12）本定额基价中采用的人工、材料、机械台班单价标准如下：

（1）人工费：执行"113 号文"的综合工费标准，25.82 元/工日。

（2）材料费：执行铁道部《铁路工程建设材料基期价格（2005 年度）》（铁建设〔2006〕129 号）。

（3）机械使用费：执行铁道部《铁路工程施工机械台班费用定额（2005 年度）》（铁建设〔2006〕129 号）机械台班单价，其中柴油 3.67 元/kg，汽油 3.98 元/kg。

（4）水、电单价：执行"113 号文"，水 0.38 元/t，电 0.55 元/kWh。

3.2.6 轨道工程预算定额说明

1. 综合说明

（1）本定额系对原《铁路轨道工程预算定额》（铁建设〔2006〕15 号）的修订，适用于铁路新建和改（扩）建的轨道工程。

（2）本定额如没有特殊说明，均考虑 100m 以内的材料水平运输。

（3）本定额中线路设计长度均为单线线路长度。

（4）本定额中中道口面板、线路及信号标志，线路防护栅栏的预制构件按工厂化集中预制考虑，未含生产场外的运输，场外运输应按相关标准另计。

2. 分章说明

1）铺轨

（1）本章包括无缝线路、机械铺轨、人工铺轨、标准轨轨料、弹性支承块式无砟道床人工铺轨、钢梁桥面人工铺轨、道岔尾部无枕地段铺轨，共 7 节 319 个子目。

（2）本章机械铺轨、人工铺轨、铺设长钢轨未含钢轨、轨枕、扣配件和接头夹板等轨料，使用时应与相应标准的轨料定额配套使用。

（3）第 1 章铺轨定额中不包含合龙口锯轨、钢轨钻孔内容，应依据设计数量按第 6 章中钢轨钻孔、锯钢轨子目计算。

（4）新铺线路换铺法铺设长钢轨定额应与轨节拼装、铺设轨节及长钢轨运输定额配套使用。倒用轨的回收运输费用已含在铺设定额中。

（5）铺设长钢轨定额，不含长钢轨焊接费用，实际发生时执行工地钢轨焊接的相应定额。

（6）钢轨铺设定额如用于 1km 以上长大隧道内，人工和机械消耗量乘以 1.25 系数；如用于 12‰ 以上长大坡度地段，定额中机车消耗量乘以 2.0 系数，人工和机械（除机车以外）消耗量乘以 1.25 系数。

（7）钢轨运输定额如用于 12‰ 以上长大坡度地段，定额中机车消耗量乘以 2.0 系数。

（8）无缝线路轨料运输定额单枕法运输轨料为钢轨、轨枕及扣配件，换铺法运输轨料为钢轨及扣配件。

（9）无缝线路轨料运输的增运定额（GY-9、GY-11）系按在新建线路上运输编制，如轨料用于营业线铁路运输时，则应按运杂费计算。

（10）场内焊接长钢轨定额包含焊头落锤试验内容及费用，不含形式试验费用，不含焊轨基地建设费用；本定额系按 25m 标准轨焊接工艺编制，如用于 100m 定尺轨焊接，人工和机械消耗量乘以 1.8 系数。

（11）工地钢轨焊接定额如用于道岔内钢轨焊接时，人工、机械消耗量乘以 1.1 系数，此定额包含焊头落锤试验内容及费用，不含形式试验费用。

（12）无缝线路接头定额系按场制焊接接头编制，包含接头钢轨数量，如接头钢轨轨型、长度不同，可进行抽换。

（13）轨节拼装定额仅适用于机械铺轨。

（14）轨料定额中的钢轨，其工地搬运及操作损耗率，系按 0.1‰ 编制，仅适用于正线。当用于站线及新建枢纽编组站时，需采用站线增加钢轨损耗定额分别增列 0.1‰ 和 0.2‰ 的损耗。

（15）标准轨轨料定额包括因铺设短轨而引起的接头增加所需接头夹板和螺栓的数量。

（16）为简化定额内容，对混凝土枕线路不同类型的扣配件按一根轨枕所需的含量整合。即将混凝土轨枕的扣配件整合成一个材料号，单位为组，每根轨枕一组。

详见混凝土枕扣配件组成表（表 3-9）。

混凝土枕扣配件组成表　　　　　　　　　　　　　　　　表 3-9

混凝土枕扣配件	组　成
50kg 钢轨弹条 I 型扣配件	包括 A 型弹条 4 个、平垫圈 4 个、螺旋道钉带螺母 4 个、轨底衬垫（50kg）3mm×130mm×165mm 塑料 2 个、轨距挡板（中间）（50kg）4 个、挡板座（50kg）4 个、绝缘缓冲垫板（50kg）2 个
50kg 钢轨弹条 I 型调高扣配件	包括平垫圈 4 个、螺旋道钉带螺母 4 个、弹条 I 型调高扣件调高垫板 2 个、绝缘缓冲垫板（50kg）2 个、弹条调高扣件轨距挡板（50kg）4 个、弹条调高扣件挡板座（50kg）4 个、D 型弹条（50kg）4 个
50kg 钢轨弹片 I 型调高扣配件	包括平垫圈 4 个、螺旋道钉带螺母 4 个、橡胶垫板 2 个、衬垫 2 个、轨距挡板（50kg）4 个、挡板座（50kg）4 个、补强弹片 4 个、中间弹片 4 个
60kg 钢轨弹条 I 型扣配件	包括 B 型弹条 4 个、平垫圈 4 个、螺旋道钉带螺母 4 个、绝缘缓冲橡胶垫板 2 个、轨距挡板（60kg）4 个、挡板座（60kg）4 个
60kg 钢轨弹条 II 型扣配件	包括平垫圈 4 个、螺旋道钉带螺母 4 个、绝缘缓冲橡胶垫板 2 个、轨距挡板（60kg）4 个、II 型弹条 4 个

混凝土枕扣配件	组　成
60kg 钢轨弹条Ⅲ型扣配件	包括弹条Ⅲ型扣件 4 个、橡胶垫板 2 个、绝缘轨距块 4 个
60kg 钢轨弹条Ⅰ型调高扣配件	包括 A 型弹条 4 个、平垫圈 4 个、螺旋道钉带螺母 4 个、绝缘缓冲橡胶垫板 2 个、弹条Ⅰ型调高扣件挡板座（60kg）4 个、弹条Ⅰ型调高扣件轨距挡板（60kg）4 个
60kg 钢轨弹条Ⅰ型扣配件（无砟道床用）	包括 B 型弹条 4 个、轨距挡板（60kg）4 个、挡板座（60kg）4 个
60kg 钢轨弹条Ⅱ型扣配件（无砟道床用）	包括轨距挡板（60kg）4 个、挡板座（60kg）4 个、Ⅱ型弹条 4 个

（17）铺设混凝土桥枕轨道，当线路每公里轨枕为 1760 根和 1680 根标准时，每座桥需分别增加 1 根和 2 根混凝土桥枕，采用"增加混凝土桥枕"的定额。

（18）正线应力放散及锁定定额系按放散锁定 2 次编制。

（19）道岔尾部无枕地段铺轨，系指道岔根端至根岔枕中心距离已铺长岔枕地段的铺轨。长岔枕铺设的内容均在铺道岔定额中。

（20）工程量计算规则：

①铺轨的工程量按设计图示每股道的中心线长度（不含道岔长度）计算，道岔长度是指从基本轨前端至辙叉根端的距离，特殊道岔以设计图纸为准，铺轨工程量不扣除接头轨缝处的长度。

②道岔尾部无枕地段铺轨，按道岔根端至末根岔枕的中心距离以"km"为单位计算。

③长轨压接焊作业线、长轨铺轨机安拆与调试定额，在一个铺轨基地仅按安拆一次计列。

④长钢轨焊接按焊接工艺划分，接头设计数量以"1 个接头"、"10 个接头"为单位计算。

⑤应力放散及锁定定额，按放散锁定次数和长度，以"km"和"组·次"为单位计算。

2）铺道岔

（1）本章包括机械铺道岔、人工铺道岔、道岔轨料、其他设施安装，共 4 节 399 个子目。

（2）本章铺道岔定额，未含道岔、岔枕轨料，使用时应与相应标准的轨料定额配套使用。

（3）铺道岔定额中道岔已包含扣件、非金属件（如橡胶垫板）等材料。

（4）铺道岔定额不包括扳道设备。当系非连锁道岔时，尚需与扳道器定额配套使用。扳道器定额包括转辙器闸座枕木及配件。

（5）铺道岔定额不含岔内焊接、转辙器安装、工电联调、应力放散和锁定等工作内容，以上内容应套用其他相应定额另计。

（6）铺道岔中岔区临时轨排铺拆、临时道岔铺拆及临时轨道、道岔养护定额，应根据施工组织设计确定的施工过渡方案选用；枕木垛定额在以插入法铺设道岔时使用。

（7）道岔装卸及运输定额适用于施工组织设计的汽车运输方案，运输材料含道岔钢轨件、扣件、岔枕及转辙器等。

（8）工程量计算规则：

①铺道岔工程量按设计图示数量计算。

②铺道岔按道岔类型、岔枕、道床形式划分，以组为单位计算。

3）铺道床

（1）本章包括粒料道床、沥青水泥砂浆固结道床，共 2 节 70 个子目。

（2）轨道调整定额与正线铺面砟定额配套使用。当站线有开通速度要求时，应按设计开通速度套用正线铺砟与轨道调整的相应子目。

（3）本章中粒料道床定额消耗量适用于石质、级配碎石、级配砾石基床和桥梁、隧道地段，当用于土质基床地段时，考虑粒料的压实陷入基床的因素，定额人工、材料、机械消耗量应乘以 1.05 的系数。

（4）本册定额道砟按一级道砟编制，如设计采用特级道砟或二级道砟，可对定额中的道砟进行抽换。

（5）对于开通速度小于 45km/h 的正线，铺面砟宜采用站线铺面砟定额。

（6）正线铺面砟、站线铺面砟定额已含沉落整修内容，沉落整修定额仅供单一工程项目使用，二者不得同时使用。线路沉落整修定额中未含补砟数量，补砟数量按设计数量另计。道砟沉落整修定额已含补砟数量。

（7）强化基床定额，仅适用于铺设沥青道床地段的路基基床表层加固。其中，过渡段定额为固结道床与碎石道床之间所设过渡段。

（8）工程量计算规则：

①铺粒料道床底砟、线间石砟应按设计断面乘以设计长度以"1000m³"为单位计算。

②铺粒料道床面砟应按设计断面乘以设计长度，并扣除轨枕所占道床体积以"1000m³"为单位计算。

4）轨道加强设备及护轮轨

（1）本章包括安装轨道加强设备、安装钢轨伸缩调节器、非桥梁地段铺设护轮轨，共 3 节 43 个子目。

（2）铺设护轮轨定额，系按双侧编制，单侧时可折半使用。

（3）工程量计算规则：

①安装轨距杆按直径、设计数量以"100 根"为单位计算。

②安装轨撑垫板、防爬器按轨型设计数量以"1000 个"为单位计算。

③安装防爬支撑分木枕、混凝土枕按设计数量以"1000 个"为单位计算。

④安装钢轨伸缩调节器分桥面、桥头引线以"对"为单位计算。

②安装护轮轨工程量，按设计长度以"100 双侧米"为单位计算。

5）线路有关工程

（1）本章包括线路防护栅栏、平交道口、车挡及挡车器、线路及信号标志、轨道常备材料，共 5 节 175 个子目。

（2）单线道口，采用混凝土、钢筋、道口卧轨定额子目组合使用；股道间道口，采用钢筋混凝土及道口栏目定额子目组合使用。

（3）本章线路及信号标志多数采用反光标志编制，实际使用时如采用非反光标志，可将定额中相应的反光材料删除使用。

（4）线路标志中线路基桩无冻害时基础深为 0.7m，如遇到冻害地段，应根据冻土层深度另外套用基础深增量定额。

（5）备料定额中轨料为验收后运营部门所使用。

（6）本章中道岔备料定额消耗量适用于备整组道岔，当所备材料为道岔基本轨、辙叉和尖轨（含配套扣配件）时，定额中道岔材料消耗量应乘以 0.85 的系数。

（7）工程量计算规则：

①线路及信号标志按设计数量以"100 个"为单位计算。

②车挡、挡车器按设计数量以"处"为单位计算。

③平交道口：

a. 单线道口面板混凝土按设计数量以"10m³"为单位计算。

b. 单线道口面板钢筋按设计数量以"t"为单位计算。

c. 单线道口面板道口卧轨按道口通行宽度以"10m"为单位计算。

d. 股道间道口钢筋混凝土按设计数量以"10m³"为单位计算。

e. 股道间道口栏木按线路间道口面积以"10m²"为单位计算。道口面积计算公式为：道口面积＝道口宽度（道口铺面宽）×道口长度（相邻两股道枕木头之间距离）。

④轨道常备材料中铺轨备料按铺轨设计数量以"100km"为单位计算。

⑤轨道常备材料中铺道岔备料按设计或有关规定计算出的实际备料数量以"组"为单位计算。

6）其他工程

（1）本章包括拆除工程、起落线路及道岔、拨移线路及道岔、更换钢轨道岔抽换轨枕及清筛道床，共 4 节 109 个子目。

（2）起、落、拨、移线路、道岔定额、清筛道床定额和线路沉落整修定额均未含补充料，实际发生时可按设计确定的数量另计。

（3）抽换轨枕定额未含扣配件材料，使用时应按设计确定的旧料利用率另计补充材料的费用。

道岔纵、横移定额根据移动方向及距离结合增项定额使用，该定额适用于既有线改造工程。该定额未含补充料，实际发生时可按设计确定的数量另计。如该定额用于必须封锁线路的作业工程，定额中人工、机械消耗量乘以 1.2 的系数。

（5）工程量计算规则：

①拆除线路按设计数量以"km"为单位计算。

②拆除道岔按设计数量以"组"为单位计算。

③拆除防爬器按设计数量以"1000 个"为单位计算。

④拆除轨距杆按设计数量以"1000 根"为单位计算。

⑤拆除道岔转辙器按设计数量以"10 组"为单位计算。

⑥拆除道口分单线、双线按设计数量以"10m"为单位计算。

⑦拆除车挡按设计数量以"处"为单位计算。

⑧拆除护轮轨按设计数量以"100 双侧米"为单位计算。

⑨钢轨钻孔按设计数量以"100 孔"为单位计算。

⑩锯钢轨按设计数量以"10 个锯口"为单位计算。

⑪线路起落道按起落道高度及设计数量以"km"为单位计算。

⑫道岔起落道按起落道高度及设计数量以"组"为单位计算。

⑬拨移线路按设计数量以"km"为单位计算。

⑭拨移道岔按设计数量以"组"为单位计算。

⑮更换钢轨分钢轨类型及轨枕类型按设计数量以"km"为单位计算。

⑯道岔替换线路按道岔类型及设计数量以"组"为单位计算。

⑰抽换轨枕按轨枕类型及设计数量以"100 根"为单位计算。

⑱清筛道床按设计数量以"1000m³"为单位计算。

⑲道岔纵、横移按设计平移距离以"组"为单位计算。

7) 封锁线路作业工程

(1) 本章包括大型机械清筛道床、拨接线路、换铺法铺设长钢轨、人力更换提速道岔、应力放散及锁定，共 5 节 25 个子目。

(2) 本章定额仅适用于营业线，其中清筛道床未含需补充的道砟，换铺长钢轨未含长钢轨、需更换的扣配件，仅含扣配件的操作损耗，更换提速道岔定额未含道岔及岔枕，以上材料按设计确定的材料类型和数量另计。

(3) 大型机械清筛道床定额，如在无缝线路地段施工时，应与应力放散、锁定子目配套使用。当用于电气化营业线铁路时，人工和机械台班消耗量乘以 1.08 的调整系数。其中，开通速度是指铁路正常运营时的线路设计速度。

(4) 本章的拨接线路定额适用于封锁线路接轨工程，改建工程双线绕行地段施工中增加的多次接轨点拨接工程也可以使用此定额。

(5) 人力更换提速道岔定额中未包含道岔预铺平台的搭设和拆除内容，使用时按实际发生情况另计。

(6) 本章中未包含的封锁线路施工定额子目，用于封锁线路施工时，其工机消耗量乘以 1.8 的系数。

(7) 工程量计算规则：

①大型机械清筛道床按清筛类型、开通速度及设计数量以"km"为单位计算。

②拨接线路按设计数量以"处"为单位计算。

③换铺无缝线路按设计数量以"km"为单位计算。

④人力更换提速道岔按道岔类型及设计数量以"组"为单位计算。

⑤应力放散及锁定定额，按放散锁定次数和长度，以"km"和"组·次"为单位计算。

3. 本定额基价中采用的人工、材料、机械台班单价标准

(1) 人工费：执行 113 号文的综合工费标准，24.00 元/工日。

(2) 材料费：执行铁道部的《铁路工程建设材料基期价格（2005 年度）》（铁建设 [2006] 129 号）。

(3) 机械使用费：执行铁道部的《铁路工程施工机械台班费用定额（2005 年度）》

（铁建设〔2006〕129 号）。其中，柴油 3.67 元/kg，汽油 3.98 元/kg。

（4）水、电单价：执行"113 号文"，水 0.38 元/t，电 0.55 元/kWh。

3.2.7 站场工程预算定额说明

1. 综合说明

（1）本定额系对原《铁路站场工程预算定额》（铁建设〔2007〕2 号）的修订，适用于新建及改建铁路站场和机务、车辆、机械工程等有关内容（检查坑、轨道衡、机械走行轨基础等）。

（2）基础开挖未包括地下水位以下施工的排水费，发生时可采用基坑抽水定额另行计算。

（3）就地浇筑（钢筋）混凝土定额已含除钢筋以外的各类预埋件。

（4）当设计采用的混凝土和水泥砂浆强度等级与定额不符时，可按部颁配合比用料表抽换。

（5）脚手架费用已含在有关定额中，使用时不得另行增加。

（6）站场装饰和站台雨棚采用《铁路房屋工程预算定额》，站区绿化采用《铁路路基工程预算定额》。

（7）本定额的混凝土子目未含混凝土拌制、运输，混凝土拌制、运输应采用《铁路桥涵工程预算定额》的相关子目另计。当根据规定采用商品混凝土时，按当地含运费的市场价格计算，不再另计混凝土拌制与运输的费用。

（8）本定额中的混凝土预制构件、钢筋制作是按工厂化生产考虑的，未含场外运输，场外运输按相关标准另计。

（9）工程量计算规则：

①数量按天然密实体积计算，填筑数量按压实后的体积计算。

②混凝土的体积，除另有说明外，按图示尺寸以实体体积计算，不扣除混凝土中钢筋、预埋件和预留压浆孔道所占的体积。采用《铁路桥涵工程预算定额》的混凝土拌制子目时，应根据该子目所对应的设计实体体积，乘以消耗量体积与实体体积的换算系数。

③预制钢筋混凝土花格围墙，其体积按设计外形面积乘厚度计算，不扣除空花体积。

④钢筋的重量按钢筋设计长度（应含架立钢筋、定位钢筋和搭接钢筋）乘理论单位重量计算。不得将焊接料、绑扎料、接头套筒、垫块等材料计入工程数量。

⑤在同一基坑、沟槽内，不论开挖哪一深度均执行该基坑总深度定额。

2. 分章说明

1）基础开挖及填筑碾压

（1）基础开挖和回填夯实有关定额，其土石方工程已含 20m 以内的运距，当运距超过 20m 时，超过部分按相应的土石方运输定额另计。

（2）有水与无水的划分，应根据地质勘察资料以地下常水位为准，地下常水位以上为无水，以下为有水。

（3）在营业铁路上施工，需要对线路进行加固防护时可采用《铁路桥涵工程预算定额》的有关子目。

（4）工程量计算规则：

①沟槽与基坑壁支护的工程量按开挖的设计数量计算。

②基坑抽水工程量按地下常水位以下部分的开挖数量计算。

③回填的工程量按设计的开挖数量扣除基础及管径 500mm 以上管道所占体积后计算。

2）砌筑

（1）防水层定额未含水泥砂浆找平层，需要时可按相关定额另计。

（2）天桥楼梯抹面和天桥防滑坡道抹面已综合了金刚砂防滑条的内容。

（3）防水卷材的接缝、收头、找平层的嵌缝已含在定额内，不得另计。

（4）工程量计算规则：

①砌筑的工程量按设计尺寸以实体体积计算，勾缝、抹面的工程量按砌体表面勾缝、抹面的面积计算。

②伸缩缝的工程数量，定额单位为"10m"的，按其设计长度计算；定额单位为"10m²"的，按其设计敷设面积计算。

③防潮层、防水层的工程量按设计敷设面积计算。

3）预制构件安装、金属结构制作安装

（1）预制构件安装定额中的各种（钢筋）混凝土预制块，除站台铺面的连锁砌块外，均需按预制（钢筋）混凝土构件定额另计。

（2）预制构件安装定额中的其他小型构件，系指单件体积小于 0.1m³ 的构件。

（3）平过道预制钢筋混凝土板安装定额中已含垫层、铁件及护木。

（4）镀锌薄钢板水落管定额已考虑了的咬接和搭接，不得另计。

（5）金属结构制作安装定额中的金属结构不含油漆。

（6）涂装定额中的油漆或涂料品种可依据设计要求抽换。

（7）工程量计算规则：

①预制构件安装工程量，除另有说明外，按构件的实体体积计算。

②平过道钢筋混凝土预制板安装的工程量按预制板的顶面积计算。

③金属结构制作，按设计图的主材几何尺寸计算，不扣除孔眼、切肢、切边的重量；计算钢板重量时，均按矩形计算，多边形按长边计算。

④涂装的工程量按金属构件的成品重量计算。

4）道路、硬化面及树（花）池

（1）定额中的压实厚度，当面层超过 15cm、基层和垫层超过 20cm，按设计要求需进行分层拌合、碾压时，平地机、拖拉机、拌合机及压路机的台班消耗量应加倍计算。

（2）泥结碎石、级配碎石和级配砾石面层定额中未含磨耗层和保护层，设计需要时，可按磨耗层及保护层定额另计。

（3）各类稳定土基层定额中的材料消耗系按一定配合比编制的，当设计配合比与定额标明的配合比不同时，有关材料可按下式进行换算：

$$C_i = [C_d + B_d \times (H - H_0)] \times L_i / L_d$$

式中　C_i——按设计配合比换算后的材料数量；

　　　C_d——定额中基本压实厚度的材料数量；

　　　B_d——定额中压实厚度每增减 1cm 的材料数量；

　　　H_0——定额的基本压实厚度；

H——设计的压实厚度;

L_d——定额中标明的材料百分率;

L_i——设计配合比的材料百分率。

例如，石灰粉煤灰稳定碎石基层，定额标明的配合比为，石灰:粉煤灰:碎石＝5:15:80，基本压实厚度为15cm；设计配合比为，石灰:粉煤灰:碎石＝4:11:85，设计压实厚度为16cm。各种材料调整后的数量为:

生石灰:$[1598.70＋106.60×(16-15)]×4/5＝1364.24$kg

粉煤灰:$[6.4＋0.43×(16-15)]×11/15＝5.009$t

碎石:$[16.66＋1.11×(16-15)]×85/80＝18.88$m³

(4) 工程量计算规则:

①各类路面、基层、填层的工程量按设计面积计算，不扣除各类井和1m² 及以下的构筑物所占的面积。

②人行道场地铺设工程量按设计面积计算。

5) 拆除

(1) 拆除均不包括挖土方，挖土方按有关定额另计。

(2) 拆除后的旧料如需运至指定地点回收利用，应另行计算运杂费和回收价。

(3) 拆除工程定额中未考虑地下水因素，若发生则另行计算。

3. 本定额基价中采用的人工、材料、机械使用费计费标准

(1) 人工费:"113 号文"的Ⅰ类工综合工费标准，20.35 元/工日，Ⅱ类工为 24.00 元/工日。

(2) 材料费:执行铁道部的《铁路工程建设材料基期价格（2005 年度）》（铁建设［2006］129 号）。

(3) 机械使用费:执行铁道部的《铁路工程施工机械台班费用定额（2005 年度）》（铁建设［2006］129 号）。其中，柴油 3.67 元/kg，汽油 3.98 元/kg。

(4) 水、电单价:执行"113 号文"，水 0.38 元/t，电 0.55 元/kWh。

3.2.8 高速铁路补充定额说明

1. 总说明

(1) 本定额是对现行《铁路工程预算定额》（铁建设［2010］223 号）的补充，与现行定额配套使用。除另有规定外，《铁路工程预算定额》的使用说明也适用于本定额。

(2) 路基、桥梁工程中混凝土浇筑子目（CFG 桩除外），应与《铁路桥涵工程预算定额》中的混凝土拌制、运输子目配套使用。

2. 路基工程说明

1) CFG 桩桩身混合料自搅拌站至浇筑点的运输费用应采用混凝土运输子目另计。

2) 水泥土挤密桩定额、水泥土柱锤冲扩桩定额中材料配比系按水泥:土质量比为15:85编制。

3) 改良土拌制定额中未含填料及添加剂，其费用应根据设计要求另计。

4) 冲击碾压定额系按 20 遍编制，使用时应根据设计采用的处理方案，按每增减 1 遍子目调整。

5) 填料破碎定额适用于根据规定路基填料最大粒径不大于 15cm 的填筑。

6）工程量计算规则：

（1）各种桩基的工程量均按设计图示桩顶至桩底的长度计算。施工所需的预留等因素不得另计。

（2）冲击碾压工程量按设计面积计算。

（3）填料破碎工程量按设计图示路堤压实体积计算。

3．桥梁工程说明

1）混凝土定额中未含混凝土的拌制与运输，应与《铁路桥涵工程预算定额》中的混凝土拌制、运输定额配套使用。

2）梁体预制混凝土定额未含蒸汽养护，蒸汽养护采用《铁路桥涵工程预算定额》子目。

3）梁体及桥面板钢筋定额中不含预埋钢配件，其费用应按预埋钢配件定额另计。

4）移动支架安拆定额按路基上拼装和墩顶吊拼分别编制。路基上拼装适用于整座桥全部采用移动支架建造的情况。墩顶吊拼、桥下提升适用于局部梁跨采用移动支架施工，且梁段预制场设于桥下，梁段运输适用于梁段预制场设于台后。

5）900t搬梁机分为轮胎式和轮轨式两种，适用于制梁场内搬梁、装车。2×450t搬梁机适用于制梁场边架梁和提梁桥上装车，定额中未含走行轨及地基处理费用，其费用可根据现场情况按设计数量计算。

6）支座安装定额适用于预制简支箱梁，定额中未含支座本身，其购置费用应按设计采用的品种、规格另计。

7）钢—混凝土结合梁定额按路基上拼装和墩顶吊拼两种方法编制。

路基上拼装配合拖拉法适用情况：①不可封闭的跨线、跨路施工，且全桥全部为钢—混凝土结合梁；②所架梁跨距台后路基较近。

墩顶吊拼分为直接吊拼和墩顶吊拼配合拖拉法两种工艺。其中直接吊拼适用于可封闭的跨线、跨路施工；墩顶吊拼配合拖拉法适用于不可封闭的跨线、跨路施工。

8）梁面打磨及修补定额适用于铺设CRTS Ⅱ型板式无砟轨道的梁面。

9）箱梁引下式排水管道包含箱梁本身的排水管道和经汇水管顺桥墩引下的管道。

10）桥梁综合接地连（焊）接定额，墩、梁连接子目包含连接钢件，其余子目仅包含焊接等内容。由于接地所需新增的钢筋仍分别采用相应的基础、墩台、梁体钢筋定额。墩、梁连接指梁上接地端子与墩顶接地端子之间的钢结构导电件的制安。

11）移动模架现浇箱梁钢筋采用现浇箱梁钢筋定额。

12）工程量计算规则：

（1）箱梁搬、运、架大型机械安拆调试数量按施工组织设计确定的次数计算。

（2）搬梁机场内搬梁的数量，不论其搬运次数按设计预制梁孔数计算。

（3）轮轨式移梁台车场内的移梁数量按设计移梁孔次数计算。从制梁台座起算，每一孔梁从一个台座移至另一个台座，每移动一次即为"1孔次"。

（4）箱梁架设应区分隧道口首末孔和其他孔，按设计架设孔数计算，变跨数量按设计的不同梁跨变化次数计算。

（5）移动支架安拆数量按设计支架重量乘以安拆次数计算，移动模架安拆数量按设计模架（不含模板）的重量乘以安拆次数计算。

（6）移动支架（模架）纵向移位数量按施工组织设计确定的该移动支架（模架）施工的首孔中心点至末孔中心点的距离计算。

（7）梁面打磨及修补数量按设计图示防撞墙以内的梁面面积计算。

（8）钢—混凝土结合梁拖拉法施工工程量按质量与长度的乘积计算。

（9）梁端伸缩缝应区分材质和有砟轨道、无砟轨道，按设计伸缩缝长度计算。

（10）防震落梁设施按设计钢件重量计算。

（11）箱梁排水管道应区分有砟轨道、无砟轨道和排水方式，按设计梁长计算。

（12）梁内、墩身和基础中由于接地而额外增加的钢筋数量应计入相应部位的钢筋工程数量。设计采用的不锈钢接地端子及尾部压入的 30cm 钢筋作为整体考虑，其费用按设计数量乘以成品价格另计。

4. 隧道工程说明

1）本定额正洞部分适用于新建铁路断面有效面积（轨顶面以上净空横断面面积）大于 90m² 的隧道工程。

2）洞身开挖、出砟工程。

（1）开挖工程不区分工程部位均使用本定额，含工作面钻爆全部工序。

（2）出砟定额按基本运距 500m 和每增运距 500m 叠加使用。当采用无轨斜井作为辅助出砟通道时，斜井内增运部分采用由斜井无轨出砟定额。

（3）正洞洞身通风、管线路，采用《铁路隧道工程预算定额》中不大于 90m² 定额相关的子目，并乘以 1.08 的调整系数。

3）洞身衬砌工程。

（1）衬砌工程按模板和混凝土拌制、浇筑及运输分别编制，其中混凝土拌制、浇筑工程区分拱墙、底板与仰拱、仰拱填充与沟槽身等不同部位分别套用本定额的相应子目。

（2）隧道衬砌定额消耗中已综合考虑超挖回填因素。

（3）当设计采用的混凝土强度等级与本定额不符或采用特殊混凝土时，可以抽换。

4）无轨斜井工程。

（1）无轨斜井开挖、出砟定额，适用于采用汽车运输的斜井、斜坡道工程。

（2）无轨斜井开挖、出砟、通风、管线路定额均系指斜井建井期间的定额消耗，不适用于通过无轨斜井施工的正洞洞身工程。

（3）无轨斜井衬砌按采用组合钢模板、集中拌制、浇筑、运输综合编制，不区分衬砌部位，也不考虑超挖回填因素。

5）拆除中隔壁定额，系指采用中隔壁法、交叉中隔壁法、双侧壁导坑法等施工方法开挖时，对临时支护体的凿除和拆除，其中拆除网喷混凝土定额包含了拆除钢筋网、锚杆和连接钢筋的工作内容。

6）拆除中隔壁定额中未包含拆除体的运输，其洞内运输费用按拆除物的重量采用《铁路隧道工程预算定额》正洞内材料运输定额计算。

7）综合接地焊接定额，按不同围岩采用接地方式综合编制，定额中仅包含焊接、测试等工作内容所需人工、机械台班，未包含接地主体材料和接地端子。

8）工程量计算规则：

（1）洞身、辅助坑道的开挖、出砟工程数量，均按设计图示不含设计允许超挖、预留变形量等的断面数量计算，包含所有附属洞室数量。

（2）出砟运距，正洞系指施工组织设计安排独头掘进工作面距洞口或者斜井底的最大距离，无轨斜井系指斜井的实际长度。

（3）衬砌混凝土工程数量，均按设计图示不含设计允许超挖回填、预留变形量等的断面数量计算，包含洞身及所有工作洞室的衬砌数量。混凝土运输运距与出砟运距的计算方法一致。

（4）拆除中隔壁喷射混凝土工程数量，均按设计喷射混凝土体积计算，不扣除钢筋网、锚杆等的体积。

（5）钢结构临时支撑按倒用二次计算，整修费用不再另计。

（6）综合接地焊接工程数量，以设计引下接地的数量按"处"计算，由于接地而额外增加的钢构件数量计入洞内钢筋、锚杆等相应的工程数量。接地端子的费用按其设计数量乘以成品价格另计。

5. 轨道工程说明

1）本定额含 CRTS Ⅰ型板式、CRTS Ⅱ型板式、CRTS Ⅰ型双块式、CRTS Ⅱ型双块式 4 种结构形式，共 130 个子目。

2）本定额中高性能混凝土按碳化环境 60 年编制。

3）底座道床板混凝土、钢筋定额子目适用于各种形式的无砟轨道底座、道床板。道岔下及过渡段钢筋混凝土套用此定额时，定额中人工及机械消耗量乘以 2.0 的系数。摩擦板、端刺、端梁施工套用此定额时，定额中人工及机械消耗量乘以 1.5 的系数。

4）现浇凸台定额可用于 Ⅰ型轨道板的凸形挡台部分及双块式轨枕底座下的凸台部分。

5）板缝间混凝土钢筋、侧向挡块混凝土钢筋、剪力筋制安、齿槽预埋钢筋、轨道板砂浆封边、轨道板纵向连接、后浇带钢板连接安装定额适用于 CRTS Ⅱ型轨道板。

6）CRTS Ⅰ型预应力轨道板预制系双向预应力板。

7）CRTS Ⅰ型、CRTS Ⅱ型轨道板预制定额系按标准板编制，如用于曲线板、补偿板及特殊板（如道岔板），预制模板按一个项目摊销，并扣除模板回收残值。

8）CRTS Ⅱ型轨道板预制定额如用于道岔板预制工程，定额中人工及机械消耗量乘以 1.15 的系数。

9）CRTS Ⅱ型轨道板打磨系按国产设备及材料编制。

10）混凝土面层凿毛、冲洗、吹干定额适用于部分无砟轨道设计要求凿毛的工程。

11）凸形挡台环氧树脂定额适用于 CRTS Ⅰ型无砟轨道工程。

12）底座伸缩缝制作定额适用于预留道床变形缝工程。

13）道砟胶结定额适用于过渡段设计确定道砟胶结的工程。

14）钢轨铺设定额如用于 1km 以上长大隧道内，人工和机械消耗量乘以 1.25 的系数；如用于 12‰以上长大坡度地段，定额中机车消耗量乘以 2.0 的系数，人工和机械（除机车以外）消耗量乘以 1.25 的系数。

15）钢轨运输定额如用于 12‰以上长大坡度地段，定额中机车消耗量乘以 2.0 的系数。

16）500m 长钢轨运输定额系按在不通行营业火车的线路上运输编制，如在营业线铁路运输时，则应按运杂费计算。

17）施工测量定额包括底座施工、凸台施工、道床板施工、铺板（枕）施工、铺轨施工中的全部测量工作内容。不包含 CP I、CP Ⅱ、CP Ⅲ 网测设和复测和精调测量内容。CPI、CP Ⅱ 网测设费用包含在设计费中，CPI、CP Ⅱ 网复测及 CPⅢ 网测设和复测费用按"客运专线 CP Ⅲ 测设收费有关事项的通知"计算，精调测量费用按精调定额计算。

18）铺设无砟轨道道岔定额不包括岔内外焊接、应力放散及锁定和岔下混凝土浇筑、两次转辙器安装调试及工电联调、钢筋绑扎等内容，未包含的内容应采用其他相应定额另计。

19）道岔装卸及运输定额适用于施工组织设计确定为汽车运输的情况。

20）工程量计算规则：

（1）铺轨工程量按设计图示每股道的中心线长度（不含道岔长度）以"km"计算。铺轨工程量不扣除接头轨缝处长度。道岔长度是指从基本轨前端至辙叉根端的距离。特殊道岔以设计图纸为准。

（2）轨料运输按设计图示铺轨长度以"km"计算。

（3）铺土工布、PE 膜（两布一膜）按 PE 膜设计图示铺设面积以"m²"计算。

（4）混凝土道床按设计图示体积以"m³"计算。

（5）钢筋的重量按钢筋设计长度（应含架立钢筋、定位钢筋和搭接钢筋）乘理论单位重量计算。不得将焊接料、绑扎料、接头套筒、垫块等材料计入工程数量。

（6）预制轨道板内的钢筋计算工程数量时，不含套管用低碳冷拔钢丝数量。

（7）底座钢筋绝缘处理的数量按设计绝缘卡子个数计算。

（8）制板、制枕的数量按设计数量另计入 1% 的损耗。

（9）底座伸缩缝单位为"处"，是指事先预留的伸缩缝，单线每处。

（10）备料按设计数量计列。

3.3 铁路工程施工组织设计

3.3.1 施工组织设计的概念

铁路、公路施工组织设计，是铁路、公路工程基本建设项目在设计、招标投标、施工阶段必须提交的技术文件，它是准备、组织、指导施工和编制施工作业计划的基本依据。施工组织设计就是从工程的全局出发，按照客观的施工规律和当时、当地的具体条件（自然、环境、地质等），统筹考虑施工活动中的人力、资金、材料、机械和施工方法这五个主要因素后，对整个工程的现场布置、施工进度和资源消耗等作出的科学而合理的安排。施工组织设计的目的是使工程建设在一定的时间和空间内实现有组织、有计划、有秩序的施工，以达到工期尽量短、质量上精度高、资金省、施工安全的效果。

施工组织设计可以是对整个基本建设项目起控制作用的总体战略部署，也可以是对某一标段或某一单位工程的具体施工作业起指导作用的战术安排。是指导施工准备工作、全面布置施工活动、指挥生产开展工作、进行项目管理、控制施工进度的依据。施工组织设计对于能否优质、高效、按时、低耗地完成铁路、公路工程施工任务起着决定性的作用。施工组织设计的具体内容随其类型的不同而有所侧重，但基本内容主要包括：①工程概况；②施工部署和施工方案；③施工准备工作计划；④施工进度计划；⑤劳动力、主要物资和机械需要计划；⑥施工现场平面布置图；⑦保证质量、安全生产、降低消耗的技术组织措施；⑧主要技术经济指标。

3.3.2　编制施工组织设计的基本原则

1. 认真贯彻我国基本建设的方针政策

铁路、公路工程建设工期长，规模大，耗用的人力、物力等各种资源多，需要巨大的投资。因此，组织施工，应严格按照基本建设程序和施工程序，按照合同签订的或上级下达的施工期限，根据工程情况，对人、材料、机械等资源合理组织，确保重点工程，分期、分批进行安排，保质、保量完成施工任务。

2. 合理安排施工顺序

铁路、公路施工绝大部分是野外作业，受外界影响很大，不仅要考虑时间顺序，还要考虑空间顺序。首先考虑影响全局的工程项目，再按照工程施工的客观规律安排施工顺序，在保证质量的前提下，尽量实现连续、紧凑、均衡的施工过程，以减少资源的不均衡利用，尽可能缩短工期，降低工程成本。

3. 应用科学的计划方法

根据工程的特点和工期要求，尽可能采用流水作业的施工方法，当工程项目较大时，可采用平行流水作业、立体交叉平行流水作业。并应用网络计划技术，管理控制工程计划，在保证关键线路畅通的情况下，组织连续、均衡的施工。

4. 采用先进的施工技术和设备

采用先进的科学技术是提高劳动生产率、加快施工速度、提高工程质量、降低工程成本的重要途径。同时，积极运用和推广新技术、新工艺、新材料、新设备，是现代文明施工的标志。

在条件允许的情况下，尽可能采用先进的施工技术（但要经过试验），不能墨守成规。不断提高施工机械化、预制装配化程度，减轻劳动强度，提高劳动效率，无形中缩短了工期，降低了成本。

5. 合理安排冬、雨期施工项目

对于受季节影响的工程项目，应考虑优先安排，如：混凝土工程不宜在冬期施工，桥梁基础工程、下部工程不宜在汛期施工。

合理安排冬、雨期施工项目，就是把那些不因冬、雨期施工而增加技术复杂度的工程项目列入冬、雨期施工。当然，冬、雨期施工要采取一些必要的措施，会增加工程的其他直接费用，但能全面均衡人工、材料的需要量，提高施工的均衡性和连续性。

6. 确保工程质量与安全

工程质量的好坏直接影响使用效果，甚至影响到沿线地区国民经济的发展。为了保证工程质量，要认真贯彻施工技术规范，严格按设计要求组织施工。

在进行施工组织设计时，要有确保工程质量和施工安全的措施，尤其是一些复杂的大型工程项目，如：大跨径现浇连续箱梁施工，后张预应力施工的质量、安全保证等。在组织施工时，要经常进行质量、安全教育，严格按操作规程进行施工。杜绝一切违章操作，是保证工程质量和施工安全的必要措施。

7. 统筹布置施工现场，降低工程成本

合理布置施工平面图，节约施工用地，充分利用原有地形、地物，尽量减少临时设施、临时便道、临时便桥的设置，方便施工，避免材料二次搬运，充分利用当地的人工、材料等。

3.3.3　铁路施工组织设计的分类

1. 按编制单位分类

根据施工组织设计编制单位的不同，可分为两类，即由设计单位编制的指导性施工组织设计和由施工单位编制的实施性施工组织设计。

1）指导性施工组织设计

建设单位委托设计单位编制的指导性施工组织设计是设计文件的组成部分之一。它随不同的设计阶段而有不同的编制深度和内容，它是编制投资估算或初步设计总概算以及由施工单位编制实施性施工组织设计的依据。

在大多数情况下，铁路、公路工程按照两个阶段进行设计，即扩大初步设计和施工图设计。在设计复杂或新的工艺过程尚未熟练掌握或对工程有特殊要求时可按三阶段进行设计，即初步设计、技术设计和施工图设计。

当按三阶段设计时，指导性施工组织设计的三个相应阶段是：①施工组织方案设计意见（或施工组织条件设计），它包含在初步设计中；②综合性施工组织设计，它一般包含在技术设计中；③单位工程施工组织设计，它一般包含在施工图设计中。

当按两阶段设计时，指导性施工组织设计的两个相应阶段则为：①综合性施工组织设计，一般包含在扩大初步设计中；②单位工程施工组织设计，一般包含在施工图设计中。

2）实施性施工组织设计

由施工单位不同级别的组织机构编制出不同性质的施工组织设计，是指导施工，安排施工计划和编制施工预算的依据。实施性施工组织设计编制时要依据设计部门编制的指导性施工组织设计、施工设计图纸、工程数量、现场的调查资料及施工单位的劳动力、机具设备、材料供应情况等，比较详细地安排建设项目或年度建设计划内项目的工期、施工顺序、施工方法以及所需要的劳动力、材料、机具数量，是用以指导全局施工或单位工程施工的技术文件。

对于个别采取特殊施工工艺或特殊施工条件以及施工难度较大、质量与安全存在较大风险的分部分项工程，还需要以分部分项工程为对象编制相应的作业计划。

2. 按编制对象分类

1）综合性施工组织设计

综合性施工组织设计又称为施工组织总设计，是以整个建设项目为对象编制的，目的是对整个工程的施工进行通盘考虑，全面规划，用以指导全场性的施工准备和有计划地运用施工力量，开展施工活动。其作用是确定拟建工程的施工期限、施工顺序、主要施工方法、各种技术物资资源的需要量、临时设施的需要量及现场总的布置方案等。综合性施工组织设计包括以下基本内容。

（1）工程概况

综合性施工组织设计中的工程概况，作为设计的一个总的说明部分，是对拟建项目的建设内容（建设地区、工程性质、建设规模、总投资、总期限及分期分批施工的项目和期限；主要项目工程数量；工程结构类型特征；新技术、新材料应用等）、建设地区特征（自然条件；资源情况；交通运输条件；水、电及其他动力条件；劳动力及地方风土人情等）和施工条件（施工单位的生产能力、技术装备、管理水平；主要器材设备的供应情况等）以及其他有关建设项目的决议或协议、土地征用及拆迁、环境保护及节能等诸方面简单扼要的介绍。

（2）施工总体方案

综合性施工组织设计中的施工总体方案是对整个建设项目的施工全局作出统筹规划和全局安排。根据建设项目总目标的要求，确定施工总体方案。要注意合理地分期分批建设；严格遵守施工顺序；修一段通一段；连续施工。

（3）施工总进度计划

综合性施工组织设计中的施工总进度计划是以拟建项目交付使用时间为目标确定的控制性施工进度计划，是控制施工工期及各单位工程施工期限和相互衔接的依据。

（4）资源总需要量计划

综合性施工组织设计中的施工资源总需要量计划是根据施工总进度计划编制的主要劳动力需要量计划、主要工程材料（构件、成品、半成品）需要量计划以及主要施工机械和施工运输机械等的需要量计划。

（5）临时工程

临时工程是指为工程施工需要而临时修建的大型临时设施和过渡工程，如运输便道、临时房屋、临时通信、临时给水、临时供电以及便线、便桥、临时渡口码头、桥头岔线等。综合性施工组织设计结合建设地区条件、工程项目特点及施工期限的要求，对整个建设项目的临时工程作出统筹规划、全面布局。临时工程的修建工作是施工准备工作的基本部分，应在建设工程正式开工之前完成。

（6）施工总平面图

综合性施工组织设计中的施工总平面图是对整个建设项目的拟建工程和临时工程结合现场条件进行周密规划和布置。

铁路、公路新建项目综合性施工组织设计总平面图包括施工总平面布置示意图及施工进度示意图。

施工总平面布置示意图上一般填写下列主要内容：①线路平面缩图及主要村镇、河流位置；②重点桥隧等工程的位置中心里程、长度、孔跨以及重点取土场位置；③车站（或收费站、加油站等服务设施）位置及其中心里程；④施工区段划分；⑤砂、石、砟场位置；⑥临时工程的位置；⑦运输道路位置；⑧其他。

施工进度示意图主要表示在规定的总工期范围内，总的工程进度及各项主要工程的施工顺序及其进度。图上的主要内容如下：①线路平、纵断面示意图；②主要工程量；③施工区段划分；④工程进度图示；⑤劳动力动态示意图；⑥其他。

2）单位工程施工组织设计

单位工程施工组织设计是针对某项单位工程（如一段线路、一座桥梁、一条隧道、一栋房屋等）的建设工程而编制。是编制单位依据国家的技术政策和建设要求，从工程实施的目标出发，结合客观的施工条件，拟订工程施工方案，确定施工顺序，制订各分部分项工程的施工工艺技术和施工方法，提出质量保证和安全生产的措施，安排施工进度，组织劳动力、机具、材料、构件、半成品和成品的供应，对生产和生活设施作出规划和布置，从而实现优质、按期、低耗的施工目标而编制的技术经济文件。

3.3.4 施工组织设计的资料调查

调查工作的基本要求是：座谈有纪要、协商有协议、调查有证明、政策规定应索取书面资料。特别要注意所有资料均要真实可靠、手续齐全、措词严谨，具有法律效应。

铁路施工组织设计的资料调查包括指导性施工组织设计外业调查和实施性施工组织设计资料调查。

1）指导性施工组织设计外业调查

铁路设计部门编制的指导性施工组织设计外业调查应根据铁道部《铁路工程施工组织调查与设计办法》的规定进行，调查分踏勘、初测、定测三个阶段，主要调查以下内容。

（1）地区特征

建设项目途经地区的地形、地貌，是否属高原、严寒、风沙、盐碱、沼泽、滨海、软土地区等，特殊地区的风俗习惯等。

（2）气象及水文资料

与施工有关的气温、风向、风力、降水量及重点桥渡水文等资料。

（3）交通运输情况

①铁路。铁路接轨站（或接轨站的邻近车站）与新建铁路的关系、位置。设置临时材料厂、铺架基地的条件等。对于改建铁路，应调查既有铁路的技术标准、区间行车密度、货流方向、办理货运的车站及平行运行图等，尤其是既有铁路可以利用的情况，地方铁路或厂矿铁路可利用的情况和运杂费标准。

②公路。与施工运输有关的公路的分布、走向、技术标准（包括路面宽度、等级、桥梁荷载等）、行车密度、运价，公路部门对既有公路的改建计划及该地区新建公路的近期规划，地方运输能力，现有乡村道路的状况和当地有偿使用道路（桥梁）的情况。

③水运。沿线通航河道的通航季节、运输能力、渡口、码头、浮桥等情况及水上运输费用标准等资料。

（4）地区卫生防疫情况

沿线卫生防疫条件、有无地方病及防治措施等。

（5）当地建筑材料情况

①砂、石、道砟等。地方或营业铁路既有砂、石、道砟场的产地分布，储量、产量、质量、规格，可供铁路施工用的数量、价格，运输条件等。拟建砂、石、道砟场地的位置、储量、剥采比、成品率、开采及运输条件等，并取样试验。对隧道及路基石方弃砟，经试验符合工程用料标准时，应结合施工顺序的安排考虑适当的利用比例。如沿线缺乏砂、石料时，应扩大调查范围。

②砖、瓦、石灰。沿线砖、瓦、石灰产量较大的生产厂家的位置，产品质量，可供铁路施工用的数量、价格，运输条件等。

③沙漠路基防护材料的来源、价格、运输条件等。

（6）工程用水源、电源、燃料等资源利用的情况

①水源。沿线地表水和地下水资源分布情况，重点了解缺水地区的水源、水质、水费标准等情况。

②电源。沿线地区的电力资源情况，可供铁路施工用的电量，电费计算标准等。

③燃料。沿线地区的燃料品种、供应渠道，可供铁路施工用的量、价格等。

（7）主要工程和控制工程

①主要工程和控制工程的施工条件（包括施工场地、运输道路、材料供应、施工干扰等）。

②根据土石方调配情况，合理选择弃土、弃砟场地。对缺乏路基填料的地段，需调查土源。取、弃土方，应考虑造地还田，改坡地为平地、旱地为水浇地的可能性。

③石方爆破对沿线工矿企业、居民区或营业线铁路的影响。

④施工中产生的粉尘、噪声及排污对环境的影响。

⑤电气化铁路对沿线有关设施的影响。

（8）大型临时设施和过渡工程

①汽车运输便道。根据沿线交通情况，提出修建汽车运输便道（包括干线和引入线）方案，对可利用的既有道路，提出改扩建意见。在地形困难地段修建运输便道，必要时应进行现场勘察选线工作。

②铁路便线、便桥、岔线。提出山岔位置、拟建长度、标准等。

③临时渡口、码头、浮桥等。拟建或改扩建的临时渡口、码头、浮桥、天桥、地道等的地点、规模和标准。

④临时通信、电力、给水。根据沿线地区既有的通信、电力设施的可资利用情况，提出拟建临时通信、临时电力方案；对于离水源较远或取水困难的地段、工点，提出拟建临时给水设施方案。

⑤大型临时辅助设施。拟建临时材料厂、成品厂、轨节拼装场、存梁场、制梁场、路基填料集中拌合场、混凝土拌合站、换装站、施工单位自采砂石场等大型临时辅助设施的设置地点和规模等。

⑥过渡工程。与运营部门协商，提出施工过渡方案，拟建过渡设施的规模、标准等。

⑦临时工程与正式工程结合修建的可能性。

（9）其他有关资料

①地方政府对征地拆迁、移民安置、环境保护、水土保持的政策及有关规定。

②征地、租地、青苗补偿办法及费用标准，耕地占用税等标准。

③房屋及附属构筑物、公共设施等拆迁补偿费标准。

调查结束后，应整理编写调查报告并提交有关调查表，为制订施工组织设计和编制预算提供依据，并供上级机关安排施工时参考。

2）实施性施工组织设计资料调查

实施性施工组织设计应由中标的施工单位在正式开工前，依据设计单位提供的指导性施工组织设计意见，通过现场仔细踏勘、走访座谈、查阅相关资料，获取编制施工组织设计的原始资料。

3.3.5　铁路主要单项工程施工组织设计要点

1. 路基工程施工组织设计

1）合理确定工期

路基工程施工的工期，应按照全线指导性施组及承发包合同规定的工期完成，以便在铺轨前给路基填土留有一个自然沉落的过程。

2）精心安排土石方调配

以挖方作为填方,借土还田,也可利用邻近城镇、工矿的弃砟作为填料,对可利用的土源,应作技术经济比较,筛选最优方案。

调配土石方时,应注意土石方的涨余率和压缩率。路堤取土,除计算需要数量外,还要综合考虑路基排水、农田灌溉、改地造田、取土与冲刷河岸的关系、排水沟与桥涵进口标高一致等许多因素;路堑弃土,首先要保证边坡的稳定性,要有利于排水,其次要注意不能沿河弃土,以防阻塞河流、压缩桥孔、冲刷河岸和农田。

3)计算施工机械用量及有关人员数量

根据施工地点的实际情况,确定净工作日,即施工工期内要扣去法定节假日、预计雨雪天和严寒季节影响的天数。净工作日,特别与选定的施工机械的类型、类别有直接关系。

4)路基附属工程的施工安排

天沟要在路堑开挖之前施工。线下挡墙,要配合土石方工程的进度平行作业,线上支挡工程视地质条件而定,地质条件好的可安排在土石方工程基本完工后施工,地质条件差的要避开雨期,随挖随砌。属抗滑桩建筑物的,要安排在土石方工程之前施工。侧沟安排在土石方工程完成后施工。植树种草安排在土石方工程完工后,适时种植。

5)土石方工程的排水

填方地段,应先进行正式排水工程施工,如时间紧迫来不及修正式排水工程时,可以考虑做临时排水工程过渡;挖方地段,属路基工程的应先做天沟、半路堤半路堑工程或借土填方,应统筹兼顾,合理布置。铁路站场路基工程中的小桥涵,应提前施工,并考虑临时排水措施。

2. 桥涵工程施工组织设计

1)桥涵工程施工的特点

(1)桥涵工程类型多。从桥跨上说,有简支梁桥、连续梁桥、斜腿刚构桥、斜拉桥、框架桥、拱桥、悬桥、组合体系桥等。桥跨结构又分钢筋混凝土梁、预应力钢筋混凝土梁、钢板梁、钢桁梁、系杆拱、石砌拱等。桥梁基础有明挖、挖井、挖孔桩、钻孔桩、沉井、管柱基础等。涵渠有明渠、圆涵、盖板涵、矩形涵、拱涵、渡槽、倒虹吸等。随着科技的进步,机械化程度的提高,将不断设计出新的桥梁、涵渠。不同类型的桥涵,施工方法各不相同。

(2)施工技术复杂。一方面由于桥涵类型多,另一方面由于桥涵工程属野外施工,受地形、地质、水文、气候的制约,施工复杂、难度大,特别是深水桥基础的施工,常会遇到不良地质,给施工带来很大困难。另外,架梁采用悬拼、悬浇、顶推等新方法,施工技术都是比较复杂的。

(3)施工人员和机械集中,工作面狭小。桥涵工程(特别是大桥、特大桥、高桥和大型涵渠),从基础开始到工程全部完工,需要各类人员参与施工,专业多、工种多、工序更多,而且相互交叉,立体作业。因施工场地受限于峡谷、水流以及高空作业等条件,在狭小的施工场地上要聚集相当数量的劳力、建材和机具设备,更需要精心组织和合理设置。

2)桥涵工程施工顺序安排应注意的事项

(1)首先要研究确定桥涵工程的总体施工方案,才能具体安排各分部分项工程的施工顺序。例如钢桁梁桥，先要确定钢桁梁安装方法，是在桥孔中的脚手架上拼装或在桥旁的脚手架上拼装再拖拉就位，还是在桥位上半悬臂法拼装或悬臂法拼装。只有施工方案确定后，才能具体安排基础、墩台等分部分项工程的施工顺序。

（2）应结合季节、气候、水文条件安排施工顺序。气候、水文情况对施工顺序的安排影响很大，如果处理得好，充分利用有利方面，对工程质量、施工进度、降低成本能起到促进作用。

例如，桥梁基础和墩台的施工，应尽量避开冬期和雨期，但严寒地区，可利用冰冻期河流结冻的条件，采用冻结开挖基础，或在冰上搭设脚手架进行拼装等工作，但必须对冻层强度进行检算。某些工作也可能要专门利用涨水期的高水位进行施工，如浮运钢沉井、浮运法架设钢桁梁等。在旱季要先安排水中基础及桥墩的施工。并在洪水到来之前完成或在雨期到来之前将墩台施工至最高水位线上，而且在洪水到来之前应将河道中的脚手架拆除，以减少堵塞和被洪水冲掉。在大风季节应避开某些工作的安排，如浮运沉井、浮运架梁、悬臂拼装钢梁以及其他高空作业。

（3）要遵守施工程序和操作工艺的客观规律，这种客观规律是结构本身所必需的，是不能随意改变的。例如，灌注钢筋混凝土盖板，由施工工艺决定作业项目之间的先后施工次序：立模板、绑钢筋、灌注混凝土、养护及拆模，不可颠倒；沉井混凝土下沉，必须待沉井混凝土强度达 100%，方能开始下沉。

（4）要根据施工方法和采用的机械设备确定施工顺序。施工方法不同，采用的机具设备不同，施工顺序也会有所不同。例如，钻孔桩施工，采用旋转式钻机或冲击式钻机的施工顺序有所区别，前者需设置一套拌制泥浆系统，后者则不需；前者不需抽砟，后者需要，并且钻进和抽砟间隔进行。

（5）施工顺序的安排要确保施工安全和工程质量。例如桥涵顶进工程，当开挖工作影响现有铁路运输安全时，首先要进行线路加固工作。如开挖基坑不影响运营安全，则线路加固工作可安排在桥涵顶进前进行。在顶进过程中，如发现框构轴线或高程偏差，则不能继续顶进，应采取纠正措施的施工顺序等。

（6）合理选择工作面。工作面的安排应全面考虑施工期限、劳动力、机械设备、材料供应等条件。当施工工作面较多时，可使工期缩短，但劳动力、机械设备及一些临时设施会增多，甚至会造成劳动力、机械设备、材料供应困难；反之，当工作面减少，工期会延长，劳力、机具设备可能会窝工。要通盘研究，在保证工期的前提下，以考虑节省模板、围堰等倒用材料和基本不增设机械设备来安排。在多孔桥跨施工时，将桥墩台分成几组安排施工顺序，这样劳力、机具都比较均衡，模板、脚手架可充分利用。

（7）桥涵工程施工时间和施工顺序的安排应考虑桥涵附近其他建筑物施工的协调配合。例如与路基工程的配合，桥头缺口及涵顶填土应满足铺架工程的总进度要求，并使填土有足够的沉落时间。一般桥涵工程施工应在同段路基土石方工程完工前 0.5～1.5 个月完工。为此，路基填方地段中的中小桥涵及大桥、特大桥的桥台应尽早安排施工。另外，还应考虑路基石方工程爆破对桥涵建造物的影响，以及改河、改河的弃方及桥涵基础的大量挖方在回填后有余，且能利用到路堤填方中，应合理安排桥涵工程的开竣工时间和施工顺序。又如隧道工程的配合，隧道出入口要有材料场地出砟运输及弃砟场等问题，对隧道洞口的桥涵工程应在隧道开工前完成，以免相互干扰。

3. 隧道工程施工组织设计

隧道工程的施工特点如下：

（1）由于隧道是地下构筑物，受地质和水文地质条件的制约，因而，施工环境差、难度大、技术复杂、要求高。

（2）隧道工程是一种多工序、多工程联合的地下作业，工作面狭窄，出砟、进料运输量多，施工干扰大，为加快施工进度，需以横洞、斜井、竖井、平行导坑增加工作面，施工复杂而艰巨。因此，必须全面规划，科学地组织施工，编制切实可行的实施性施工组织设计。

（3）隧道工程大部分地处深山峻岭之中，场地狭小，要使用多种机械设备，需要相当数量的洞外设施来保证洞内施工，而洞外往往受地形限制，场地布置比较困难。

（4）由于工作环境差，劳动条件恶劣，常发生坍塌、涌水、瓦斯等诸多不安全问题，因此，要制订出切实可行的安全技术组织措施。

（5）由于地质、水文地质以及围岩压力复杂多变，在施工过程中往往需要改变施工方法，同时，也要求隧道施工必须不间断地连续进行。

4. 铁路铺架工程施工组织设计要点

铺架工程应在路基土石方工程完工后半个月进行。一般正线铺轨和站线铺轨分别进行，正线铺轨时应考虑铺设一股站线和连接的两组道岔，以便铺轨及运料列车的利用，而其他站线则可利用架梁时的间隙铺设。

在正线铺轨前，路基、桥涵、隧道等站前工程必须完成，以保证铺轨架梁工作的顺利进行，避免开始铺轨后，由于上述工程未竣工而使铺架工程停顿，影响铺架工程的工期。

铺轨架梁工程的工期与施工单位的技术水平、设备能力、轨道类型、轨排供应、施工方法、每天工作班数以及架梁孔数、跨度等因素有关。铺轨架梁的工期还应考虑不能利用架梁时间铺设站线股道的工作量。隧道内铺轨工作面窄，又需在照明下工作，一般较洞外要困难，尤其隧道内线路使用刚性道床时，铺轨进度比洞外慢。在深路堑地段铺轨，因工作面小，铺轨进度也受到一定限制。计算铺轨时间时，应考虑这些因素。

铺轨架梁工程应广泛采用机械化施工，只有当机械设备不足或铺轨工期紧迫时，才可考虑与人工铺轨同时进行。短距离岔线、专用线或有大量小半径曲线的线路，可采用人工铺轨。每昼夜工作一般按 1～2 班（每班 8h）计算，进度约为 1.0～1.5km/d。

机械铺轨多采用每天两班制。在工期紧迫的情况下可采用三班制工作。每天三班的铺轨进度可达到 3～5km，但由于架梁速度的限制，实际上每天铺轨架梁的综合进度约为 1km。机械化铺设普通钢轨主要包括轨节拼装、轨节运输、轨节铺设、铺砟整修四个基本环节。

铁路预制梁架设的方法较多，铁路架桥机架设、跨墩龙门架架梁、双导梁架设机架设、自行式起重机架设、人工架设等。架梁进度一般随地形、桥梁类型、跨度、连续孔数及架梁方法等不同而不同，在安排架梁进度时可参考表 3-10。

3.3.6 高速铁路的施工组织特点

1. 高速铁路的工程特点

（1）路基强度、沉降和纵向刚度的控制，桥梁结构的沉降和变形的控制是施工的关键问题。

（2）隧道有效断面积加大到 $100m^2$ 以上时，防水标准高，对施工工艺要求高，施工安全问题突出。

架梁进度参考指标　　　　　　　　　　　　表 3-10

跨度及项目	平均每孔需用时间	跨度及项目	平均每孔需用时间
16m 及以下	3h/孔	32m 以上	6h/孔
20、24m	5h/孔	架梁准备时期	5～8h/座（包括岔线、加固、整道）

（3）高性能混凝土对粗细骨料、水泥、掺合料、外加剂等都有严格要求，混凝土结构裂纹控制难度大。

（4）电感应、电传递和电绝缘的要求，使得结构物施工工序增加，工艺复杂。

（5）无缝线路铺设对环境温度的要求，使作业时间受到了限制。

（6）特级道砟的料源少，加工备料应予关注。

（7）轨道平顺性要求高，轨道精调难度大。

2. 高速铁路的施工组织特点

（1）施工装备，特别是专用设备投入大。桥梁制运架和轨道施工设备是施工组织的关键资源。

（2）大型临时设施的布局及规模直接影响工期和投入，且优化难度大。

（3）路基应作为土工结构物施工，填料应作为工程材料控制，考虑混凝土结构耐久性及结构工后沉降等高质量标准，各项工程应进行施工工艺设计，并进行工艺试验。

（4）隧道断面大，桥梁架设和现浇施工均为高处作业，应进行危险源判别，采取系统的有针对性的施工安全措施。

（5）各专业及各项工序间联系紧密，应采用系统工程理论和数学模型，运用网络技术，进行工期、资源、成本的最优化分析。

（6）对施工期间粉尘、废水、噪声等应采取环境保护措施。

3. 施工组织设计的编制

施工组织设计的编制步骤包括：

（1）施工组织调查，提出调查报告。

（2）划分施工区段，制订标段的总体施工进度计划。

（3）制订主要施工技术方案，包括大型临时工程布局、规模和能力。

（4）确定施工装备种类，计算施工装备数量。

重复（2）～（4）的步骤，反复比较、优化，得到最佳方案。

（5）编制分区段、分年度施工进度计划，计算分区段、分年度的投资和主要材料用量。

（6）确定主要施工装备、主要材料采购供应方案。

（7）制订建设管理的组织、技术、合同和经济措施。

（8）绘制施工总平面布置图、施工组织形象进度图、横道图和网络图。

（9）编制完成施工组织设计，报上级主管部门审核。

施工组织设计的编制程序如图 3-1 所示。

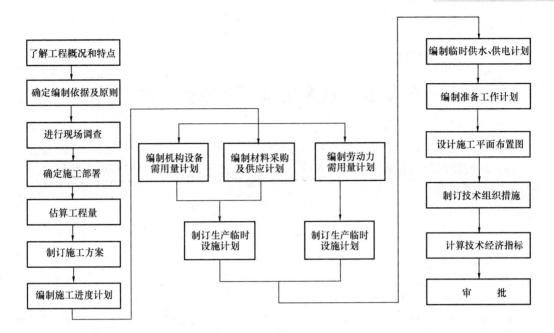

图 3-1 施工组织设计的编制程序

思 考 题

1. 铁路工程的计价依据？
2. 铁路预算定额的使用方法？
3. 铁路预算定额的总说明有哪些主要规定？
4. 铁路施工组织设计的分类？
5. 高速铁路施工组织的特点？

第4章 铁路工程概预算的编制

铁路工程概预算的编制阶段应与设计阶段一致。两阶段设计，初步设计阶段编制总概算，施工图设计阶段编制投资检算或总预算。一阶段设计，编制总预算。以下按照《国家铁路设计概预算编制办法》介绍铁路工程概预算的编制方法、费用构成、各类费用计取方法。

4.1 铁路工程概预算的编制范围

4.1.1 设计概（预）算的编制层次

设计概（预）算按单项概（预）算、综合概（预）算、总概（预）算三个层次逐步完成。

单项概（预）算是确定建设项目中的某一个单项（单位）工程的概（预）算价值。

综合概（预）算是将建设项目中各类工程单项概（预）算按综合概（预）算章节表的内容和顺序进行汇总的文件。

总概（预）算是以综合概（预）算为依据，按综合概（预）算章节表所划分的章号顺序与名称、费用类别进行分章汇总。

总概（预）算汇总是当一个建设项目编有两个以上的总概（预）算时，将各个总概（预）算分章汇总，从而求得整个建设项目的概（预）算总额。

4.1.2 编制范围及单元

1. 总概（预）算的编制范围

总概（预）算是用以反映整个建设项目投资规模和投资构成的文件。一般应按整个建设项目的范围进行编制。但遇有以下情况时，应根据要求分别编制总概（预）算，并汇编该建设项目的总概（预）算汇总表。

（1）两端引入工程可根据需要单独编制总概（预）算。

（2）编组站、区段站、集装箱中心站应单独编制总概（预）算。

（3）跨越省、自治区、直辖市或铁路局者，除应按各自所辖范围编制总概（预）算外，尚需以区段站为界，分别编制总概（预）算。

（4）分期建设的项目，应按分期建设的工程范围，分别编制总概（预）算。

（5）一个建设项目，如由几个设计单位共同设计，则各设计单位按各自承担的设计范围编制总概（预）算。总概（预）算汇总表由建设项目总体设计单位负责汇编。如有其他特殊情况，可按实际需要划分总概（预）算的编制范围。

2. 综合概（预）算的编制范围

综合概（预）算是具体反映一个总概（预）算范围内的工程投资总额及其构成的文件，其编制范围应与相应的总概（预）算一致。

3. 单项概（预）算的编制内容及单元

单项概（预）算是编制综合概（预）算、总概（预）算的基础，是详细反映各工程类别和重大、特殊工点的主要概（预）算费用的文件。

编制内容包括人工费、材料费、施工机械使用费、运杂费、价差、施工措施费、特殊施工增加费、间接费和税金。

编制单元应按总概（预）算的编制范围划分，并按工程类别分别编制。其中，技术复杂的特大、大、中桥及高桥（墩高 50m 及以上），4000m 以上的单、双线隧道，多线隧道及地质复杂的隧道，大型房屋（如机车库、3000 人及以上的站房等）以及投资较大、工程复杂的新技术工点等，应按工点分别编制单项概（预）算。

4.1.3 编制深度及要求

设计概（预）算的编制深度应与设计阶段及设计文件组成内容的深度相一致。

1. 单项概（预）算

应结合建设项目的具体情况、编制阶段、工程难易程度，确定其编制深度。

2. 综合概（预）算

根据单项概（预）算，按相关规范规定的顺序进行汇编，没有费用的章，在输出综合概（预）算表时其章号及名称应保留，各节中的细目结合具体情况可以增减。一个建设项目有几个综合概（预）算时，应汇编综合概（预）算汇总表。

3. 总概（预）算

根据综合概（预）算，分章汇编。没有费用的章，在输出总概（预）算表时其章号及名称一律保留。一个建设项目有几个总概（预）算时，应汇编总概（预）算汇总表。

4.1.4 定额的采用

1. 基本规定

根据不同的设计阶段、各类工程（其中，路基、桥涵、隧道、轨道及站场简称为"前站"工程）的设计深度、铁路工程定额体系的划分，具体定额的采用按以下规定执行。

（1）初步设计概算：采用预算定额，"站后"工程可采用概算定额。

（2）施工图预算、投资检算：采用预算定额。

2. 独立建设项目的大型旅客站房的房屋工程及地方铁路中的房屋工程可采用工程所在地的地区统一定额（含费用定额）。

3. 对于没有定额的特殊工程及尚未实践的新技术工程，设计单位应在调查分析的基础上补充单价分析，并随着设计文件一并送审。

4.2 铁路工程概预算费用构成

4.2.1 按章节划分

1. 章节划分

铁路基本建设工程的概（预）算费用，按不同工程和费用类别划分为 4 部分，共 16 章 34 节，编制概（预）算应采用统一的章节表。

各部分和各章费用名称如下：

第一部分　静态投资

第一章　拆迁及征地费用

第二章　路基

第三章　桥涵

第四章　隧道及明洞

第五章　轨道

第六章　通信、信号及信息

第七章　电力及电力牵引供电

第八章　房屋

第九章　其他运营生产设备及建筑物

第十章　大型临时设施和过渡工程

第十一章　其他费用

第十二章　基本预备费

第二部分　动态投资

第十三章　工程造价增涨预留费

第十四章　建设期投资贷款利息

第三部分　机车车辆购置费

第十五章　机车车辆购置费

第四部分　铺底流动资金

第十六章　铺底流动资金

4.2.2　按静态投资费用种类划分

按投资性质划分，静态投资分属下列五种费用：

（1）建筑工程费（费用代号：Ⅰ）：指路基、桥涵、隧道及明洞、轨道、通信、信号、信息、电力、电力牵引供电、房屋、给水排水、机务、车辆、动车、站场、工务、其他建筑工程等和属于建筑工程范围内的管线敷设、设备基础、工作台等，以及拆迁工程和应属于建筑工程费内容的费用。

（2）安装工程费（费用代号：Ⅱ）：指各种需要安装的机电设备的装配、装置工程，与设备相连的工作台、梯子等的装设工程，附属于被安装设备的管线敷设，以及被安装设备的绝缘、刷油、保温和调整、试验所需的费用。

（3）设备购置费（费用代号：Ⅲ）：指一切需要安装与不需要安装的生产、动力、弱电、起重、运输等设备（包括备品备件）的购置费。

（4）其他费（费用代号：Ⅳ）：指土地征用及拆迁补偿费、建设项目管理费、建设项目前期工作费、研究试验费、计算机软件开发与购置费、配合辅助工程费、联合试运转及工程动态检测费、生产准备费、其他。

（5）基本预备费：指设计概（预）算中难以预料的费用。

4.2.3　费用项目组成

概（预）算费用项目组成见图 4-1。

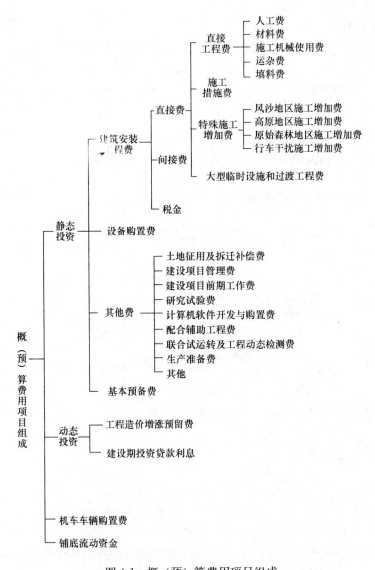

图 4-1 概（预）算费用项目组成

4.3 单项预算费用编制

1. 人工费

指直接从事建筑安装工程施工的生产工人开支的各项费用。具体计算公式如下：

人工费＝Σ定额人工消耗量×综合工费标准

1）综合工费的组成内容

（1）基本工资；

（2）津贴和补贴；

（3）生产工人辅助工资；

（4）职工福利费；

（5）生产工人劳动保护费。

2）综合工费标准

按照铁道部的相关要求，类别划分及基期标准如表 4-1 所示。

综 合 工 费 标 准 表 4-1

综合工费类别		工 程 类 别	综合工费标准（元/工日）	与"113号文"的价差（元/工日）
I 类工	I-1	路基（不含路基基床表层及过渡段的级配碎石和砂砾石），小桥涵，房屋，给水排水，站场（不含旅客地道、天桥、雨棚）等工程的建筑工程，取弃土（石）场处理，临时工程	20.35	—
	I-2	路基基床表层及过渡段的级配碎石和砂砾石	23.83	3.48
II 类工	II-1	特大、大、中桥（不含箱梁的预制、运输、架设、现浇、桥面系），旅客地道、天桥、雨棚，粒料道床，机务、车辆、动车、工务等工程的建筑工程	24.00	—
	II-2	箱梁（预制、运输、架设、现浇）、桥面系、轨道（不含粒料道床）	29.13	5.13
III 类工	III-1	隧道、通信、信号、信息、电力、电力牵引供电等工程的建筑工程，设备安装工程（不含四电集成的设备安装）	25.82	—
	III-2	四电集成的设备安装	30.95	5.13
IV 类工		计算机设备安装测试	43.08	—

注：1. 本表中的综合工费标准为基期综合工费标准，不包含特殊地区津贴、补贴。特殊地区津贴、补贴按国务院及其有关部门和省（自治区、直辖市）的规定计算，按人工费价差计列。

2. 独立建设项目的大型旅客站房及地方铁路中的房屋工程，采用工程所在地区统一定额的，应采用工程所在地的房屋工程综合工费标准。

3. 隧道外一般工程短途接运运输的综合工费采用 I 类工标准。

例 4-1 某单位在某地新建铁路特大桥工程，按国家规定，该地有特殊地区津贴和补贴，合计为每月 65 元，试分析该特大桥工程基期与编制期的综合工费单价。

解： 基期的综合工费单价，由表 4-1 可知，特大桥基期的综合工费标准为 24 元/工日；

编制期的综合工费单价，计算综合工费的年工作日为：$365-52 \times 2-11=250$ 天，平均月工作日为 20.83 天。该地区的特殊地区津贴和补贴应为：$65 \div 20.83=3.12$ 元/工日，所以编制期的综合工费单价为：$24+3.12=27.12$ 元/工日。

2. 材料费

指按施工过程中耗用的构成工程实体的原材料、辅助材料、构配件、零件和半成品、成品的用量以及周转材料的摊销量和相应预算价格等计算的费用。

材料费＝Σ 定额材料消耗量×材料预算价格

1）材料预算价格的组成

材料预算价格由材料原价、运杂费、采购及保管费组成。

材料预算价格＝（材料原价＋运杂费）×（1＋采购及保管费率）

（1）材料原价。指材料的出厂价或指定交货地点的价格，对同一种材料，因产地、供应渠道不同而出现几种原价时，其综合原价可按其供应量的比例加权平均确定。

（2）运杂费。是指材料自来源地（生产厂或指定交货地点）运至工地所发生的有关费用，包括运输费、装卸费及其他有关运输的费用等。

（3）采购及保管费。是指材料在采购、供应和保管过程中所发生的各种费用。包括采购费、仓储费、工地保管费、运输损耗费、仓储损耗费，以及办理托运所发生的费用（如按规定由托运单位负担的包装、捆扎、支垫等的料具耗损费，转向架租用费和托运签条）等。

2）材料预算价格的确定

（1）水泥、木材、钢材、砖、瓦、石、石灰、黏土、花草苗木、土木材料、钢轨、道岔、轨枕、钢梁、钢管拱、斜拉索、钢筋混凝土梁、铁路桥梁支座、钢筋混凝土预制桩、电杆、铁塔、机柱、接触网支柱、接触网及电力线材、光电缆线、给水排水管材等材料（电算代号见表4-2）的基期价格采用现行的《铁路工程建设材料基期价格》，编制期价格根据设计单位的实地调查分析采用，以上价格均不含来源地至工地的运杂费，来源地至工地的运杂费应单独计列。编制期价格与基期价格的差额按价差计列。以上材料的编制期价格应随设计文件一并送审。

采用调查价格材料的品类及电算代号　　　　　　　　　表 4-2

序　号	材料名称	电　算　代　号
1	水泥	1010001～1010100
2	木材	1110001～1110018
3	钢材	1900001～1979999，1980010～1989999，2000001～2009999，2200001～2209999，2220001～2249999，2810023～2810999
4	给水排水管材	1400001～1403999，2300010～2309999，2330010～2330109，3372010～3372999
5	砂	1260022～1260025
6	石	1230001～1240599
7	石灰、黏土	1200013～1200019，1210004，1210016
8	砖、瓦	1300001～1300054，1310001～1310099
9	土木材料、花草苗木	3410010～3412999，1170050～1179999
10	钢轨	2700010～2709999
11	道岔	2720010～2729999
12	轨枕	2741012～2741799
13	钢梁、钢管拱、斜拉索	2624010～2624999
14	钢筋混凝土梁	2600010～2609999
15	铁路桥梁支座	2610010～2612999，2613110～2613499，2625010～2625999

序　　号	材料名称	电　算　代　号
16	钢筋混凝土预制桩	1405001～1405999
17	电杆、铁塔、机柱	1410001 ～ 1413499，4843010 ～ 4844999，7812010 ～ 7912999，8111036～8111099
18	接触网支柱	5200302～5200799，530051～5399999
19	接触网及电力线材	2120001～2129999，5800001～5800499，5811016～5866999
20	光电缆线	4710010 ～ 4715999，4720010 ～ 4734960，7010010 ～ 7312999，8010010～8017999

（2）施工机械用汽油、柴油，基期价格采用现行的《铁路工程建设材料基期价格》，编制期价格根据设计单位的实地调查分析采用，以上均为含运杂费和采购及保管费的价格。编制期价格与基期价格的差额按价差列（计入施工机械使用费价差中）。施工机械用汽油、柴油的编制期价格应随设计文件一并送审。

（3）除上述材料以外的其他材料，基期价格采用现行的《铁路工程建设材料基期价格》，其编制期与基期的价差按部颁材料价差系数调整。此类材料的基期价格已包含运杂费和采购及保管费，部颁材料价差系数也已考虑运杂费和采购及保管费因素，编制概（预）算时不应另计运杂费和采购及保管费。

3）再用轨料价格的计算规定

修建正式工程使用的旧轨料（不包括定额规定使用的废轨、旧轨，如桥梁和平交道的护轮轨，车挡弯轨等），其价格按设计调查的价格分析确定；本工程范围内拆除后利用的，一般只计运杂费；需整修的，按相同规格型号新料价格的10％计算整修管理费。

3. 施工机械使用费

施工机械使用费＝Σ定额施工机械台班消耗量×施工机械台班单价

1）施工机械台班费用的组成

（1）折旧费

折旧费是指机械在规定的使用期限（耐用总台班）内陆续收回其原值的费用。

（2）大修理费

大修理费是指机械在规定的使用期限（耐用总台班）内分若干次进行必要的大修理，以恢复其正常功能所需的费用。

（3）经常修理费

经常修理费是指机械除大修理以外的各级技术保养、修理及临时故障排除所需的费用；为保障机械正常运转所需的替换设备、随机配备的工具与附具的摊销和维护费用；机械运转与日常保养所需的润滑、擦拭材料费用；机械停置期间的维护保养费用等。

（4）安装拆卸费

安装拆卸费是指机械在施工现场进行安装、拆卸与搬运所需的人工费、材料费、机具费和试运转费用；辅助设施（基础、底座、固定锚桩、走行轨道、枕木等）的搭设、拆除与折旧费用等。

（5）人工费

人工费是指机上司机和其他操作人员的人工费，以及上述人员在机械规定的年工作台班以外的人工费。

（6）燃料动力费

燃料动力费是指机械在运转作业中所耗用的液体燃料（汽油、柴油）、固体燃料（煤）、电和水的费用。其中，气动机械所需耗用的"气"，因系按其需要量另行配备相应的空气压缩机，故定额中不列。

（7）其他费用

其他费用是指机械按照国家和有关部门规定应交纳的养路费、车船使用税、保险费及年检费用等。

2）施工机械台班单价的取定

编制设计概（预）算以现行的《铁路工程施工机械台班费用定额》作为计算施工机械台班单价的依据。以现行《铁路工程建设材料基期价格》中的油燃料价格及本办法规定的基期综合工费标准计算出的台班单价作为基期施工机械台班单价；以编制期的综合工费标准、油燃料价格、水电单价及养路费标准计算出的台班单价作为编制期施工机械台班单价。编制期与基期的施工机械台班单价的差额按价差计列。

例 4-2 试分析某新建铁路大桥工程中履带式推土机（不大于 60kW）的基期与编制期的机械台班单价。

解：查《铁路工程施工机械台班费用定额》第 6 页，得出履带式推土机（不大于 60kW）的台班费用组成：

折旧费：37.38 元/台班；

大修理费：13.69 元/台班；

经常修理费：35.59 元/台班；

人工消耗：2.4 工日/台班；

柴油消耗：41.00kg/台班。

由表 4-1 可知，基期的综合工费标准为 24 元/工日，设编制期的综合工费标准为27.12 元/工日。

查《铁路工程建设材料基期价格》得柴油基期价格为 3.67 元/kg，设柴油编制期价格为 5.10 元/kg。

所以，履带式推土机（不大于 60kW）基期的机械台班单价为：

$$37.38+13.69+35.59+2.4×24+41.00×3.67=294.73 \ 元/台班$$

编制期的机械台班单价：

$$37.38+13.69+35.59+2.4×27.12+41.00×5.10=360.85 \ 元/台班$$

4. 工程用水、电综合单价

1）工程用水综合单价

基期单价为 0.38 元/t。

编制期单价可按施工组织设计确定的供水方案，另行分析工程用水单价，分析水价与基期水价的差额，按价差计列；在大、中城市中施工时，必须使用城市自来水的，可按当地规定的自来水价格作为工程用水单价，与基期水价的差额按价差计列。

2）工程用电综合单价

基期单价为 0.55 元/kWh。

编制期单价可根据施工组织设计所确定的供电方案，按下述工程用电单价分析办法，计算出各种供电方式的单价。

(1) 采用地方电源的电价算式：

$$Y_{地} = Y_{基}(1+c) + f_1 \tag{4-1}$$

式中　$Y_{地}$——采用地方电源的电价（元/kWh）；

　　　$Y_{基}$——地方供电部门的基本电价（元/kWh）；

　　　c——变配电设备和线路损耗率，7%；

　　　f_1——变配电设备的修理、安装、拆除、设备和线路的运行维修的摊销费等，0.03 元/kWh。

(2) 采用内燃发电机临时集中发电的电价算式：

$$Y_{集} = \frac{Y_1 + Y_2 + Y_3 + \cdots + Y_n}{W(1-R-c)} + S + f_1 \tag{4-2}$$

式中　　　　　$Y_{集}$——临时内燃集中发电站的电价（元/kWh）；

Y_1、Y_2、Y_3、$\cdots$、Y_n——各型发电机的台班费（元）；

　　　　　　　W——各型发电机的总发电量（kWh），其值为：

$$W = (N_1 + N_2 + N_3 + \cdots + N_n) \times 8 \times B \times M$$

其中　N_1、N_2、N_3、$\cdots$、N_n——各型发电机的额定能力（kW）；

　　　　　　　B——台班小时的利用系数，0.8；

　　　　　　　M——发电机的出力系数，0.8；

　　　　　　　R——发电机的用电率，5%；

　　　　　　　S——发电机的冷却水费，0.02 元/kWh；

c、f_1 同式（4-1）

(3) 采用分散发电的电价算式：

$$Y_{分} = Y_1 + Y_2 + Y_3 + \cdots + Y_n/(W_1 + W_2 + W_3 + \cdots + W_n)(1-c) + S + f_1 \tag{4-3}$$

式中　　　　　$Y_{分}$——分散发电的电价（元/kWh）；

Y_1、Y_2、Y_3、$\cdots$、Y_n——各型发电机的台班费（元）；

W_1、W_2、W_3、$\cdots$、W_n——各型发电机的台班产量（kWh），其值为：

$$W_i = 8 \times B_i \times M$$

其中：B_i——某种型号发电机台班小时的利用系数，由设计确定；

M、c、S、f_1 同式（4-2）。

分析电价与基期电价的差额按价差计列。

5. 运杂费

指水泥、木材、钢材、砖、瓦、石、石灰、黏土、花草苗木、土木材料、钢轨、道岔、轨枕、钢梁、钢管拱、斜拉索、钢筋混凝土梁、铁路桥梁支座、钢筋混凝土预制桩、电杆、铁塔、机柱、接触网支柱、接触网及电力线材、光电缆线、给水排水管材等材料，自来源地运至工地所发生的有关费用，包括运输费、装卸费、其他有关运输的费用（如火车运输的取送车费等）以及采购及保管费。

运杂费的计算规定如下。

1) 各种运输单价

(1) 火车运价：

火车运价分营业线火车、临管线火车、工程列车、其他铁路四种。

① 营业线火车运价按编制期《铁路货物运价规则》的有关规定计算，计算公式如下：

营业线火车运价(元/t)＝K_1×(基价$_1$＋基价$_2$×运价里程)＋附加费运价

其中：附加费运价＝K_2×(电气化附加费费率×电气化里程＋新路新价均摊运价率×运价里程＋铁路建设基金费率×运价里程)。

计算公式中的有关因素说明如下：

a. 各种材料计算货物运价所采用的运价号、综合系数 K_1、K_2 见表 4-3。

铁路运价号、综合系数　　　　　　　　　　表 4-3

序号	项目 分类名称	运价号 (整车)	综合系数 K_1	综合系数 K_2
1	砖、瓦、石灰、砂石料	2	1.00	1.00
2	道砟	25	1.20	1.20
3	钢轨（≤25cm）、道岔、轨枕、钢梁、电杆、机柱、钢筋混凝土管桩、接触网圆形支柱	5	1.08	1.08
4	100m 长定尺钢轨	5	1.80	1.80
5	钢筋混凝土梁	5	3.48	1.64
6	接触网方形支柱、铁塔、硬横梁	5	2.35	2.35
7	接触网及电力线材、光电缆线	5	2.00	2.00
8	其他材料	5	1.05	1.05

注：1. K_1 包含了游车、超限、限速和不满载等因素；K_2 只包含不满载及游车因素。

2. 火车运土的运价号和综合系数 K_1、K_2，比照"砖、瓦、石灰、砂石料"确定。

3. 爆炸品、一级易燃液体除 K_1、K_2 外的其他加成，按编制期《铁路货物运价规则》的有关规定计算。

b. 电气化附加费按该批货物经由国家铁路正式营业线和实行统一运价的运营临管线电气化区段的运价里程合并计算。

c. 货物运价、电气化附加费费率、新路新价均摊运价率、铁路建设基金费率等按编制期《铁路货物运价规则》及铁道部的有关规定执行。

d. 计算货物运输费用的运价里程，由发料地点起算，至卸料地点止，按编制期《铁路货物运价规则》的有关规定计算。其中，区间（包括区间岔线）装卸材料的运价里程，应由发料地点的后方站起算，至卸料地点的前方站（均系指办理货运业务的营业站）止。

② 临管线火车运价执行由部批准的运价。运价中包括路基、轨道及有关建筑物和设备（包括临管用的临时工程）的养护、维修、折旧费等。运价里程应按发料地点起算，至卸料地点止，区间卸车算至区间工地。

③ 工程列车运价包括机车、车辆的使用费，乘务员及有关行车管理人员的工资、津贴和差旅费，线路及有关建筑物和设备的养护维修费、折旧费以及有关运输的管理费用。运价里程应按发料地点起算，至卸料地点止，区间卸车算至区间工地。

工程列车运价按营业线火车运价（不包括铁路建设基金、电气化附加费、限速加成等）的 1.4 倍计算。

计算公式：

工程列车运价（元/t）$= 1.4 \times K_2 \times$（基价$_1$＋基价$_2 \times$运价里程）

④其他铁路运价按该铁路主管部门的规定办理。

（2）汽车运价原则上参照现行的《汽车运价规则》确定。

为简化概（预）算编制工作，按下列计算公式分析汽车运价：

汽车运价（元/t）＝吨次费＋公路综合运价率×公路运距＋汽车运输便道综合运价率×汽车运输便道运距

计算公式中的有关因素说明如下：

①吨次费：按工程项目所在地的调查价格计列。

②公路综合运价率：材料运输道路为公路时，考虑过路过桥费等因素，以建设项目所在地的汽车运输单价乘以 1.05 的系数计算。

③汽车运输便道综合运价率：材料运输道路为汽车运输便道时，结合地形、道路状况等因素，按当地汽车运输单价乘以 1.2 的系数计算。

④公路运距：应按发料地点起算，至卸料地点止所途经的公路长度计算。

⑤汽车运输便道运距：应按发料地点起算，至卸料地点止所途经的汽车运输便道长度计算。

（3）船舶运价及渡口等收费标准按建设项目所在地的标准计列。

（4）材料运输过程中，因确需短途接运而采用的双（单）轮车、单轨车、大平车、轻轨斗车、轨道平车、机动翻斗车等运输方法的运价，应按有关定额资料分析确定。

2）各种装卸费单价

火车、汽车装卸费单价，按表 4-4 所列的综合单价计算。

火车、汽车装卸费单价（元/t）   表 4-4

一般材料	钢轨、道岔、接触网支柱	其他 1t 以上的构件
3.4	12.5	8.4

3）其他有关运输费用

（1）取送车费（调车费）

用铁路机车往专用线、货物支线（包括站外出岔）或专用铁路的站外交接地点调送车辆时，核收取送车费。计算取送车费的里程，应自车站中心线起算，到交接地点或专用线最长线路终端止，里程往返合计（以"km"计）。取送车费的计费标准原则上按铁道部运输主管部门的规定办理。取送车费按 0.10 元/(t·km)计列。

（2）汽车运输的渡船费

按建设项目所在地的标准计列。

4）采购及保管费

指按运输费、装卸费及其他有关运输的费用之和为基数计取的，应列入运杂费中的采购及保管费。采购及保管费费率见表 4-5。

采购及保管费费率　　　　　　　　　　　　　　　　表 4-5

序号	材料名称	费率（%）	其中的运输损耗费费率（%）
1	水泥	3.53	1.00
2	碎石（包括道砟及中、小卵石）	3.53	1.00
3	砂	4.55	2.00
4	砖、瓦、石灰	5.06	2.50
5	钢轨、道岔、轨枕、钢梁、钢管拱、斜拉索、钢筋混凝土梁、铁路桥梁支座、电杆、铁塔、钢筋混凝土预制桩、接触网支柱、机柱	1.00	—
6	其他材料	2.05	—

5）运杂费计算的其他规定

（1）单项材料运杂费单价的编制范围，原则上应与单项概（预）算的编制单元相对应。

（2）运输方式和运输距离要经过调查、比选，综合分析确定。以最经济合理的，并且符合工程要求的材料来源地作为计算运杂费的起运点。

（3）分析各单项材料运杂费单价，应按施工组织设计所拟订的材料供应计划，对不同的材料品类及不同的运输方法分别计算平均运距。

（4）各种运输方法的比例，按施工组织设计确定。

（5）旧轨件的运杂费，其重量应按设计轨型计算。如设计轨型未确定，可按代表性轨型的重量，其运距由调拨地点的车站起算。如未明确调拨地点者，可按以下原则编列：

①已明确调拨的铁路局，但未明确调拨地点者，则由该铁路局所在地的车站起算；

②未明确调拨的铁路局者，则按工程所在地区的铁路局所在地的车站起算。

6）平均运距的计算方法

（1）最大运距相等法

例 4-3　某段新建线路长为 L km，现准备用自卸汽车铺底砟，如图 4-2 所示。经外业调

图 4-2　例 4-3 示意图

查有 A、B 两石砟厂可供砟，且贮量丰富。A、B 两料场的道砟单价，到线路的横向距离以及单位运杂费如表 4-6 所示，若底砟在全段均匀分布，试分析汽车铺底砟的平均运距。

各料场单价及单位运费　　　　　　　　　　　　　　　表 4-6

项目	单位	A	B
料场单价	元/t	c_1	c_2
横向距离	km	a	b
运杂费	元/（t·km）	f_1	f_2

解：设 P 为 A、B 两料场供应材料的分界点，即 O_1P 由 A 料场供应底砟，O_2P 由 B 料场供应底砟。若定出 P，平均运距即可求出。

设 $|O_1P|=x$，则 $|O_2P|=L-x$

因为底砟全段均匀分布，假设材料沿铁路线路的用量为 kt/km，其中 k 为比例常数，故 A、B 两料场供应的材料分别可表示为：kx 和 $k(L-x)$。

则，用料单位费用＝料场单价＋运输单价×平均运输距离

故，总费用＝材料用量×（料场单价＋运输单价×平均运输距离）

$$s = kx\left[c_1 + (a + \frac{x}{2})f_1\right] + k(L-x)\left[c_2 + (b + \frac{L-x}{2})f_2\right]$$

可见，全段所需底砟总费用 s 的大小与分界点 P 的位置有关，而对应于总费用 s 最小的 P 点位置可由 $ds/dx = 0$ 求出。

令 $\dfrac{ds}{dx} = 0$，整理得：$c_1 + (a+x)f_1 = c_2 + (b+L-x)f_2$

由上式可知，对应于总费用最小的分界点 P 应为材料单位费用在最大运距处相等的地方。由上式计算出 x：

$$x = \frac{1}{f_1 + f_2}(Lf_2 + c_2 - c_1 + bf_2 - af_1)$$

算出 x 后，即可按材料用量加权计算出该段线路铺底砟的平均运距 $L_{平}$：

$$L_{平} = \frac{kx\left(a + \dfrac{x}{2}\right) + k(L-x)\left(b + \dfrac{L-x}{2}\right)}{kL}$$

$$= \frac{x\left(a + \dfrac{x}{2}\right) + (L-x)\left(b + \dfrac{L-x}{2}\right)}{L}$$

假设材料出厂价及单位运杂费相等，即 $c_1 = c_2$，$f_1 = f_2$，则：

$$x = \frac{L}{2} + \frac{b-a}{2}$$

$$L_{平} = \frac{x\left(a + \dfrac{x}{2}\right) + (L-x)\left(b + \dfrac{L-x}{2}\right)}{L}$$

按此算出供应范围，再算平均运距的方法，称为最大运距相等法。

（2）平均运距相等法

当 $|b-a|$ 值与线路长度 L 相比很小时，为简化计算，也可直接由两料场平均运距相等，得出供应范围 x：

$$a + \frac{x}{2} = b + \frac{L-x}{2}$$

$$x = \frac{L}{2} + b - a$$

按上式算出供应范围后，则全段的平均运距等于各段的平均运距，即：

$$L_{平} = a + \frac{x}{2} = b + \frac{L-x}{2}$$

这种计算方法称为平均运距相等法。

以上两种算法的适用范围：用于工点分布均衡或每正线公里用料量大致相等，且各料源产地贮量丰富的材料平均运距的计算。

若有多个材料供应点，全段平均运距应按线路长度加权平均，则为：

$$L_{平} = \frac{\sum_{i=1}^{n} a_i L_i}{\sum L_i}$$

式中　L_i——第 i 段的长度；

a_i——第 i 段的平均运距。

例 4-4　新建铁路某段全长 80km，施工用砂经外业调查有 A、B、C 三产地，其横向距离分别为 $A=1$km，$B=2$km，$C=1.5$km，如图 4-3 所示，考虑全线涵洞较多，且分布基本均匀，试用平均运距相等法求平均运距。若采用汽车运输，均为公路，无汽车运输便道，则汽车的平均运杂费单价为多少？已知，当地汽车运价的吨次费为 1.3 元/t，汽车运输单价为 0.44 元/(t·km)。

解：①按前例中的公式 $x = \dfrac{L}{2} + b - a$ 计算供应范围：

A、B 两产地间 $x = 30/2 + 2 - 1 = 16$km

B、C 两产地间 $x = 25/2 + 1.5 - 2 = 12$km

A 产地左侧应全部由 A 料场供应。

C 产地右侧应全部由 C 料场供应。

②各段平均运距：$L_{平} = a + \dfrac{x}{2}$

A 产地左侧部分 $L_{A左} = 1 + 12/2 = 7$km

AB 段 $L_{AB} = 1 + 16/2 = 9$km

BC 段 $L_{BC} = 2 + 12/2 = 8$km

C 产地右侧部分 $L_{C右} = 1.5 + 13/2 = 8$km

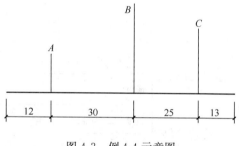

图 4-3　例 4-4 示意图

③全段平均运距（按线路长度加权平均）

$$L_{平} = \frac{\sum_{i=1}^{n} a_i L_i}{\sum L_i}$$

$$= \frac{12 \times 7 + 30 \times 9 + 25 \times 8 + 13 \times 8}{80} = 8.255\text{km}$$

考虑到汽车运距的进级规定，则平均运距为 9km。

④运杂费单价为：

$$(1.3 + 0.44 \times 1.05 \times 9 + 3.4) \times (1 + 4.55\%) = 9.26 \text{ 元}/(\text{t·km})$$

（3）加权平均法

如果工点分布不均衡或每正线公里用料量差别很大时，则应按同类工程中各工点的工程量（或材料用量）的比重和同种材料从供应点至各工点的实际运距进行加权平均计算平均运距。

$$L_{平} = \frac{\sum_{i=1}^{n} Q_i L_i}{\sum_{i=1}^{n} Q_i}$$

式中　n——卸料点个数；

Q_i——各卸料点的材料用量（t）；

L_i——供料点至卸料点间运距（km）。

（4）算术平均法

$$L_{平} = \frac{\sum_{i=1}^{n} L_i}{n}$$

式中　n——卸料点个数；

L_i——供料点至卸料点间运距（km）。

例 4-5　用加权平均法和算术平均法计算图 4-4 所示路段的某种材料的平均运距。

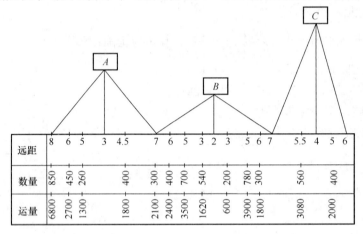

远距	8	6	5	3	4.5	7	6	5	3	2	3	5	6	7	5.5	4	5	6
数量	850	450	260		400	300	400	700	540	200		780	300		560		400	
运量	6800	2700	1300		1800	2100	2400	3500	1620	600		3900	1800		3080		2000	

图 4-4　例 4-5 示意图

解：①运用加权平均法

$$L = \frac{\sum_{i=1}^{n} Q_i L_i}{\sum_{i=1}^{n} Q_i} = \frac{6800 + 2700 + \cdots + 3080 + 2000}{850 + 450 + \cdots + 560 + 400} = 5.47 \text{km}$$

②运用算术平均法

$$L = \frac{\sum_{i=1}^{n} L_i}{n} = \frac{8 + 6 + \cdots + 5.5 + 5}{13} = 5.31 \text{km}$$

由上例可知：加权平均运距与算术平均运距仅相差 3% 左右，考虑到运距不一定经过丈量，本身的误差就可能大于计算误差，特别是加权平均法需待各分项预算编完后才有条件计算运距，故在工程用料量分布不是十分不均衡的情况下，以用算术平均法较为简便。

6. 填料费

指购买不作为材料对待的土方、石方、渗水料、矿物料等填筑用料所支出的费用。

7. 施工措施费

1）施工措施费内容

（1）冬、雨期施工增加费

冬、雨期施工增加费是指建设项目的某些工程需在冬、雨期施工，以致引起需采取的防寒、保温、防雨、防潮和防护措施，人工与机械的功效降低以及技术作业过程的改变等，所需增加的有关费用。

（2）夜间施工增加费

夜间施工增加费是指必须在夜间连续施工或在隧道内铺砟、铺轨、敷设电线、电缆、架设接触网等工程，所发生的工作效率降低、夜班津贴，以及有关照明设施（包括所需照明设施的装拆、摊销、维修及油燃料、电）等增加的有关费用。

（3）小型临时设施费

小型临时设施费是指施工企业为进行建筑安装工程施工，所必须修建的生产和生活用的一般临时建筑物、构筑物和其他小型临时设施所发生的费用。

小型临时设施包括：

①为施工及施工运输（包括临管）所需修建的临时生活及居住房屋、文化教育及公共房屋（如三用堂、广播室等）和生产、办公房屋（如发电站，变电站，空压机站，成品厂，材料厂、库，堆料棚，停机棚，临时站房，货运室等）。

②为施工或施工运输而修建的小型临时设施，如通往中小桥、涵洞、牵引变电所等工程和施工队伍驻地以及料库、车库的运输便道引入线（包括汽车、马车、双轮车道），工地内的运输便道、轻便轨道、龙门吊走行轨、由干线到工地或施工队伍驻地的地区通信引入线、电力线和达不到给水干管路标准的给水管路等。

③为施工或维持施工运输（包括临管）而修建的临时建筑物、构筑物，如临时给水（水井、水塔、水池等），临时排水沉淀池，钻孔用泥浆池、沉淀池，临时整备设备（给煤、砂、油、清灰等设备），临时信号，临时通信（指地区线路及引入部分），临时供电，临时站场建筑设备。

④其他：

大型临时设施和过渡工程项目内容以外的临时设施。

小型临时设施费用包括：小型临时设施的搭设、移拆、维修、摊销及拆除恢复等费用；因修建小型临时设施，而发生的租用土地、青苗补偿、拆迁补偿、复垦及其他所有与土地有关的费用等。

（4）工具、用具及仪器、仪表使用费

工具、用具及仪器、仪表使用费是指施工生产所需不属于固定资产的生产工具、检验用具及仪器、仪表等的购置、摊销和维修费，以及支付给生产工人自备工具的补贴费。

（5）检验试验费

检验试验费是指施工企业按照规范和施工质量验收标准的要求，对建筑安装的设备、材料、构件和建筑物进行一般鉴定、检查所发生的费用，包括自设试验室进行试验所耗用的材料和化学药品费用等，以及技术革新的研究试验费。不包括应由研究试验费和科技三项费用支出的新结构、新材料的试验费；不包括应由建设单位管理费支出的建设单位要求对具有出厂合格证明的材料进行试验，对构件破坏性进行试验及其他特殊要求的检验试验的费用；不包括设计要求的和需委托其他有资质的单位对构筑物进行检验试验的费用。

（6）工程定位复测、工程点交、场地清理费

（7）安全作业环境及安全施工措施费

安全作业环境及安全施工措施费是指用于购置施工安全防护用具及设施、宣传落实安

全施工措施、改善安全生产环境及条件、确保施工安全等所需的费用。

（8）文明施工及施工环境保护费

文明施工及施工环境保护费是指现场文明施工费用及防噪声、防粉尘、防振动干扰、生活垃圾清运排放等费用。

（9）已完工程及设备保护费

已完工程及设备保护费是指竣工验收前，对已完工程及设备进行保护所需的费用。

2）施工措施费的计算

施工措施费＝Σ（基期人工费＋基期施工机械使用费）×施工措施费费率

施工措施费费率是根据施工措施费地区划分的（表 4-7），其费率按表 4-8 所列计列。

施工措施费地区划分表　　　　　　　　　　　　　　表 4-7

地区编号	地 域 名 称
1	上海、江苏、河南、山东、陕西（不含榆林地区）、浙江、安徽、湖北、重庆、云南、贵州（不含毕节地区）、四川（不含凉山彝族自治州西昌市以西地区、甘孜藏族自治州）
2	广东、广西、海南、福建、江西、湖南
3	北京，天津，河北（不含张家口、承德市），山西（不含大同市、朔州市、忻州地区原平以西各县），甘肃，宁夏，贵州毕节地区，四川凉山彝族自治州西昌市以西地区、甘孜藏族自治州（不含石渠县）
4	河北张家口市、承德市，山西大同市、朔州市、忻州地区原平以西各县，陕西榆林地区，辽宁
5	新疆（不含阿勒泰地区）
6	内蒙古（不含呼伦贝尔盟—图里河及以西各旗）、吉林、青海（不含玉树藏族自治州曲麻莱县以西地区、海北藏族自治州祁连县、果洛藏族自治州玛多县、海西蒙古族藏族自治州格尔木市辖的唐古拉山区）、西藏（不含阿里地区和那曲地区的尼玛、班戈、安多、聂荣县）、四川甘孜藏族自治州石渠县
7	黑龙江（不含大兴安岭地区）、新疆阿勒泰地区
8	内蒙古呼伦贝尔盟—图里河及以西各旗，黑龙江大兴安岭地区，青海玉树藏族自治州曲麻莱县以西地区、海北藏族自治州祁连县、果洛藏族自治州玛多县、海西蒙古族藏族自治州格尔木市辖的唐古拉山区，西藏阿里地区和那曲地区的尼玛、班戈、安多、聂荣县

施工措施费费率　　　　　　　　　　　　　　表 4-8

类别代号	工程类别 \ 地区编号	1	2	3	4	5	6	7	8	附 注
		费率（%）								
1	人力施工土石方	20.55	21.09	24.70	27.10	27.37	29.90	30.15	31.57	包括人力拆除工程，绿色防护、绿化，各类工程中单独挖填的土石方，爆破工程
2	机械施工土石方	9.42	9.98	13.83	15.22	15.51	18.21	18.86	19.98	包括机械拆除工程，填级配碎石、砂砾石、渗水土，公路路面，各类工程中单独挖填的土石方
3	汽车运输土石方采用定额"增运"部分	5.90	4.99	5.40	6.12	6.29	6.63	6.79	7.35	包括隧道出砟洞外运输

类别代号	工程类别 \ 地区编号	1	2	3	4	5	6	7	8	附 注
		费率（%）								
4	特大桥、大桥	10.28	9.19	12.30	13.53	14.19	14.24	14.34	14.52	不包括梁部及桥面系
5	预制混凝土梁	27.56	22.14	37.67	41.38	44.65	44.92	45.42	46.31	包括桥面系
6	现浇混凝土梁	17.24	13.89	23.50	25.97	27.99	28.16	28.46	29.02	包括梁的横向连接和湿接缝，包括分段预制后拼接的混凝土梁
7	运架混凝土简支箱梁	4.68	4.68	4.81	5.16	5.25	5.40	5.49	5.73	—
8	隧道、明洞、棚洞，自采砂石	13.08	12.74	13.61	14.75	14.90	14.96	15.04	15.09	—
9	路基加固防护工程	16.94	16.25	18.89	20.19	20.35	20.59	20.80	20.94	包括各类挡土墙及抗滑桩
10	框架桥、中桥、小桥，涵洞、轮渡、码头、房屋、给水排水、工务、站场、其他建筑物等建筑工程	21.25	20.22	23.50	25.53	26.04	26.27	26.47	26.65	不包括梁式中、小桥梁部及桥面系
11	铺轨、铺岔，架设混凝土梁（简支箱梁除外）、钢梁、钢管拱	27.08	26.96	27.83	29.50	30.17	32.46	34.12	40.96	包括支座安装、轨道附属工程、线路备料
12	铺砟	10.33	9.07	12.38	13.71	13.94	14.52	14.86	15.99	包括线路沉落整修、道床清筛
13	无砟道床	27.66	23.60	35.25	38.90	41.35	41.55	41.93	42.60	包括道床过渡段
14	通信、信号、信息、电力、牵引变电、供电段、机车、车辆、动车，所有安装工程	25.30	25.40	25.80	27.75	28.03	28.30	28.70	29.55	—
15	接触网建筑工程	25.12	23.89	27.33	29.26	29.42	29.74	30.20	30.46	—

注：1. 对于设计速度不大于120km/h的工程，其机械施工土石方工程、铺架工程的施工措施费应按表4-9规定的费率计算，其余工程类别的费用采用表4-8中的规定。

2. 大型临时设施和过渡工程按表列同类正式工程的费率乘以0.45的系数计列。

设计速度不大于120km/h的工程施工措施费费率表　　　　　表4-9

工程类别 \ 地区编号	1	2	3	4	5	6	7	8
机械施工土石方	9.03	9.59	13.44	14.83	15.21	17.82	18.47	19.59
铺轨、铺岔，架设混凝土梁	25.33	25.21	26.08	27.75	28.42	30.71	32.38	39.21

8. 特殊施工增加费

1）风沙地区施工增加费

风沙地区施工增加费是指在内蒙古及以西地区的非固定沙漠北地区施工时，月平均风力在四级以上的风沙季节，进行室外建筑安装工程时，由于受风沙影响应增加的费用。

风沙地区施工增加费按下列算法计列：

风沙地区施工增加费＝室外建筑安装工程的定额工天×编制期综合工费单价×3％

2）高原地区施工增加费

高原地区施工增加费是指在海拔 2000m 以上的高原地区施工时，由于人工和机械受气候、气压的影响而降低工作效率所增加的费用。

高原地区施工增加费根据工程所在地的不同海拔高度，不分工程类别，按下列算法计列：

高原地区施工增加费＝定额工天×编制期综合工费单价×高原地区工天定额增加幅度＋定额机械台班量×编制期机械台班单价×高原地区机械台班定额增加幅度

高原地区施工定额增加幅度见表 4-10。

高原地区施工定额增加幅度 表 4-10

海 拔 高 度（m）	定额增加幅度（％）	
	工天定额	机械台班定额
2000～3000	12	20
3001～4000	22	34
4001～4500	33	54
4501～5000	40	60
5000 以上	60	90

3）原始森林地区施工增加费

原始森林地区施工增加费是指在原始森林地区进行新建或增建二线铁路施工，由于受气候影响，其路基土方工程应增加的费用。

原始森林地区施工增加费按下列算法计列：

原始森林地区施工增加费＝（路基土方工程的定额工天×编制期综合工费单价＋路基土方工程的定额机械台班量×编制期机械台班单价）×30％

4）行车干扰施工增加费

行车干扰施工增加费是指在不封锁的营业线上，在维持通车的情况下，进行建筑安装工程施工时，由于受行车影响造成局部停工或妨碍施工而降低工作效率等所需增加的费用。

（1）行车干扰施工增加费的计费范围

受行车干扰的范围见表 4-11。

行车干扰施工增加费计费范围 表 4-11

名称	受行车干扰范围	受行车干扰项目	包 括	不 包 括
路基	在行车线上或在行车线中心平距 5m 及以内	填挖土方、填石方	路基抬高落坡全部工程	路基加固防护及附属土石方工程

名称	受行车干扰范围	受行车干扰项目	包　括	不　包　括
路基	在行车线的路堑内	开挖土石方的全部数量以及路堑内的挡土墙、护墙、护坡、侧沟、吊沟的全部砌筑工程数量	以邻近行车线的股道为限	控制爆破开挖石方，路堤挡土墙、护坡
	平面跨越行车线运土石方	跨越运输的全部数量	隧道弃砟	—
桥涵	在行车线上或在行车线中心平距 5m 及以内	涵洞的主体圬工，桥梁工程的下部建筑主体圬工	桥梁的锥体护坡及桥头填土	桥涵的其他附属工程及桥梁的架立和桥面系等，框架桥、涵管的挖土、顶进，框架桥内、涵洞内的路面、排水等工程
隧道及明洞	在行车线的隧道、明洞内施工	改扩建隧道或增设通风、照明设备的全部工程数量	明洞、棚洞的挖基及衬砌工程	明洞、棚洞拱上的回填及防水层、排水沟等
轨道	在行车线上或在行车线中心平距 5m 及以内或在行车线的线间距不大于 5m 的邻线上施工	全部数量	拆铺、改拨线路，更换钢轨、轨枕及线路整修作业	线路备料
电力牵引供电	在行车线上或在行车线两侧中心距 5m 及以内或在行车线的线间距不大于 5m 的邻线上施工	在既有线上非封闭线路作业的全部数量和邻线未封闭而本线封闭线路作业的全部数量	—	封闭线路作业的项目（邻线未封闭的除外）；牵引变电及供电段的全部工程
其他室外建筑安装及拆除	在行车线上或在行车线两侧中心平距 5m 及以内	全部数量	靠行车线较近的基本站台、货物站台，天桥、灯桥，地道的上下楼梯，信号工程的室内安装	站台土方不跨线取土者

　　在封锁的营业线上施工（包括要点施工在内，封锁期间邻线行车的除外），在未移交正式运营的线路上施工和在避难线、安全线、存车线及其他段管线上施工均不计列行车干扰施工增加费。

　　（2）行车干扰施工增加费的计算

　　每次行车的行车干扰施工定额人工和机械台班增加幅度按 0.31% 计（接触网工程按 0.40% 计）。行车干扰施工定额增加幅度包含施工期间因行车而应做的整理和养护工作，以及在施工时为防护所需的信号工、电话工、看守工等的人工费用及防护用品的维修、摊销费用在内。

　　行车干扰施工增加费根据每昼夜的行车次数（以现行铁路局运输部门的计划运行图为准，所有计划外的小运转、轨道车、补机、加点车的运行等均不计算），按受行车干扰范围内的工程项目的工程数量，以其定额工天和机械台班量，乘以行车干扰施工定额增加幅度计算。

①土石方施工及跨股道运输的行车干扰施工增加费，不论施工方法如何，均按下列算法计列：

行车干扰施工增加费＝表 4-12 所列工天×编制期综合工费单价×受干扰土石方数量
×每昼夜行车次数×0.31％

土石方施工及跨股道运输计行车干扰的工天（工日/100m³ 天然密实体积）　表 4-12

序　号	工　作　内　容	土　方	石　方
1	仅挖、装（爆破石方仅为装）在行车干扰范围内	20.4	8.0
2	仅卸在行车干扰范围内	4.0	5.4
3	挖、装、卸（爆破石方为装、卸）均在行车干扰范围内	24.4	13.4
4	平面跨越行车线运输土石方，仅跨越一股道或跨越双线、多线股道的第一股道	15.7	23.0
5	平面跨越行车线运输土石方，每增跨一股道	3.1	4.6

②接触网工程的行车干扰施工增加费按下列算法计列：

行车干扰施工增加费＝受行车干扰范围内的工程数量×（所对应定额的应计行车干扰的工天×编制期综合工费单价＋所对应定额的应计行车干扰的机械台班量×编制期机械台班单价）×每昼夜行车次数×0.40％

③其他工程的行车干扰施工增加费按下列算法计列：

行车干扰施工增加费＝受行车干扰范围内的工程数量×（所对应定额的应计行车干扰的工天×编制期综合工费单价＋所对应定额的应计行车干扰的机械台班量×编制期机械台班单价）×每昼夜行车次数×0.31％

9. 间接费

间接费包括企业管理费、规费和利润。

1）间接费的费用内容

（1）企业管理费

企业管理费是指建筑安装企业组织施工生产和经营管理所需的费用。内容包括：

①管理人员工资。指管理人员的基本工资、津贴和补贴、辅助工资、职工福利费、劳动保护费等。

②办公费。指管理办公用的文具、纸张、账表、印刷、邮电、书报、宣传、会议、水、电、烧水和集体取暖用煤等费用。

③差旅交通费。指职工因公出差、调动工作的差旅费，助勤补助费，市内交通费和误餐补助费，职工探亲路费，劳动力招募费，职工退休、退职一次性路费，工伤人员就医路费以及管理部门使用的交通工具的油料、燃料、养路费及牌照费。

④固定资产使用费。指管理和试验部门及附属生产单位使用的属于固定资产的房屋、车辆、设备仪器等的折旧、大修、维修或租赁费。

⑤工具用具使用费。指管理和试验部门使用的不属于固定资产的生产工具、器具、家具、交通工具和检验、试验、测绘、消防用具等的购置、维修和摊销费。

⑥财产保险费。指施工管理用财产、车辆的保险费用。

⑦税金。指企业按规定缴纳的房产税、车船使用税、土地使用税、印花税等各项税费。

⑧施工单位进退场及工地转移费。指施工单位根据建设任务需要，派遣人员和机具设备从基地迁往工程所在地或从一个项目迁至另一个项目所发生的往返搬迁费用及施工队伍在同一建设项目内，因工程进展需要，在本建设项目内往返转移，以及民工上、下路所发生的费用。包括：承担任务职工的调遣差旅费，调遣期间的工资，施工机械、工具、用具、周转性材料及其他施工装备的搬运费用；施工队伍在转移期间所需支付的职工工资、差旅费、交通费、转移津贴等；民工的上、下路所需车船费、途中食宿补贴及行李运费等。

⑨劳动保险费。指由企业支付离退休职工的易地安家补助费、职工退职金、6个月以上病假人员的工资、职工死亡丧葬补助费、抚恤费以及按规定支付给离休干部的各项经费等。

⑩工会经费。指企业按照职工工资总额计提的工会经费。

⑪职工教育经费。指企业为职工学习先进技术和提高文化水平，按职工工资总额计提的费用。

⑫财务费用。指企业为筹集资金而发生的各种费用，包括企业经营期间发生的短期贷款利息净支出，金融机构手续费，以及其他财务费用。

⑬其他。包括技术转让费、技术开发费、业务招待费、绿化费、广告费、公证费、法律顾问费、审计费、咨询费、无形资产摊销费、投标费、企业定额测定费等。

（2）规费

规费是指政府和有关部门规定必须缴纳的费用。内容包括：

①社会保障费。指企业按规定缴纳的基本养老保险费、失业保险费、基本医疗保险费、工伤保险费、生育保险费。

②住房公积金。指企业按规定缴纳的住房公积金。

③工程排污费。指施工现场按规定缴纳的工程排污费用。

（3）利润

利润是指施工企业完成所承包的工程获得的盈利。

2）间接费的费用计算

间接费按下列算法计列：

间接费＝Σ（基期人工费＋基期施工机械使用费）×费率

间接费费率按不同的工程类别，采用表4-13所规定的费率。

间 接 费 费 率

表4-13

类别代号	工 程 类 别	费率（%）	附　　注
1	人力施工土石方	59.7	包括人力拆除工程，绿色防护、绿化，各类工程中单独挖填的土石方，爆破工程
2	机械施工土石方	19.5	包括机械拆除工程，填级配碎石、砂砾石、渗水土，公路路面，各类工程中单独挖填的土石方

类别代号	工 程 类 别	费率（%）	附 注
3	汽车运输土石方采用定额"增运"部分	9.8	包括隧道出砟洞外运输
4	特大桥、大桥	23.8	不包括梁部及桥面系
5	预制混凝土梁	37.6	包括桥面系
6	现浇混凝土梁	38.7	包括梁的横向连接和湿接缝，包括分段预制后拼接的混凝土梁
7	运架混凝土简支箱梁	24.5	—
8	隧道、明洞、棚洞，自采砂石	29.6	—
9	路基加固防护工程	36.5	包括各类挡土墙及抗滑桩
10	框架桥、中桥、小桥，涵洞、轮渡、码头、房屋、给水排水、工务、站场、其他建筑物等建筑工程	52.1	不包括梁式中、小桥梁部及桥面系
11	铺轨、铺岔，架设混凝土梁（简支箱梁除外）、钢梁、钢管拱	97.4	包括支座安装、轨道附属工程、线路备料
12	铺砟	32.5	包括线路沉落整修、道床清筛
13	无砟道床	73.5	包括道床过渡段
14	通信、信号、信息、电力、牵引变电、供电段、机务、车辆、动车，所有安装工程	78.9	—
15	接触网建筑工程	69.5	—

注：大型临时设施和过渡工程按表列同类正式工程的费率乘以 0.8 的系数计列。

10. 税金

税金是指按国家税法规定应计入建筑安装工程造价内的营业税、城市维护建设税及教育费附加。

1）税金计列标准

根据国家规定，税金计列标准如下：

（1）营业税按营业额的 3% 计列。

（2）城市维护建设税以营业税税额作为其计税基数，其税率随纳税人所在地不同而异，即市区按 7%，县城、镇按 5%，不在市区、县城或镇者按 1% 计列。

（3）教育费附加按营业税的 3% 计列。

2）税金的计算

为简化概（预）算编制，税金统一按建筑安装工程费（不含税金）的 3.35% 计列。

税金 = （直接费 + 间接费）× 3.35%

11. 价差调整

价差调整是指基期至概（预）算编制期、概（预）算编制期至工程结（决）算期对价格所作的合理调整。

1）价差调整的阶段划分

铁路工程造价价差调整的阶段，分为基期至设计概（预）算编制期和设计概（预）算编制期至工程结（决）算期两个阶段。

（1）基期至设计概（预）算编制期所发生的各项价差，由设计单位在编制概（预）算时，按本办法规定的价差调整方法计算，列入单项概（预）算。

（2）设计概（预）算编制期至工程结（决）算期所发生的各项价差调整，应符合国家有关政策，充分体现市场价格机制，按合同约定办理。

2）价差调整的内容

价差调整包括人工费、材料费、施工机械使用费、设备费等主要项目基期至设计概（预）算编制期价差的调整。

3）价差调整方法

（1）人工费价差

人工费价差＝Σ定额人工消耗量（不包括施工机械台班中的人工）×（编制期综合工费单价－基期综合工费单价）

（2）材料费价差

①水泥、木材、钢材、砖、瓦、砂、石、石灰、黏土、土工材料、花草苗木、钢轨、道岔、轨枕、钢梁、钢管拱、斜拉索、钢筋混凝土梁、铁路桥梁支座、钢筋混凝土预制桩、电杆、铁塔、机柱、接触网支柱、接触网及电力线材、光电缆线、给水排水管材等材料的价差。

材料费价差＝Σ定额材料消耗量×（编制期材料价格－基期材料价格）

②水、电价差（不包括施工机械台班消耗的水、电）。

水、电价差＝Σ定额材料消耗量×（编制期水、电的价格－基期水、电的价格）

③其他材料的价差。

其他材料的价差以定额消耗材料的基期价格为基数，按部颁材料价差系数调整，系数中不含机械台班中的油燃料价差。

其他材料的价差＝Σ其他材料基期材料价格×（价差系数－1）

（3）施工机械使用费价差

施工机械使用费价差＝Σ定额机械台班消耗量×（编制期施工机械台班单价－基期施工机械台班单价）

（4）设备费的价差

编制设计概（预）算时，以现行的《铁路工程建设设备预算价格》中的设备原价作为基期设备原价。编制期设备原价由设计单位按照国家或主管部门发布的信息价和生产厂家的现行出厂价分析确定。基期至编制期设备原价的差额，按价差处理，不计取运杂费。

12. 大型临时设施和过渡工程费

指施工企业为进行建筑安装工程施工及维持既有线正常运营，根据施工组织设计确定所需的大型临时建筑物和过渡工程修建及拆除恢复所发生的费用。

1）项目及费用内容

（1）大型临时设施（简称大临）

①铁路岔线、便桥。指通往混凝土成品预制厂、材料厂、道砟场（包括砂、石场）、轨节拼装场、长钢轨焊接基地、钢梁拼装场、制（存）梁场的岔线，机车转向用的三角线和架梁岔线，独立特大桥的起重机走行线，以及重点桥隧等工程专设的运料岔线等。

②铁路便线、便桥。指混凝土成品预制厂、材料厂、道砟场（包括砂、石场）、轨节拼装场、长钢轨焊接基地、钢梁拼装场、制（存）梁场等场（厂）内为施工运料所需修建的便线、便桥。

③汽车运输便道。指通行汽车的运输干线及其通往隧道、特大桥、大桥和轨节拼装场、混凝土成品预制厂、材料厂、砂石场、钢梁拼装场、制（存）梁场、混凝土集中拌合站、填料集中拌合站、大型道砟存储场、长钢轨焊接基地、换装站等的引入线，以及机械化施工的重点土石方工点的运输便道。

④运梁便道。指专为运架大型混凝土成品梁而修建的运输便道。

⑤轨节拼装场、混凝土成品预制厂、材料厂、制（存）梁场、钢梁拼装场、混凝土集中拌合站、填料集中拌合站、大型道砟存储场、长钢轨焊接基地、换装站等的场地土石方、圬工及地基处理。

⑥通信工程。指困难山区（起伏变化很大或比高大于 80m 的山地）铁路施工所需的临时通信干线（包括由接轨点最近的交接所为起点所修建的通信干线），不包括由干线到工地或施工地段沿线各施工队伍所在地的引入线、场内配线和地区通信线路。当采用无线通信时，其费用应控制在有线通信临时工程费用水平内。

⑦集中发电站、集中变电站（包括升压站和降压站）。

⑧临时电力线（供电电压在 6kV 及以上）。包括临时电力干线及通往隧道、特大桥、大桥和混凝土成品预制厂、材料厂、砂石场、钢梁拼装场、制（存）梁场等的引入线。

⑨给水干管路。指为解决工程用水而铺设的给水干管路（管径 100mm 及以上或长度 2km 及以上）。

⑩为施工运输服务的栈桥、缆索吊、渡口、码头、浮桥、吊桥、天桥、地道。指通行汽车为施工服务者。铁路便线、岔线、便桥和汽车运输便道的养护费。修建"大临"而发生的租用土地、青苗补偿、拆迁补偿、复垦及其他所有与土地有关的费用等。

（2）过渡工程

过渡工程指由于改建既有线、增建第二线等工程施工，需要确保既有线（或车站）运营工作的安全和不间断地运行，同时为了加快建设进度，尽可能地减少运输与施工之间的相互干扰和影响，从而对部分既有工程设施必须采取的施工过渡措施。

过渡工程内容包括临时性便线、便桥和其他建筑物及设备，以及由此引起的租用土地、青苗补偿、拆迁补偿、复垦及其他所有与土地有关的费用等。

2）费用计算规定

（1）大型临时设施和过渡工程，应根据施工组织设计确定的项目、规模及工程量，按本办法规定的各项费用标准，采用定额或分析指标，按单项概（预）算计算程序计算。

（2）大型临时设施和过渡工程，均应结合具体情况，充分考虑借用本建设项目正式工程的材料，以尽可能节约投资，其有关费用的计算规定如下。

①借用正式工程的材料：

a. 钢轨、道岔计列一次铺设的施工损耗，钢轨配件、轨枕、电杆计列铺设和拆除各一次的施工损耗（拆除损耗与铺设同），便桥枕木垛所用的枕木计列一次搭设的施工损耗。

b. 借用表 4-2 中所列的材料，计列由材料堆存地点至使用地点和使用完毕由材料使用地点运至指定归还地点的运杂费，其余材料不另计运杂费。

c. 借用正式工程的材料，在概（预）算中一律不计折旧费，损耗率均按《铁路工程基本定额》执行。

②使用施工企业的工程器材：

a. 使用施工企业的工程器材，按表 4-14 所列的施工器材年使用费率计算使用费。

临时工程施工器材年使用费率　　　　　　　　　表 4-14

序　号	材　料　名　称	年使用费率（％）
1	钢轨、道岔	5
2	钢筋混凝土枕、钢筋混凝土电杆	8
3	钢铁构件、钢轨配件、铁横担、钢管	10
4	油枕、油浸电杆、铸铁管	12.5
5	木制构件	15
6	素枕、素材电杆、木横	20
7	通信、信号及电力线材（不包括电杆及横担）	30

注：1. 不论按摊销或折旧计算，均一律按表列费率作为编制概（预）算的依据。其中通信、信号及电力线材的使用年限超过 3 年时，超过部分的年使用费率按 10％计。困难山区使用的钢筋混凝土电杆，不论其使用年限多少，均按 100％摊销。

　　2. 计算单位为季度，不足一季度的按一季度计。

b. 以上材料、构件的运杂费，属表 4-2 所列材料类别的，计列由始发地点至使用地点的往返运杂费，其余不再另计运杂费。

③利用旧道砟，除计运杂费外，还应计列必要的清筛费用。

④不能倒用的材料，如圬工用料、道砟（不能倒用时），计列全部价值。

（3）铁路便线、岔线、便桥的养护费计费标准：

为使铁路便线、岔线、便桥经常保持完好状态，其养护费按表 4-15 规定的标准计列。

铁路便线、岔线、便桥养护费　　　　　　　　　表 4-15

项　目	人　工	零星材料费	道砟（m³/月·km）3 个月以内	3～6 个月	6 个月以上
便线、岔线	32 工日/（月·km）	—	20	10	5
便桥	11 工日/（月·百换算米）	1.25 元/（月·延长米）	—	—	—

注：1. 人工费按概（预）算综合工费标准计算。

　　2. 便线、岔线长度不满 100m 者，按 100m 计；便桥长度不满 1m 者，按 1m 计。计算便线、岔线长度，不扣除道岔及便桥长度。

　　3. 便桥换算长度的计算：钢梁桥：1m＝1 换算米；木便桥：1m＝1.5 换算米；圬工及钢筋混凝土梁桥：1m＝0.3 换算米。

　　4. 养护的期限，根据施工组织设计确定，按月计算，不足一个月者按一个月计。

　　5. 道砟数量采用累计法计算（例，1km 便线当其使用期为一年时，所需道砟数量＝3×20＋3×10＋6×5＝120m³）。

　　6. 费用内包括冬期积雪清除和雨期养护等一切有关养护费用。

　　7. 架梁及存梁岔线等，均不计列养护费。

　　8. 便线、岔线、便桥，如通行工程列车或临管列车，并按有关规定计列运费者，因运价中已包括了养护费用，不应另列养护费；如修建的临时岔线（如运土、运料岔线等）只计取送车费或机车、车辆租用费者，可计列养护费。

　　9. 营业线上施工，为保证不间断行车而修建通行正式运营列车的便线、便桥，在未办理交接前，其养护费按照表列规定加倍计算。

（4）汽车运输便道养护费计费标准：

为使通行汽车运输便道经常保持完好的状态，其养护费按表 4-16 规定的标准计算。

汽车运输便道养护费   表 4-16

项　　目		人　　工	碎石或粒料
		工日/（月·km）	m³/（月·km）
土路	—	15	—
粒料路（包括泥结碎石路面）	干线	25	2.5
	引入线	15	1.5

注：1. 人工费按概（预）算综合工费标准计算。

2. 计算便道长度，不扣除便桥长度。不足 1km 者按 1km 计。

3. 养护的期限，根据施工组织设计确定，按月计算，不足一个月者按一个月计。

4. 费用内包括冬季积雪清除和雨季养护等一切有关养护费用。

5. 便道中的便桥不另计养护费。

4.4　综合预算费用构成

4.4.1　设备购置费

设备购置费是指构成固定资产标准的设备购置和虽低于固定资产标准，但属于设计明确列入设备清单的设备，按设计确定的规格、型号、数量，以设备原价加设备运杂费计算的购置费用。工程竣工验交时，设备（包括备品备件）应移交运营部门。

购买计算机硬件设备时所附带的软件若不单独计价，其费用应随设备硬件一起列入设备购置费中。

1. 设备购置费的内容

1）设备原价

指设计单位根据生产厂家的出厂价及国家机电产品市场价格目录和设备信息价等资料综合确定的设备原价。内容包括按专业标准规定的保证在运输过程中不受损失的一般包装费，及按产品设计规定配带的工具、附件和易损件的费用。非标准设备的原价（包括材料费、加工费及加工厂的管理费等），可按厂家加工订货等价格资料，并结合设备信息价，经分析论证后确定。

2）设备运杂费

设备自生产厂家（来源地）运至施工工地料库（或安装地点）所发生的运输费、装卸费、供销部门手续费、采购及保管费等统称为设备运杂费。

2. 设备购置费的计算规定

（1）编制设计概（预）算时，采用现行的《铁路工程建设设备预算价格》中的设备原价，作为基期设备原价。编制期设备原价由设计单位根据调查资料确定。编制期与基期设备原价的差额按价差处理，直接列入设备购置费中。缺项设备由设计单位进行补充。

（2）设备运杂费：为简化概（预）算编制工作，设备运杂费以基期设备原价为计算基数，一般地区按 6.1% 计列，新疆、西藏按 7.8% 计列。

4.4.2 其他费

其他费是指根据有关规定，应由基本建设投资支付并列入建设项目总概（预）算内，除建筑安装工程费、设备购置费以外的有关费用。

1. 土地征用及拆迁补偿费

土地征用及拆迁补偿费是指按照《中华人民共和国土地管理法》的规定，为进行铁路建设所支付的土地征用及拆迁补偿费用。内容包括：

（1）土地征用补偿费：土地补偿费，安置补助费，被征用土地地上、地下附着物及青苗补偿费，征用城市郊区菜地交纳的菜地开发建设基金，征用耕地交纳的耕地开垦费，耕地占用税等。

（2）拆迁补偿费：被征用土地上的房屋及附属构筑物、城市公共设施等的迁建补偿费等。

（3）土地征用、拆迁建筑物手续费：在办理征地拆迁过程中，所发生的相关人员的工作经费及土地登记管理费等。

（4）用地勘界费：委托有资质的土地勘界机构对铁路建设用地界进行勘定所发生的费用。

土地征用补偿费、拆迁补偿费应根据设计提出的建设用地面积和补偿动迁工程数量，按工程所在地区的省、自治区、直辖市人民政府颁发的各项规定和标准计列。

土地征用、拆迁建筑物手续费按土地补偿费与征用土地安置补助费的 0.4% 计列。

用地勘界费按国家和工程所在地区的省、自治区、直辖市人民政府的有关规定计列。

2. 建设项目管理费

1）建设单位管理费

建设单位管理费是指建设单位从筹建之日起至办理竣工财务决算之日止发生的管理性质开支。

内容包括：工作人员工资、基本养老保险费、基本医疗保险费、失业保险费、工伤保险费、生育保险费、住房公积金，办公费、差旅交通费、劳动保护费、工具用具使用费、固定资产使用费、零星购置费、招募生产工人费、技术图书资料费、印花税、业务招待费、施工现场津贴、竣工验收费和其他管理性质开支。

建设单位管理费以第二章至第十章［此处指铁路基本建设工程的概（预）算费用中所指的章，下同］的费用总额为计算基数，按表 4-17 所规定的费率采用累进法计列。

建设单位管理费费率 表 4-17

第二章至第十章的 费用总额（万元）	费率（%）	算例（万元）	
		基　　数	建设单位管理费
500 及以内	1.74	500	$500 \times 1.74\% = 8.7$
501～1000	1.64	1000	$8.7 + 500 \times 1.64\% = 16.9$
1001～5000	1.35	5000	$16.9 + 4000 \times 1.35\% = 70.9$
5001～10000	1.10	10000	$70.9 + 5000 \times 1.10\% = 125.9$
10001～50000	0.87	50000	$125.9 + 40000 \times 0.87\% = 473.9$
50001～100000	0.48	100000	$473.9 + 50000 \times 0.48\% = 713.9$
100001～200000	0.20	200000	$713.9 + 100000 \times 0.20\% = 913.9$
200000 以上	0.10	300000	$913.9 + 100000 \times 0.10\% = 1013.9$

例 4-6　某铁路建设项目第二章至第十章的费用总和为 56000 万元，试计算该项目的建设单位管理费。

解：根据表 4-17 提供的建设单位管理费费率，按累进法计算的建设单位管理费为：

$$473.9+(56000-50000)\times0.48\%=502.70 \text{ 万元}$$

2）建设管理其他费

建设管理其他费包括：建设期交通工具购置费，建设单位前期工作费，建设单位招标工作费，审计（查）费，合同公证费，经济合同仲裁费，法律顾问费，工程总结费，宣传费，按规定应缴纳的税费，以及要求施工单位对具有出厂合格证明的材料进行试验、对构件进行破坏性试验及其他特殊要求检验试验的费用等。

建设期交通工具购置费按表 4-18 所列的标准计列，其他费用按第二章至第十章的费用总额的 0.05% 计列。

建设期交通工具购置标准　　　　　　　　　　表 4-18

线路长度（正线公里）	交通工具配置情况		
	数量（台）		价格（万元/台）
	平原丘陵区	山　区	
100 及以内	3	4	20～40
101～300	4	5	
301～700	6	7	
700 以上	8	9	

注：1. 平原丘陵区指起伏小或比高不大于 80m 的地区；山区指起伏大或比高大于 80m 的山地。

　　2. 工期 4 年及以上的工程，在计算建设期交通工具购置费时，均按 100% 摊销；工期小于 4 年的工程，在计算建设期交通工具购置费时，按每年 25% 计算。

　　3. 海拔 4000m 以上的工程，交通工具价格另行分析确定。

3）建设项目管理信息系统购建费

建设项目管理信息系统购建费是指为利用现代信息技术，实现建设项目管理信息化需购建项目管理信息系统所发生的费用，包括有关设备购置与安装、软件购置与开发等。

建设项目管理信息系统购建费按铁道部的有关规定计列。

4）工程监理与咨询服务费

工程监理与咨询服务费是指由建设单位委托具有相应资质的单位，在铁路建设项目的招标投标、勘察、设计、施工、设备采购监造（包括设备联合调试）等阶段实施监理与咨询的费用（设计概（预）算中每项监理与咨询服务费应列出详细条目）。内容包括如下方面。

（1）招标投标咨询服务费

招标投标咨询服务费按国家和铁道部的有关规定计列。

（2）勘察监理与咨询费

勘察监理与咨询费按国家和铁道部的有关规定计列。

（3）设计咨询服务费

设计咨询服务费按国家和铁道部的有关规定计列。

（4）施工监理与咨询费

其中，施工监理费以第二章至第九章的建筑安装工程费用总额为基数，按表4-19的费率采用内插法计列，施工咨询费按国家和铁道部的有关规定计列。

施工监理费费率　　　　　　　　　　　　　　　　　　　　表4-19

第二章至第九章的建筑安装 工程费用总额 M（万元）	费率 b（%）	
	新建单线、独立工程、增建二线、 电气化改造工程	新建双线
$M \leqslant 500$	2.5	
$500 < M \leqslant 1000$	$2.5 > b \geqslant 2.0$	
$1000 < M \leqslant 5000$	$2.0 > b \geqslant 1.7$	
$5000 < M \leqslant 10000$	$1.7 > b \geqslant 1.4$	0.7
$10000 < M \leqslant 50000$	$1.4 > b \geqslant 1.1$	
$50000 < M \leqslant 100000$	$1.1 > b \geqslant 0.8$	
$M > 100000$	0.8	

（5）设备采购监造监理与咨询费

设备采购监造监理与咨询费按国家和铁道部的有关规定计列。

5）工程质量检测费

工程质量检测费是指为保证工程质量，根据铁道部的规定由建设单位委托具有相应资质的单位对工程进行检测所需的费用。

工程质量检测费按国家和铁道部的有关规定计列。

6）工程质量安全监督费

工程质量安全监督费是指按国家有关规定实行工程质量安全监督所发生的费用。

工程质量安全监督费按第二章至第十章的费用总额的 0.02%～0.07%计列。

7）工程定额测定费

工程定额测定费是指为制定铁路工程定额和计价标准，实现对铁路工程造价的动态管理而发生的费用。

工程定额测定费按第二章至第九章的建筑安装工程费用总额的 0.01%～0.05%计列。

8）施工图审查费

施工图审查费是指建设主管部门认定的施工图审查机构按照有关法律、法规，对施工图涉及公共利益、公共安全和工程建设强制性标准的内容进行审查所需的费用。

施工图审查费按国家和铁道部的有关规定计列。

9）环境保护专项监理费

环境保护专项监理是指为保证铁路施工对环境及水土保持不造成破坏，而从环保的角度对铁路施工进行专项检测、监督、检查所发生的费用。

环境保护专项监理费按国家有关部委及建设项目所经过的省、自治区、直辖市环保监理部门的有关规定计列。

10）营业线施工配合费

营业线施工配合费是指施工单位在营业线上进行建筑安装工程施工时，需要运营单位在施工期间参加配合工作所发生的费用（含安全监督检查费用）。

营业线施工配合费按不同工程类别的计算范围，以编制期人工费与编制期施工机械使用费之和为基数，乘以表 4-20 所列费率计列。

营业线施工配合费费率　　　　　　　　　　　　　　表 4-20

工程类别	费率（%）	计算范围	说　明
一、路基			
1. 石方爆破开挖	0.5	既有线改建、既有线增二线需要封锁线路作业的爆破	不含石方装、运、卸及压实、码砌
2. 路基基床加固	0.9	挤密桩等既有基床加固及基床换填	仅限于行车线路基，不含土石方装、运、卸
二、桥涵			
1. 架梁	9.1	既有线改建、增建二线拆除和架设成品梁	增建二线限于线间距 10m 以内
2. 既有桥涵改建	2.7	既有桥梁墩台、基础的改建、加固，既有桥梁部加固；既有涵洞接长、加固、改建	—
3. 顶进框架桥、顶进涵洞	1.4	行车线加固及防护，行车线范围内主体的开挖及顶进	不包括主体预制、工作坑、引道、土方外运及框架桥、涵洞内的路面、排水等工程
三、隧道及明洞	4.1	需要封锁线路作业的既有隧道及明、棚洞的改建、加固、整修	—
四、轨道			
1. 正线铺轨	3.5	既有轨道拆除、起落、重铺及拨移；换铺无缝线路	仅限于行车线
2. 铺岔	5.5	既有道岔拆除、起落、重铺及拨移	仅限于行车线
3. 道床	2.4	既有道床扒除、清筛、回填或换铺、补砟及沉落整修	仅限于行车线
五、通信、信息	2.0	通信、信息改建建安工程	—
六、信号	24.4	信号改建建安工程	—
七、电力	1.1	电力改建建安工程	—
八、接触网	2.0	既有线增建电气化接触网建安工程和既有电气化改造接触网建安工程	已含牵引变电所、供电段等工程的施工配合费
九、给水排水	0.5	全部建安工程	—

3. 建设项目前期工作费

建设项目前期工作费包括如下方面。

1）项目筹融资费

项目筹融资费是指为筹措项目建设资金而支付的各项费用。主要包括向银行借款的手续费以及为发行股票、债券而支付的各项发行费用等。

项目筹融资费根据项目融资情况，按国家和铁道部的有关规定计列。

2）可行性研究费

可行性研究费是指编制和评估项目建议书（或预可行性研究报告）、可行性研究报告所需的费用。

可行性研究费按国家和铁道部的有关规定计列。

3）环境影响报告编制与评估费

环境影响报告编制与评估费是指按照有关规定编制与评估建设项目环境影响报告所发生的费用。

环境影响报告编制与评估费按国家和铁道部的有关规定计列。

4）水土保持方案报告编制与评估费

水土保持方案报告编制与评估费是指按照有关规定编制与评估建设项目水土保持方案报告所发生的费用。

水土保持方案报告编制与评估费按国家和铁道部的有关规定计列。

5）地质灾害危险性评估费

地质灾害危险性评估费是指按照有关规定对建设项目所在地区的地质灾害危险性进行评估所需的费用。

地质灾害危险性评估费按国家的有关规定计列。

6）地震安全性评估费

地震安全性评估费是指按照有关规定对建设项目进行地震安全性评估所需的费用。

地震安全性评估费按国家的有关规定计列。

7）洪水影响评价报告编制费

洪水影响评价报告编制费是指按照有关规定就洪水对建设项目可能产生的影响和建设项目对防洪可能产生的影响作出评价，并编制洪水影响评价报告所需的费用。

洪水影响评价报告编制费按国家的有关规定计列。

8）压覆矿藏评估费

压覆矿藏评估费是指按照有关规定对建设项目压覆矿藏情况进行评估所需的费用。

压覆矿藏评估费按国家的有关规定计列。

9）文物保护费

文物保护费是指按照有关规定对受建设项目影响的文物进行原址保护、迁移、拆除所需的费用。

文物保护费按国家的有关规定计列。

10）森林植被恢复费

森林植被恢复费是指按照有关规定缴纳的所征用林地的植被恢复费用。

森林植被恢复费按国家的有关规定计列。

11）勘察设计费

（1）勘察费：指勘察单位根据国家的有关规定，按承担任务的工作量应收取的勘察费用。

勘察费按国家主管部门颁发的工程勘察收费标准和铁道部的有关规定计列。

（2）设计费：指设计单位根据国家的有关规定，按承担任务的工作量应收取的设计费用。

设计费按国家主管部门颁发的工程设计收费标准和铁道部的有关规定计列。

（3）标准设计费：指采用铁路工程建设标准设计图所需支付的费用。

标准设计费按国家主管部门颁发的工程设计收费标准和铁道部的有关规定计列。

4. 研究试验费

研究试验费是指为建设项目提供或验证设计数据、资料等所进行的必要的研究试验，以及按照设计规定在施工中必须进行的试验、验证所需的费用。不包括：

（1）应由科技三项费用（即新产品试制费、中间试验费和重要科学研究补助费）开支的项目。

（2）应由检验试验费开支的施工企业对建筑材料、设备、构件和建筑物等进行一般鉴定、检查所发生的费用及技术革新的研究试验费。

（3）应由勘察设计费开支的项目。

研究试验费应根据设计提出的研究试验内容和要求，经建设主管单位批准后按有关规定计列。

5. 计算机软件开发与购置费

计算机软件开发与购置费是指购买计算机硬件所附带的单独计价的软件，或需另行开发与购置的软件所需的费用。不包括项目建设、设计、施工、监理、咨询工作所需软件。

计算机软件开发与购置费应根据设计提出的开发与购置计划，经建设主管单位批准后按有关规定计列。

6. 配合辅助工程费

配合辅助工程费是指在该建设项目中，凡全部或部分投资由铁路基本建设投资支付修建的工程，而修建后的产权不属铁路部门所有者，其费用应按协议额或具体设计工程量，按编制办法的有关规定计算完整的第一章至第十一章的概（预）算费用。

7. 联合试运转及工程动态检测费

联合试运转及工程动态检测费是指铁路建设项目在施工全面完成后至运营部门全面接收前，对整个系统进行负荷或无负荷联合试运转或进行工程动态检测所发生的费用。包括所需的人工、原料、燃料、油料和动力的费用，机械及仪器、仪表使用费用，低值易耗品及其他物品的购置费用等。

联合试运转及工程动态检测费的计算方法：

1）需要临管运营的，按 0.15 万元/正线公里计列。

2）不需临管运营而直接交付运营部门接收的，按下列指标计列：

（1）新建单线铁路：3.0 万元/正线公里；

（2）新建双线铁路：5.0 万元/正线公里；

（3）时速 200km 及以上客运专线铁路联合试运转费另行分析确定。

8. 生产准备费

生产准备费的内容包括以下方面。

1）生产职工培训费

生产职工培训费指新建和改扩建铁路工程，在交验投产以前对运营部门生产职工进行培训所必需的费用。

内容包括：培训人员的工资、津贴和补贴、职工福利费、差旅交通费、劳动保护费、培训及教学实习费等。

生产职工培训费按表4-21所规定的标准计列。

生产职工培训费标准（元/正线公里铁路类别）　　　　表4-21

铁路类别 线路类别	非电气化铁路	电气化铁路
新建单线	7500	11200
新建双线	11300	16000
增建第二线	5000	6400
既有线增建电气化	—	3200

注：时速200km及以上客运专线铁路的办公和生活家具购置费另行分析确定。

2）办公和生活家具购置费

办公和生活家具购置费指为保证新建、改扩建项目初期正常生产、使用和管理，所必需购置的办公和生活家具、用具的费用。

内容包括：行政、生产部门的办公室、会议室、资料档案室、文娱室、食堂、浴室、单身宿舍、行车公寓等的家具用具。

不包括应由企业管理费、奖励基金或行政开支的改扩建项目所需的办公和生活家具购置费。

办公和生活家具购置费按表4-22所规定的标准计列。

办公和生活家具购置费标准（元/正线公里铁路类别）　　　　表4-22

铁路类别 线路类别	非电气化铁路	电气化铁路	铁路类别 线路类别	非电气化铁路	电气化铁路
新建单线	6000	7000	增建第二线	3500	4000
新建双线	9000	10000	既有线增建电气化	—	2000

注：时速200km及以上客运专线铁路的办公和生活家具购置费另行分析确定。

3）工器具及生产家具购置费

工器具及生产家具购置费是指新建、改建项目和扩建项目的新建车间，验交后为满足初期正常运营必须购置的第一套不构成固定资产的设备、仪器、仪表、工卡模具、器具、工作台（框、架、柜）等的费用。不包括：构成固定资产的设备、工器具和备品、备件；已列入设备购置费中的专用工具和备品、备件。

工器具及生产家具购置费按表4-23所规定的标准计列。

工器具及生产家具购置费标准（元/正线公里铁路类别）　　　　表4-23

铁路类别 线路类别	非电气化铁路	电气化铁路	铁路类别 线路类别	非电气化铁路	电气化铁路
新建单线	12000	14000	增建第二线	7000	8000
新建双线	18000	20000	既有线增建电气化	—	4000

注：时速200km及以上客运专线铁路的工器具及生产家具购置费另行分析确定。

9. 其他

指以上费用之外的，经铁道部批准或国家和部委及工程所在省、自治区、直辖市规定应纳入设计概（预）算的费用。

4.4.3 基本预备费

1. 基本预备费的主要用途

（1）在进行设计和施工过程中，在批准的设计范围内，必须增加的工程和按规定需要增加的费用。本项费用不含Ⅰ类变更设计增加的费用。

（2）在建设过程中，未投保工程遭受一般自然灾害所造成的损失和为预防自然灾害所采取的措施费用，及为了规避风险而投保全部或部分工程的建筑、安装工程一切险和第三者责任险的费用。

（3）验收委员会（或小组）为鉴定工程质量，必须开挖和修复隐蔽工程的费用。

（4）由于设计变更所引起的废弃工程，但不包括施工质量不符合设计要求而造成的返工费用和废弃工程。

（5）征地、拆迁的价差。

2. 基本预备费的计算方法

$$基本预备费 = \sum_{i=1}^{n}（建筑安装工程费_i + 设备购置费_i + 其他费_i）\times 基本预备费费率$$

式中 i 为章号，$i=1, 2, 3, \cdots, 11$。

基本预备费费率，初步设计概算按5%计列，施工图预算、投资检算按3%计列。

4.4.4 动态投资

1. 工程造价增涨预留费

工程造价增涨预留费指为正确反映铁路基本建设工程项目的概（预）算总额，在设计概（预）算编制年度到项目建设竣工的整个期限内，因形成工程造价诸因素的正常变动（如材料、设备价格的上涨，人工费及其他有关费用标准的调整等），导致必须对该建设项目所需的总投资额进行合理的核定和调整，而需预留的费用。

工程造价增涨预留费应根据建设项目施工组织设计安排，以其分年度投资额及不同年限，按国家及铁道部公布的工程造价年上涨指数计算。计算公式为：

$$E = \sum_{n=1}^{N} F_n[(1+p)^{c+n} - 1]$$

式中 E——工程造价增涨预留费；

N——施工总工期（年）；

F_n——施工期第 n 年的分年度投资额；

c——编制年至开工年年限（年）；

n——开工年至结（决）算年年限（年）；

p——工程造价年增长率。

例 4-7 某铁路建设项目，建设期为三年。分年度投资额为第一年30000万元；第二年为40000万元；第三年为30000万元，编制期至开工期为一年，工程造价年增长率为3%，则该铁路建设项目的工程造价增涨预留费为多少？

解： $E = 30000 \times [(1+3\%)^{1+1} - 1] + 40000 \times [(1+3\%)^{1+2} - 1] + 30000$

$$\times[(1+3\%)^{1+3}-1]$$
$$=1827+3709.08+3765.26$$
$$=9301.34 \text{ 万元}$$

2. 建设期投资贷款利息

建设期投资贷款利息是指建设项目中分年度使用国内贷款，在建设期应归还的贷款利息。

建设期投资贷款利息＝（年初付息贷款本金累计＋本年度付息贷款额÷2）×年利率，即

$$S = \sum_{n=1}^{N} \left(\sum_{m=1}^{N} F_m \times b_m + F_n \times b_n \div 2 \right) \times i$$

式中　S——建设期投资贷款利息；

　　　N——建设总工期；

　　　n——施工年度；

　　　m——还息年度；

F_n、F_m——在建设的第 n、m 年的分年度资金供应量；

b_n、b_m——在建设的第 n、m 年的还息贷款占当年投资的比例；

　　　i——建设期贷款年利率。

例 4-8　某新建铁路，建设期为三年。在建设期第一年资金供应量为3000万元，其中贷款占30%；第二年为6000万元，贷款占60%；第三年为4000万元，贷款占80%。银行贷款年利率为8%，计算建设期投资贷款利息。

解： 第一年利息为：

$$q_1 = \frac{1}{2} \times 3000 \times 30\% \times 8\% = 36 \text{ 万元}$$

第二年利息为：

$$q_2 = (3000 \times 30\% + 36 + \frac{1}{2} \times 6000 \times 60\%) \times 8\% = 218.88 \text{ 万元}$$

第三年利息为：

$$q_3 = (3000 \times 30\% + 6000 \times 60\% + 36 + 218.88 + \frac{1}{2} \times 4000 \times 80\%) \times 8\% = 509.39 \text{ 万元}$$

因此，建设期投资贷款利息总和为：

$$S = 36 + 218.88 + 509.39 = 763.27 \text{ 万元}$$

4.4.5 机车车辆购置费及铺底流动资金

1. 机车车辆购置费

机车车辆购置费应根据铁道部铁路机车、客车投资有偿占用有关办法的规定，在新建铁路、增建二线和电气化改造等基建大中型项目总概（预）算中计列按初期运量所需新增机车车辆的购置费。

机车车辆购置费按设计确定的初期运量所需新增机车车辆的型号、数量及编制期机车车辆购置价格计算。

2. 铺底流动资金

铺底流动资金是为保证新建铁路项目投产初期正常运营所需流动资金有可靠来源，而

计列的费用。主要用于购买原材料、燃料、动力，支付职工工资和其他有关费用。

铺底流动资金按下列指标计列。

1）地方铁路

（1）新建 I 级地方铁路：6.0 万元/正线公里；

（2）新建 II 级地方铁路：4.5 万元/正线公里；

（3）既有地方铁路改扩建、增建二线以及电气化改造工程不计列铺底流动资金。

2）其他铁路

（1）新建单线 I 级铁路：8.0 万元/正线公里；

（2）新建单线 II 级铁路：6.0 万元/正线公里；

（3）新建双线：12.0 万元/正线公里。

如初期运量较小，上述指标可酌情核减。既有线改扩建、增建二线以及电气化改造工程不计列铺底流动资金。

4.5　铁路工程概预算的编制方法与实例

4.5.1　编制概（预）算的精度

1. 人工、材料、机械台班单价

单价的单位为"元"，取 2 位小数，第 3 位 4 舍 5 入。

2. 定额（补充）单价分析

（1）单价和合价的单位为"元"，取 2 位小数，第 3 位 4 舍 5 入；

（2）单重和合重的单位为"t"，单重取 6 位小数，第 7 位 4 舍 5 入，合重取 3 位小数，第 4 位 4 舍 5 入。

3. 运杂费单价分析

（1）汽车运价率的单位为"元/（t·km）"，取 3 位小数，第 4 位 4 舍 5 入；

（2）火车运价率的单位及运价率按现行《铁路货物运价规则》执行；

（3）装卸费单价的单位为"元"，取 2 位小数，第 3 位 4 舍 5 入；

（4）综合运价的单位为"元/t"，取 2 位小数，第 3 位 4 舍 5 入。

4. 单项概（预）算

单价和合价的单位为"元"，单价取 2 位小数，第 3 位 4 舍 5 入，合价取整数。

5. 材料重量

材料单重和合重的单位为"t"，均取 3 位小数，第 4 位 4 舍 5 入。

6. 人工、材料、机械台班数量统计

按定额中的单位，均取 2 位小数，第 3 位 4 舍 5 入。

7. 综合概（预）算

概（预）算价值和指标的单位为"元"，概（预）算价值取整，指标取 2 位小数，第 3 位 4 舍 5 入。

8. 总概（预）算

（1）概（预）算价值和指标的单位为"万元"，均取 2 位小数，第 3 位 4 舍 5 入；

（2）费用比例的单位为"％"，取 2 位小数，应检算是否闭合。

9. 工程数量

(1) 计量单位为"m³"、"m²"、"m"的取 2 位,第 3 位 4 舍 5 入。

(2) 计量单位为"km"的,轨道工程取 5 位,第 6 位 4 舍 5 入;其他工程取 3 位,第 4 位 4 舍 5 入。

(3) 计量单位为"t"的取 3 位,第 4 位 4 舍 5 入。

(4) 计量单位为"个、处、组、座或其他可以明示的自然计量单位"的取整。

4.5.2 单项概(预)算编制步骤

1. 建筑安装工程单项概(预)算编制步骤(以手工编制为例)

编制建筑安装工程单项概(预)算用"单项概(预)算表",该表有两种,一种为"表甲",用在单项概(预)算的第 1 页,上面有详细的表头栏目;另一种是"表乙",它其实是"表甲"的续页。具体步骤如下:

(1) 按照"综合概算章节表"规定的细目,将整个概(预)算划分成几个部分,把工程数量分别归入各个部分。

工程数量的单位应与定额规定的单位相一致,汇总工程数量应按规定的编制单元进行。

(2) 逐一查找与工程项目相对应的定额,将其编号、工程项目或费用名称、单位、数量、单价填入表内,并计算合价。

如有的工程项目查不到相对应的定额,应当进行补充单价分析。补充单价分析应当在"补充单价分析表"中进行。

(3) 编制"项目单价分析表":

在"项目单价分析表"中按定额将工程数量逐个统计,将相同的工日、材料、机械数量相加,完成所有工作项目各部分的各种资源总消耗量的计算,最后计算出项目单价。

(4) 将各部分材料消耗量合并,汇总于"工料机消耗表",从而完成项目所需主要人材机的数量。

(5) 分析材料运杂费单价:

利用"主要材料(设备)平均运杂费单价分析表",按照施工组织设计确定的运输方案,计算各种材料在各种运输方式下的运杂费单价,再根据统计的材料数量计算运杂费。

(6) 计算价差:

根据价差调整规定,计算人工费、材料费、施工机械使用费价差。

(7) 根据编制办法的规定计算填料费、施工措施费、特殊施工增加费、间接费及税金。

(8) 计算单项概(预)算价值。

2. 建筑安装工程单项概(预)算计算程序

铁路建筑安装工程单项概(预)算计算程序见表 4-24。

建筑安装工程单项概(预)算计算程序　　　　　　　　　　表 4-24

序 号	费 用 名 称	计 算 式
1	基期人工费	按设计工程量和基期价格水平计列
2	基期材料费	
3	基期施工机械使用费	

序 号	费 用 名 称		计 算 式
4	定额直接工程费		(1)＋(2)＋(3)
5	运杂费		指需要单独计列的运杂费，按施工组织设计的材料供应方案及本办法的有关规定计算
6	价差	人工费价差	
7		材料费价差	基期至编制期价差按有关规定计列
8		施工机械使用费价差	
9		价差合计	(5)＋(7)＋(8)
10	填料费		按设计数量和购买价计算
11	直接工程费		(4)＋(5)＋(9)＋(10)
12	施工措施费		[(1)＋(3)]×费率
13	特殊施工增加费		(编制期人工费＋编制施工机械使用费)×费率或编制期人工费×费率
14	直接费		(11)＋(12)＋(13)
15	间接费		[(1)＋(3)]×费率
16	税金		[(14)＋(15)]×费率
17	单项概(预)算价值		(14)＋(15)＋(16)

注：表中直接费未含大型临时设施和过渡工程费，大型临时设施和过渡工程需单独编制单项概（预）算，其计算
程序见相关规定。

4.5.3 单项概（预）算编制示例

现有甘肃省白银地区某铁路专用线新建任务，除其他工程外，其中有盖板箱涵 5 座，
全长 62.20 横延米。基期综合工费单价 20.35 元/工日，编制期综合工费单价 23.47 元/工
日。基期材料价格采用《铁路工程建设材料基期价格（2005 年度）》，编制期主要价格执
行市场价格。价差系数按 2007 年辅助材料价差系数表，取涵洞工程 1.193。该工程的单
项概算如表 4-25 所示。

单项概（预）算表　　　　　　　　　　　　　　　　　　　　　表 4-25

表甲　　　　　　　　　　　　　　　　　　　　　　　　　　　　第 1 页共 2 页

建设名称	××铁路专用线		预算编号			
工程名称	涵洞工程		工程总量	62.20 横延米		
工程地点			预算价值	814232		
所属章节	第 3 章第 9 节		预算指标	13090.55		
单价编号	工作项目或费用名称		单位	数量	费用（元）	
					单价	合价
	Ⅰ建筑工程费					
	甲、新建					
	一、盖板箱涵（5 座）					

续表

单价编号	工作项目或费用名称	单位	数量	费用（元）	
				单价	合价
QY-1	人力挖土方人力提升，基坑深不大于 1.5m，无水	10m³	60	53.01	3180
QY-3	人力挖土方人力提升，基坑深不大于 3m，无水	10m³	26	67.34	1751
QY-45	基坑回填，原土	10m³	26	57.17	1486
QY-815	涵洞基础，混凝土，C20	10m³	24.75	1490.68	36894
QY-816	涵洞基础，钢筋	t	26.192	3573.28	93591
QY-823	中边墙，混凝土，C20	10m³	46.04	1864	85819
QY-833	盖板箱涵，预制箱涵盖板，混凝土 C20	10m³	15.01	2527.96	37945
QY-834	盖板箱涵，预制箱涵盖板，钢筋	t	19.115	3757.17	71818
QY-835	盖板箱涵，盖板安砌 M10，钢筋混凝土盖板	10m³	15.01	300.45	4510
QY-1028	冷作式防水层，THF-Ⅰ（甲）	10m²	42.09	505.42	21273
QY-1049	伸缩缝、沉降缝，黏土	10m²	30.2	29.17	881
QY-1080	桥头检查台阶，浆砌片石，M10	10m³	2.47	836.65	2067
QY-1059	浆砌片石，锥体护坡，M10	10m³	42.07	864.14	36355
QY-1063	浆砌片石，河床护坡及导流堤，M10	10m³	52.8	770.13	40663

单项概（预）算表

表乙

第 2 页 共 2 页

单价编号	工作项目或费用名称	单位	数量	费用（元）	
				单价	合价
一	定额直接工程费	元			438233
	基期人工费	元			85034
	基期材料费	元			342283.4
	（主要材料费）	元			314669.06
	（水电、燃油料费，非机械台班用）	元			391.43
	（其他材料费）	元			27222.88
	基期机械使用费	元			10915.5
二	运杂费	元	4902.209	15.89	77891
三	价差	元			199177
	人工费价差	元	4178.57	3.12	13037

单价编号	工作项目或费用名称	单位	数量	费用（元）	
				单价	合价
	主要材料价差	元			177768
	其他材料价差	元	27222.88	0.193	5254
	机械使用费价差	元			3117
四	直接工程费	元			715301
五	施工措施费	%	95950	23.5	22548
六	特殊施工增加费	元			
七	直接费	元			737849
八	间接费	%	95950	52.1	49990
九	税金	%	787839	3.35	26393
	以上总计	元			814232
	单项概（预）算总额	元			814232

编制：　　　　　　×××　　　　　　复核：　　　　　　负责人：

4.5.4　综合概（预）算编制示例

综合概（预）算是概（预）算文件的基本文件，所有的工程项目、数量、概算费用都要在综合概（预）算表中反映出来。

综合概（预）算是在单项概（预）算的基础上编制的，它依据《铁路基本建设工程设计概算编制办法》规定的"综合概（预）算章节表"的顺序和章节汇编，是编制总概（预）算表的基础。"综合概（预）算章节表"中的章节顺序及工程名称不应改动，没有费用的章节其章别、节号应保留，作为空项处理。工程细目可根据实际情况增减，其序号按增减后的序号连号填写。

表 4-26 所示为某新建铁路的综合概算表。

4.5.5　总概（预）算编制示例

总概（预）算具有归类汇总性质，它必须在综合概（预）算完成后才能编制。当综合概（预）算完成后，按照四部分十六章的费用规划方法，填写在"总概算表"中。沿表的横向根据综合概（预）算的不同费用性质分别填写建筑工程、安装工程、设备工器具、其他费四项费用，然后计算"合计"、"技术经济指标"和"费用比重"。"技术经济指标"指单位工程量（正线公里）所含某章的费用值，即等于各对应"合计"值与工程总量的比值；"费用比重"指各章费用占概算总额的百分比，即等于各对应"合计"值与概算总额之比。沿表纵向计算"四部分合计"，并填入对应概算总额栏中。

最后，填写总概（预）算表的表头，并请相关责任人在表尾签字，总概（预）算表编制即告结束。

表 4-27 所示为某新建铁路的总概算表。

××建设项目综合概算表

表 4-26

表甲

工程名称	新建铁路 ××线		概算编号		DK29+418～DK73+597		编 号		(××)综-01	
工程总量	44.179 正线 公里		概算总额		103921.7 万元		技术经 济指标		2352.29 万元/ 正线公里	

章别	节号	概算 编号	工程及 费用名称	单位	数量	概算价值（万元）					指标 （元）
						I 建筑工程	II 安装工程	III 设备工器具	IV 其他费	合 计	
			第一部分： 静态投资	元						839007369	
一	1		拆迁及征地 费用	正线 公里	44.179	22505893			13668120	36174013	818805.6
			一、拆迁 工程	元		22505893				22505893	
			I建筑工程	元		22505893				22505893	
			（一）拆迁 建筑物	元		11738273				11738273	
			（二）改移 道路	元		3948518				3948518	
			（三）迁移 通信线路	元		660000				660000	
	……					……	……	……	……	……	
	……					……	……	……	……	……	
十五	32		机车车辆购 置费	元						70000000	
			第四部分： 铺底流动资金	元						2650735	
十六			铺底流动 资金	元						2650735	
			概算总额	正线 公里	44.179					1039217177	23522876.9

编制×× 2000 年 6 月 20 日 复核 年 月 日 项目总工程师 年 月 日

××建设项目总概算表

表 4-27

建设名称	新建铁路××线		编 号			(××)总-01	
编制范围	DK29+418～DK73+597		概算总额			103921.7 万元	
工程总量	44.179 正线公里		技术经济指标			2352.29 万元/正线公里	

章别	费用类别	概算价值（万元）					技术经济指标（万元）	费用比例（%）
		I 建筑工程	II 安装工程	III 设备工器具	IV 其他费	合计		
	第一部分：静态投资					83900.7	1899.11	80.73
一	拆迁及征地费用	2250.6			1366.8	3617.4	81.88	3.48
二	路基	1264.6				1264.6	28.62	1.22
三	桥涵	21916.1				21916.1	496.08	21.09
四	隧道及明洞	35763.5				35763.5	809.51	34.41
五	轨道	5502.6				5502.6	124.55	5.29
六	通信及信号	451.1	34.4	66.2		551.8	12.49	0.53
七	电力及电力牵引供电	162.1	23.1	19.5		204.7	4.63	0.20
八	房屋	259.1	0.2	1.2		260.5	5.90	0.25
九	其他运营生产设备及建筑物	269.7	3.8	311.1		584.6	13.23	0.56
十	大临和过渡工程	3509.0				3509.0	79.43	3.38
十一	其他费用			6.7	6724.0	6730.7	152.35	6.48
	以上各章合计	71348.4	61.5	404.7	8090.7	79905.5	1808.68	76.89
十二	基本预备费					3995.3	90.43	3.84
	第二部分：动态投资					12755.9	288.73	12.27
十三	工程造价增涨预留费					7803.9	176.64	7.51
十四	建设期投资贷款利息					4952.0	112.09	4.77
	第三部分：机车车辆购置费					7000.0	158.45	6.74
十五	机车车辆购置费					7000.0	158.45	6.74
	第四部分：铺底流动资金					265.1	6.00	0.26
十六	铺底流动资金					265.1	6.00	0.26
	概算总额					103921.7	2352.29	100.00

编制××年 6 月 20 日　　　复核××年 6 月 25 日　　　项目总工程师××年 6 月 28 日

思 考 题

1. 铁路工程概预算各层次的编制范围?
2. 铁路概预算的费用构成?
3. 材料预算价格如何确定? 价差如何调整?
4. 运杂费单价的构成?
5. 什么是平均运距? 平均运距有哪些计算方法?
6. 价差调整的阶段和内容?
7. 其他费的构成?
8. 单项概(预)算编制步骤和程序?

第5章　铁路工程招标投标与工程量清单计价

5.1　铁路工程招标投标概述

5.1.1　铁路建设工程招标投标的概念

铁路建设工程招标与投标是在市场经济的条件下进行铁路工程建设项目的发包与承包时，所采用的一种特殊的交易方式。这里特殊的交易方式的特殊性表现在：①将要买卖的商品是未来的，并且还未开价。②这种买卖需要经过一系列特定环节和长时间的过程才能完成。在铁路建设工程中需要的特定环节主要有：招标、投标、开标、评标、决标、授标、中标、签约和履约。

招标是指招标人采取招标公告、通知或者投标邀请书的形式，使具有法定条件和具有承建能力的投标人参与投标的竞争，来择优选取项目的承包人的一种经济行为。进行建设工程招标，可使招标人通过投标人的激烈竞争，选择出最好的工程项目的承包者，获得最佳的投资效益。

投标是指符合要求的投标人按照招标人的要求，填写投标文件，填制投标书，对招标的工程项目进行报价，并在招标限定的时间内送至招标单位参与该工程承包竞争的经济行为。

开标是指招标人按照自己所规定的时间、地点，在投标人出席的情况下，当众拆开投标文件，宣布投标人的名称、投标价格及投标价格的修改过程的一种公开的仪式。其目的是为了让全体投标人了解各家的投标报价以及最低的投标报价。

评标和决标：评标是指在开标以后，由招标人或者由受招标人委托的专门机构，按照规定的评标标准和方法，对各投标人的投标文件进行评价比较和分析，从中选出最佳投标人的过程。评标的质量决定着能否从中选出最佳的中标者。决标是指招标人依据评标报告和有关资料，择优决定中标人。

授标是指经过开标和评标等程序，选定中标人，并以中标通知的方式接受其投标文件和投标报价。

中标是指投标人收到承包建设工程项目的正式书面通知。

签约是指自中标通知书发出后 30 天之内中标人与招标人签订合同协议书，确立承发包关系。

履约是指工程的承发包双方互相监督配合，按照合同的规定，履行各自的权利与义务，直到彻底完成合同中所规定的任务，结清全部工程价款，结束双方的承发包关系。

5.1.2　铁路工程招标投标的形式

按照《招标投标法》的规定，招标投标分为公开招标和邀请招标两种类型。

1. 公开招标

又称无限竞争性招标，是指招标人以招标公告的方式邀请不特定的法人或者其他组织投标。公开招标的投标人不得少于 3 家。公开招标的主要优点是招标人能在众多投标者中，择优录取，使得招标人获得一个最合理的投标报价，取得最佳的投资效益；能够较好地选择出质量最好、工期最短、价格最经济的投标人承建工程。但是，公开招标也存在一定的缺点：由于投标者众多，而且技术、经济实力参差不齐，这样就导致公开招标所需的费用增大，时间变长。对投标人而言，中标率降低，增加了投标的风险。

2. 邀请招标

又称有限竞争性招标，是指招标人以投标邀请书的方式邀请特定的法人或者其他组织投标。邀请招标的邀请对象数量以 5～10 家为宜，但是邀请招标的投标人也不得少于 3 家。被邀请的投标人必须是资信良好，能够胜任招标工程项目实施任务的单位。相较于公开招标，邀请招标的一个明显优点就是降低了招标的费用，减少了招标的工作量，同时减少了投标人的风险。但其主要的缺点就是不利于招标人获得最优的报价，取得最佳的投资效益，因为招标人比较选择的范围相对较小。

3. 议标

在我国建筑领域中还有一种招标投标的方式就是议标，也称谈判招标。是发包人和承包商之间通过一对一谈判而最终达到目的的一种方式。这种方式不具有竞争性，也无法进行行政监督。所以这种方式存在的问题和弊端较多。议标通常适用于以下几种情况：

（1）军事工程或保密工程。

（2）专业性强、需要专门技术、经验或特殊施工设备的工程，以及涉及使用专利技术的工程。

（3）与发包工程有联系的新增工程（承包商的劳动力、机械设备都在施工现场，既可以减少前期开工费用和缩短准备时间，又便于现场的协调管理工作）。

（4）性质特殊、内容复杂、发包时工程量或若干技术细节尚难确定的紧急工程或灾后修复工程。

（5）工程实施阶段采用新技术或新工艺，承包商从设计阶段就参与开发工作，实施阶段还需要其继续合作的工程。

5.1.3 铁路建设工程招标投标的基本原则

《招标投标法》规定招标投标活动必须遵循的基本原则有"公开"、"公平"、"公正"和"诚实守信"。

1. 公开原则

进行招标活动的信息要公开，在发布招标公告、资格预审公告、邀请招标书或招标邀请书时，应该写明时间和地点，向有意向参加投标的承包商、供应商提供招标文件；开标程序要公开，所有投标人都可以参加开标，开标时先由投标人检查投标文件是否是密封无误的，再由招标人当众拆开，唱读出投标文件中的投标报价等主要内容；评标的标准和程序要公开，评标的标准和办法应当在招标文件上写明，并规定招标人不得与投标人就投标价格、招标方案进行交流；中标的结果要公开，确定中标人后，招标人应该向中标人发出中标通知书，并且将中标结果通知所有未中标的投标人。如果未中标人对中标结果有异议的，有权向招标人提出或向有关行政监督部门投诉。

2. 公平、公正原则

在招标投标的活动中要实行"公平"、"公正"原则，即对招标人来说，要严格按照公开的招标条件和程序办事，对每一个投标竞争者要做到一视同仁，不得向投标人泄露标底或者其他影响投标的有关信息。对于投标人来讲，不得向招标人采用任何不正当竞争的手段。

3. 诚实守信原则

在招标投标活动中应遵循诚实守信的原则，要求招标投标双方不得有欺骗和背信的行为。对于违反诚实守信原则的、给另一方造成损失的，要依法承担赔偿责任。

5.1.4　铁路工程招标投标的过程

虽然根据招标投标的类型不同，内容有所不同，但是通常的招标投标程序还是相似的，大体经过三个时间段：①招标准备阶段，从办理招标申请开始到发出招标广告或邀请投标函为止的时间段；②招标阶段，亦是投标人的投标阶段，从发布招标广告之日起到投标截止之日的时间段；③决标成交阶段，从开标之日起到与中标人签订合同为止的时间段。表 5-1 以铁路工程施工招标投标为例，反映以上各阶段业主、监理方以及承包商在招标投标过程中的主要工作内容。

招标投标各阶段业主、监理方以及承包商的工作内容　　　　　　　表 5-1

阶　　段	主要工作步骤	各方完成的主要任务	
		业主/监理方	承包商
招标准备阶段	申请批准招标	向建设主管部门的招标管理机构提出招标申请	准备投标资料、项目资料、企业内部资料等；研究投标法规
	组建招标机构		
	选择招标方式	① 决定分标数量和合同类型 ② 确定招标方式	组成投标小组
	准备招标文件	① 招标广告 ② 资格预审文件及申请表 ③ 招标文件	
	编制标底	① 编制标底 ② 报主管部门审批	
招标阶段	邀请承包商参加资格预审	① 刊登资格预审广告 ② 编制资格预审文件 ③ 发出资格预审文件	索购资格预审文件；填报和申请资格预审；回函收到通知
	资格预审	① 分析资格预审材料 ② 提出合格投标商多名 ③ 邀请合格投标商参加投标	回函收到邀请
	发招标文件	发招标文件	购买招标文件；编标
	投标者考察现场	① 安排现场踏勘日期 ② 现场介绍	参加现场踏勘；询价；准备投标书
	对招标文件澄清补遗	向投标者颁发招标补遗	回函收到澄清和补遗
	投标者提问	① 接受提问，准备答复 ② 答复（信件方式或会谈方式）	提出问题；参加标前会议；回函收到答复

阶 段	主要工作步骤	各方完成的主要任务	
		业主/监理方	承包商
招标阶段	投标书的提交和接受	① 接受投标书,记下日期和时间 ② 退还过期投标书 ③ 保护有效投标书安全至开标	递交投标文件(包括投标保函);回函收到过期投标书
决标	开标	开标	参加开标会议
成交阶段	评标	① 初评标 ② 评投标书 ③ 要求投标商提交澄清资料 ④ 召开澄清会议 ⑤ 编写评标标准 ⑥ 作出授标决定	提交澄清资料;参加澄清会议
	授标	① 发出中标通知书 ② 要求中标商提交履约保函 ③ 进行合同谈判 ④ 准备合同文件 ⑤ 签订合同 ⑥ 通知未中标者,并退回投标保函 ⑦ 发布开工令	回函收到通知;提交履约保函;参加合同谈判;签订合同(未中标者收到通知回函;中标者签约)

5.2 工程量清单及计价概述

2003 年 2 月建设部发布《建设工程工程量清单计价规范》,标志着我国建设领域以市场自主定价为导向的工程造价改革进入了规范化实施阶段。2007 年 5 月铁道部发布《铁路工程工程量清单计价指南》,明确规定今后铁路基本建设大中型项目计价都应采用该指南。工程量清单计价方法是一种区别于定额计价模式的新计价模式,是一种主要由市场定价的计价模式,是由建设产品的买方和卖方在建设市场上根据供求状况、信息状况进行自由竞价,从而最终能够签订工程合同价格的方法。因此,可以说工程量清单的计价方法是在建设市场建立、发展和完善过程中的必然产物。在工程量清单的计价过程中,工程量清单向建设市场的交易双方提供了一个平等的平台,是投标人在投标活动中进行公正、公平、公开竞争的重要基础。铁路建设工程实行工程量清单计价是我国入世后,铁路工程建设适应国际竞争规则的需要,有利于提高铁路工程建设的管理水平。传统定额计价模式以部颁定额、取费标准和指导价格来确定工程造价,只能反映铁路建设的平均水平,无法反映承包商技术、施工、管理水平等因素对铁路工程造价的影响。工程量清单计价由承包商按业主提供的工程量清单,自主运用企业定额,依据市场信息报价,其综合单价包括了完成工程量清单项目所需的全部费用,即人工费、材料费、机械使用费、管理费、利润、各种价差、施工措施费、其他项目费、规费和税金，因此，清单计价是企业自主报价和公平竞争的招标投标模式。

5.2.1　工程量清单的概念

工程量清单是表现拟建工程的分部分项工程项目、措施项目、其他项目名称和相应数量的明细清单。工程量清单是按统一规定进行编制的，它体现的核心内容为分项工程项目名称及其相应数量，是招标文件的组成部分。招标人或由其委托的代理机构按照招标要求和施工设计图纸规定将拟建招标工程的全部项目和内容，依据《铁路工程工程量清单计价指南》中统一的项目编码、项目名称、计量单位和工程量计算规则进行编制，作为承包商进行投标报价的主要参考依据之一。工程量清单是一套注有拟建工程各实物工程名称、性质、特征、单位、数量及措施项目、税费等相关表格组成的文件。在性质上，工程量清单是招标文件的组成部分，是招标投标活动的重要依据，一经中标且签订合同，即成为合同的组成部分。因此，无论招标人还是投标人都应该认真对待。

5.2.2　工程量清单的内容

工程量清单作为招标人所编制的招标文件的一部分，是投标人进行投标报价的重要依据，因此，作为一个合格的计价依据，工程量清单中必须具有完整详细的信息披露，为了达到这一要求，招标人编制的工程量清单应该包括以下内容。

1. 明确的项目设置

工程计价是一个分部组合计价的过程，不同的计价模式对项目的设置规则和结果都是不尽相同的。在业主提供的工程量清单计价中必须明确清单项目的设置情况，除明确说明各个清单项目的名称，还应阐释各个清单项目的特征和工程内容，以保证清单项目设置的特征描述和工程内容没有遗漏，也没有重叠。这种项目设置可以通过统一的规范编制来解决，我国 2007 年 6 月正式实施的《铁路工程工程量清单计价指南》就解决了这一问题。

2. 清单项目的工程数量

在招标人提供的工程量清单中必须列出各个清单项目的工程数量，这也是工程量清单招标与定额招标之间的一个重大区别。

采用定额方式和由投标人自行计算工程量的投标报价，由于设计或图纸的缺陷，不同的投标人员理解不一，计算出的工程量也不同，报价相去甚远，容易产生纠纷。而工程量清单报价就为投标者提供了一个平等竞争的条件，相同的工程量，由企业根据自身的实力来填报不同的单价，符合商品交换的一般性原则。因为对于每一个投标人来说，计价所依赖的工程数量都是一样的，使得投标人之间的竞争完全属于价格的竞争，其投标报价反映出自身的技术能力和管理能力，也使得招标人的评标标准更加简单明确。

同时，在招标人提供的工程量清单中提供工程数量，还可以实现承发包双方合同风险的合理分担。采用工程量清单报价方式后，投标人只对自己所报的成本、单价等负责，而对工程量的变更或计算错误等不负责任；相应地，对于这一部分风险则应由业主承担，这种格局符合风险合理分担与责权利关系对等的一般原则。

3. 提供基本的表格格式

工程量清单的表格格式是附属于项目设置和工程量计算的，它为投标报价提供一个合适的计价平台，投标人可以根据表格之间的逻辑联系和从属关系，在其指导下完成分部组合计价的过程。

5.2.3　工程量清单计价的原理和特点

工程量清单计价的基本过程可以描述为：在统一的工程量清单项目设置的基础上，制定工程量清单计量规则，根据具体工程的施工图纸计算出各个清单项目的工程量，再根据各种渠道所获得的工程造价信息和经验数据计算得到工程造价。这一基本的计算过程如图 5-1 所示。从工程量清单计价过程示意图中可以看出，其编制过程可以分为两个阶段：工程量清单的编制和利用工程量清单来编制投标报价（或标底价格）。投标报价是在业主提供的工程量计算结果的基础上，根据企业自身所掌握的各种信息、资料，结合企业定额编制得出的。工程招标投标过程中，投标企业在投标报价时必须考虑工程本身的内容、范围、技术特点、要求以及招标文件的有关规定、工程现场情况等因素；同时还必须充分考虑到许多其他方面的因素，如投标单位自己制订的工程总进度计划、施工方案、分包计划、资源安排计划等。这些因素对投标报价有着直接而重大的影响。

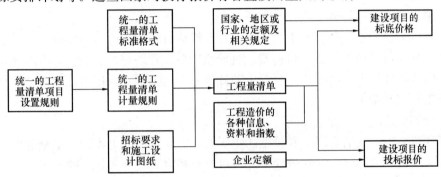

图 5-1　工程量清单计价过程示意图

与定额计价方法相比，工程量清单计价方法有一些重大区别，这些区别也体现出了工程量清单计价方法的特点：

（1）两种模式的最大差别在于体现了我国建设市场发展过程中的不同定价阶段。

定额计价模式更多地反映了国家定价或国家指导价阶段。在这一模式下，工程价格或直接由国家决定，或是由国家给出一定的指导性标准，承包商可以在该标准的允许幅度内实现有限竞争，例如在我国的招标投标制度中，一度严格限定投标人的报价必须在限定标底的一定范围内波动，超出此范围即为废标，这一阶段的工程招标投标价格即属于国家指导性价格，体现在国家宏观计划控制下的市场有限竞争。

工程量清单计价模式则反映了市场定价阶段。在该阶段中，工程价格是在国家有关部门间接调控和监督下，由工程承发包双方根据工程市场中建筑产品的供求关系变化自主确定工程价格。对每一项招标工程来讲都具有其特殊性的一面，所以应该允许投标单位针对这些方面灵活机动地调整报价，以使报价能够比较准确地与工程实际相吻合。而只有这样才能把投标定价的自主权真正地交给招标和投标单位，投标单位才会对自己的报价承担相应地风险与责任，从而建立起真正的风险制约和竞争机制，避免合同实施过程中的推诿和扯皮现象的发生，为工程管理提供方便。清单计价模式下其价格的形成可以不受国家工程造价管理部门的直接干预，此时工程造价是根据市场的具体情况，有竞争地形成，具有自发波动和自发调节的特点。

（2）两种模式的主要计价依据及其性质不同。

定额计价模式的主要计价依据为国家、省、有关专业部门制定的各种定额，其性质为指导性，定额的项目划分一般按施工工序分项，每个分项工程项目所含的工程内容一般是单一的。

工程量清单计价模式的主要计价依据为"清单计价指南"，其性质是含有强制性条文的国家标准，清单的项目划分一般是按"综合实体"进行分项的，每个分项工程一般包含多项工程内容。

（3）编制工程量的主体不同。

在定额计价方法中，建设工程的工程量分别由招标人和投标人按图计算。而在工程量清单计价方法中，工程量由招标人统一计算或委托有关工程造价咨询单位统一计算，工程量清单是招标文件的重要组成部分，各投标人根据招标人提供的工程量清单，根据自身的技术装备、施工经验、企业成本、企业定额、管理水平自主填写单价与合价。

（4）单价与报价的组成不同。

定额计价方法的单价包括人工费、材料费、机械台班费，而清单计价方法采用综合单价形式，综合单价包括人工费、材料费、机械使用费、管理费、利润，并考虑风险因素。

工程量清单计价方法的报价除包括定额计价方法的报价外，还包括预留金、材料购置费和零星工作项目费等。

（5）合同价格的调整方式不同。

定额计价方法形成的合同，其价格的主要调整方式有：变更签证、定额解释、政策性调整。而工程量清单计价方法在一般情况下单价是相对固定下来的，减少了在合同实施过程中的调整活口，通常情况下，如果清单项目的数量没有增减，能够保证合同价格基本没有调整，保证了其稳定性，也便于业主进行资金准备和筹划。

（6）工程量清单计价把施工的措施性消耗纳入了竞争的范畴。

定额计价方法未区分施工实体性损耗和施工措施性损耗，而工程量清单计价方法把施工措施与工程实体项目进行分离，这项改革的意义在于突出了施工措施费用的市场竞争性。清单计价指南的工程量计算规则的编制原则一般是以工程实体的净尺寸计算，也没有包含工程量合理损耗，这一特点也就是定额计价的工程量计算规则与工程量清单计价规范的工程量计算规则的本质区别。

如前所述，工程量清单计价不只是一种简单的造价计算方法的改变，其更深层次的意义在于提供了一种由市场形成价格的新的计价模式。我国铁路建设领域推行工程量清单计价有利于规范铁路建设的市场计价，有利于提高铁路建设项目的管理水平，有利于铁路工程造价管理的改革和发展。

5.3　工程量清单计价格式及应用

《铁路工程工程量清单计价指南》详细说明了铁路工程工程量清单的编制内容、格式，工程量清单计价的格式与内容，并以表格形式列出了各专业工程的工程量计算规则。以下分别介绍。

5.3.1　铁路工程工程量清单编制

工程量清单是反映拟建工程工程数量的明细清单，它是招标文件的重要组成部分，是投标人投标报价的依据，一般由具有编制招标文件能力的招标人或受其委托具有相应资质的中介机构编制。

1. 格式

工程量清单的编制应依据《铁路工程工程量清单计价指南》，按统一格式编制。

具体内容组成包括：

1）封面；

2）填表须知；

3）总说明；

4）工程量清单表；

5）计日工表；

6）甲供材料数量及价格表；

7）甲控材料表；

8）设备清单表；

9）补充工程量清单计量规则表。

工程量清单计价包括编制招标标底、投标报价、合同价款确定与调整及办理工程结算等。《铁路工程工程量清单计价指南》规定实行工程量清单计价招标投标的铁路建设工程，除招标文件另有规定外，其招标标底、投标报价的编制、合同价款的确定与调整、工程结算均应按指南执行。铁路工程工程量清单计价统一格式，由下列内容组成：

（1）封面；

（2）投标报价总额；

（3）工程量清单报价汇总表；

（4）工程量清单报价表；

（5）工程量清单综合单价分析表；

（6）计时工计算表；

（7）甲供材料费计算表；

（8）甲控材料价格表；

（9）主要自购材料价格表；

（10）设备费计算表。

2. 清单项目设置的规定

《铁路工程工程量清单计价指南》的工程量清单格式由 11 章 29 节组成，具体内容可查阅该指南。

1）编码

费用类别和新建、改建以英文字母编码：建筑工程费——J、安装工程费——A、其他费——Q、新建——X、改建——G。其余编码采用每 2 位阿拉伯数字为 1 组，前 4 位分别表示章号、节号，如第 2 章第 1 节为 0201，第 3 章第 5 节为 0305，依次类推。后面各组按主从关系顺序编排，如区间路基土石方工程挖土方编码为 0202J0101，表示该项目属第 2 章第 2 节建筑工程费，是土方工程下的第一类工程项目。

2）名称

名称包括清单格式各章节名称和费用名称，子目划分特征为"综合"的子目名称一般是指形成工程实体的名称。

3) 计量单位

计量单位一般采用以下基本单位：

(1) 以体积计算的子目——立方米（m^3）；

(2) 以面积计算的子目——平方米（m^2）；

(3) 以长度计算的子目——米、公里（m、km）；

(4) 以重量计算的子目——吨（t）；

(5) 以自然计量单位计算的子目——个、处、孔、组、座或其他可以明示的自然计量单位；

(6) 没有具体数量的子目——元。

工程数量小数点后的有效位数应接以下规定取定：

(1) 计量单位为"m^3"、"m^2"、"m"的取2位，第3位四舍五入；

(2) 计量单位为"km"的，轨道工程取5位，第6位四舍五入，其他工程取3位，第4位四舍五入；

(3) 计量单位为"t"的取3位，第4位四舍五入；

(4) 计量单位为"个、处、孔、组、座"或其他可以明示的自然计量单位"和"、"元"的取整，小数点后第1位四舍五入。

4) 子目划分特征

子目划分特征是指对清单子目的不同类型、结构、材质、规格等影响综合单价的特征的描述，是设置最低一级清单子目的依据。子目划分特征为"综合"的子目，既为编制工程量清单填写工程数量（计量单位为"元"的子目除外）的清单子目，也是投标报价和合同签订后工程实施中计量与支付的清单子目。如预制预应力混凝土简支箱梁的子目划分特征有单线、双线、跨度、速度；水中钻孔桩的子目划分特征为桩径；地基处理的子目划分特征为处理方式等。

5) 工程量计算规则

(1) 工程量计算规则是对清单子目工程量的计算规定和对相关清单子目的计量界面的划分，在工程施工过程中，计量与支付必须严格执行工程量清单的计算规则。《铁路工程工程量清计价指南》的具体规定如下：

① 子目划分特征为"综合"的是最低一级的清单子目，与其相关的工程内容属子细目，不单独计量，费用计入该清单子目。

② 作为清单子目的土方和石方，除区间路基土石方和站场土石方外，仅指单独挖填土石方的子目和无须砌筑的各种沟渠等的土石方。如改河、改沟、改渠、平交道土石方，刷坡、滑坡减载土石方，挡沙提、截沙沟土方，为防风固沙工程预先进行处理的场地平整土石方。与砌筑等工程有关的土石方挖填属于子细目，不单独计量。

③ 路桥分界：不设置路堤与桥台过渡段时，桥台后缺口填筑属桥梁范围，设置路堤与桥台过渡段时，台后过渡段属路基范围。

④ 室内外界线划分：

a. 给水管道：以入户水表井或交汇井为界；无入户水表井或交汇井而直接入户的，以建筑物外墙皮为界。入户水表井或交汇井的费用计入配电箱，列入清单格式第9章第

21 节的给水管道。

b. 排水管道：以出户第一个排水检查井或化粪池为界。检查井的费用计入清单格式第 9 章第 21 节的排水管道，化粪池在清单格式第 9 章第 21 节的排水建筑物下单列清单子目。

c. 热网管道、工艺管道：以建筑物外墙皮为界。

d. 电力、照明线路：以入户配电箱为界，配电箱的费用计入房屋。

（2）除另有规定及说明外，清单子目工程量均以设计图示的工程实体净值计算。施工中的各种损耗和因施工工艺需要所增加的工程量，应由投标人在投标报价时考虑，计入综合单价，不单独计量。计量支付仅以设计图示实体净值为准，具体如下：

① 计算钢筋混凝土体积时，不扣除钢筋、预埋件和预应力筋张拉孔道所占体积。

② 普通钢筋的重量按设计图示长度乘理论单位重量计算，不含搭接和焊接，绑扎料、接头套筒，垫块等材料的重量。

③ 预应力钢筋（钢丝、钢绞线）的重量按设计图示结构物内的长度乘理论单位重量计算，不含结构以外张拉所需的部分和锚具、管道、锚板及连接钢板、压浆、封锚、捆扎、焊接材料等的重量。

④ 钢结构的重量按设计图示尺寸计算，不含搭接、焊接材料、下脚料、缩包料和垫衬物、涂装料等的重量。

⑤ 各种桩基如以体积计量时，其体积按设计图示桩顶（混凝土桩为承台底）至桩底的长度乘以设计桩径断面积计算，不得将扩孔（扩散）因素或护壁圬工计入工程数量。如需试桩，按设计文件的要求计入工程数量。

⑥ 以面积计量时，除另有规定外，其面积按设计图示尺寸计算，不扣除在 $1m^2$ 及以下固定物（如检查井等）的面积。

⑦ 以长度计量时，除另有规定外，按设计图示中心线的长度计算，不扣除接头、检查井等所占的长度。

（3）在新建铁路工程项目中，与路基、桥梁、隧道等工程同步施工的电缆沟、槽及光（电）缆防护、接触网滑道，应在路基、桥梁、隧道等工程的清单子目中计量，五电部分不得重复计列。对既有线改造项目，应根据工程实际情况计列。

（4）清单格式中第 8 章以外的地基处理仅指清单各章节室外工程的地基处理，所有室内工程的地基处理应在清单格式第 8 章房屋相应的清单子目中计量。

6）工程（工作）内容

工程（工作）内容是指完成该清单子目可能发生的具体工程（工作）。除工程量清单计量规则列出的内容外，均包括场地平整、原地面挖台阶、原地面碾压，工程定位复测，测量、放样，工程点交、场地清理，材料（含成品、半成品、周转性材料）和各种填料的采备保管、运输装卸，小型临时设施，按照规范和施工质量验收标准的要求，对建筑安装的设备、材料、构件和建筑物进行检验、试验、检测、观测、防寒、保温设施，防雨、防潮设施，照明设施，文明施工（施工标识、防尘、防噪声、施工场地围栏等）和环境保护、水土保持、防风防沙、卫生防疫措施，已完工程及设备保护措施、竣工文件编制等内容。《铁路工程工程量清单计价指南》所列工程内容仅供投标人参考，投标人在投标报价时，应按照现行国家和铁道部的产品标准、设计规范和施工规范（指南）、施工质量验收标准、安全操作规程、设计图纸、招标文件、补遗文件等要求完成的全部内容来考虑。

　　当施工组织设计采用的施工方案与指南所描述的工程内容界面不一致时，应在招标文件中明确，对工程内容的界面描述进行调整。如桥面垫层、防水层、保护层是按包含在制梁工程内容中考虑的，当施工组织设计采用先架梁后做桥面垫层、防水层、保护层的施工方案时，应在招标文件中明确，对预制梁和架设梁的工程内容进行调整。对于改建工程的清单子目或离既有线（既有建筑物）较近的清单子目，除另有说明或单列清单子目外，应包括既有线（既有建筑物）的拆（凿）除（凿毛）、整修、改移、加固、防护、更换构件和与相关产权单位的协调、联络、封锁线路要点施工或行车干扰降效等内容。对使用旧料修建的工程，还应包括对旧料整修、选配等内容。除另有说明或单列清单子目外，施工中引起的过渡费用应计入该清单子目，如修建涵洞引起的沟渠引水过渡费用计入涵洞等。除另有说明或单列清单子目外，部分小型设备的基础费用计入相应的安装工程清单子目，如给水、排水设备基础。

　　常用工程内容的表示方法统一如下：

　　（1）土方挖填：包括围堰或挡水埝填筑及拆除，挖、运、卸，弃方整理，降排水，分层填筑，洒水、改良、压实，修整。

　　（2）石方挖填：包括围堰或挡水埝填筑及拆除，爆破、挖、运、卸、整理，降排水，分层填筑，塞紧空隙、压（夯）量，运石及修石，码砌边坡，修整。

　　（3）基坑（工作坑、检查井孔）挖填：包括筑岛、围堰及拆除（第 3 章桥梁工程除外）、土石挖、运弃、弃方整理，坑（孔）壁支护及需要时拆除，降排水、修坡、修底、垫层、回填（包括原土回填和外运填料或土方回填）、压实。

　　（4）桩（井）孔开挖：包括桩（井）孔土石挖、运、弃、弃方整理，孔壁支护及需要时拆除，通风，降排水，堵孔。

　　（5）沟槽（管沟、排水沟、光、电缆沟）挖填：包括筑岛、围堰及拆除，土方挖、运、弃、弃方整理，沟壁支护及需要时拆除，降排水，修坡、修底、地基一般处理（含换填、垫层铺设），回填（包括原土回填和外运填料回填），压实，标志埋设。

　　（6）砌体（包括干砌和浆砌）砌筑或铺砌：包括砂浆配料、拌料、石料或砌块送修、挂线、填塞、抹面、养护。

　　（7）混凝土浇筑：包括配料（含各种外加剂）、拌制、浇筑、振捣、养护。

　　（8）钢筋及预埋件制安：包括调直、除筋、切割、钻孔、弯曲、捆绑、堆放、连接、绑、安放、定位、检查、校正。

　　（9）模板制安拆：包括制作、挂线放样、模板及配件安装、校正、涂刷隔离剂、拆除、整修、涂油、堆放。

　　（10）圬工砌筑：包括脚手架搭拆、模板制安拆、钢筋及预埋件制安、混凝土浇筑。

　　（11）钢筋混凝土预制构件制安：包括脚手架搭拆、钢筋及预埋件制、模板制安拆、混凝土浇筑、安砌（装）、勾缝、抹面、养护。

　　（12）金属构件制安：包括放样、除锈、切割、钻孔、撖制、堆放、安装、连接、检查、校正、涂装。

　　（13）管道铺（架）设：包括管道基础浇筑，支（吊）架、支墩制安，管道、管件制安，阀门、计量表安装，接口处理，防腐、保温处理，管道试验。

（14）设备安装、调试（含属设备范围的各种架、柜）：包括开箱检验，支架、配管、配件制安，打孔洞，插件、插板安装，线槽、线管敷设安装，配线敷设，电气安装（单列清单子目的除外），相应软件的安装调试，单机测试和系统调试（不包括由建设单位负责的联合试运转）。

（15）接地体制安：包括挖填沟、坑，接地极（体）、地网、地线等制安，加降阻剂，设标志，防腐处理。接地连接完成后进行接地电阻测试。

3. 有关说明

1）暂列金额

工程量清单投标报价汇总表中的暂列金额反映在签订协议时尚未确定或不可预见的金额。内容包括：

（1）变更设计增加的费用（含由于变更设计所引起的废弃工程）。

（2）工程保险投保范围以外的工程由于自然灾害或意外事故造成的物质损失及由此产生的有关费用。

（3）由于发包人的原因致使停工、工效降低造成承包人的损失而需增加的费用。

（4）由于调整工期造成承包人采取相应措施而需增加的费用。

（5）由于政策性调整而需增加的费用。

（6）以计日工方式支付的费用。

（7）合同约定在工程实施过程中需增加的其他费用。

暂列金额的费率或额度由招标人在招标文件中明确。

2）计日工

计日工指完成招标人提出的工程量暂估的零星工作所需的费用，计日工表由招标人根据拟建工程的具体情况，详细列出人工、材料、施工机械的名称、规格型号、计量单位和相应数量而形成，并随工程量清单发至投标人。

3）激励约束考核费

指为确保铁路工程建设质量、建设安全、建设工期和投资控制，建立激励约束考核机制，根据有关规定计列的激励考核费用。

4）甲供材料费

指用于支付购买甲供材料的费用。甲供材料是指在工程招标文件和合同中约定，由铁道部或建设单位招标采购供应的材料。

5）设备费

指构成固定资产标准的和虽低于固定资产标准，但属于设计明确列入设备清单的一切需要安装与不需要安装的生产、动力、弱电、起重、运输等设备（包括备品备件）的购置费。设备费由设备原价和设备自生产厂家或来源地运至安装地点所发生的运输费、装卸费、手续费、采购及保管费等组成。

设备分为甲供设备、甲控设备和自购设备三类。甲供设备是指在工程招标文件和合同中约定，由铁道部或建设单位招标采购供应的设备；甲控设备是指在工程招标文件和合同中约定，在建设单位监督下工程承包单位采购的设备；自购设备是指在工程招标文件和合同中约定，由工程承包单位自行采购的设备。

5.3.2　工程量清单计价及应用

工程量清单计价是一种市场定价体系，在发达国家已非常流行，随着我国建设市场的不断成熟和发展，其计价方法也必然会越来越成熟规范。清单计价包括招标标底编制、投标报价、合同价款确定与调整、工程结算等内容。《铁路工程工程量清单计价指南》规定实行工程量清单计价招标投标的铁路建设工程，除招标文件另有规定外，其招标标底、投标报价的编制、合同价款确定与调整、工程结算均应按该指南执行。

1. 工程量清单的综合单价

工程量清单计价采用综合单价计价。综合单价反映完成最低一级的清单子目计量单位全部具体工程（工作）内容所需的费用。应包括但不限于以下费用。

1）人工费

指直接从事建筑安装工程施工的生产工人开支的各项费用。包括基本工资、津贴和补贴、生产工人辅助工资、职工福利费、生产工人劳动保护费。

2）材料费

指购买施工过程中耗用的构成工程实体的原材料、辅助材料、构配件、零件、半成品、成品所支出的费用和不构成工程实体的周转材料的摊销费。包括材料原价、运杂费、采购及保管费。投标报价时，材料费均按运至工地的价格计算。

材料分为甲供材料、甲控材料和自购材料三类。甲供材料是指在工程招标文件和合同中约定，由铁道部或建设单位招标采购供应的材料；甲控材料是指在工程招标文件和合同中约定，在建设单位监督下工程承包单位采购的材料；自购材料是指在工程招标文件和合同中约定，由工程承包单位自行采购的材料。

3）施工机械使用费

包括折旧费、大修理费、经常修理费、安装拆卸费、人工费、燃料动力费、其他费用。

4）填料费

指购买不作为材料对待的土方、石方、渗水料、矿物料等填筑用料所支出的费用。

5）措施费

包括施工措施费和特殊施工增加费。

6）间接费

包括施工企业管理费、规费和利润。

7）税金

包括营业税、城市维护建设税和教育费附加等。

8）一般风险费用

指投标人在计算综合单价时应考虑的招标文件中明示或暗示的风险、责任、义务或有经验的投标人都可以及应该预见的费用。包括投标文件明确应由投标人考虑的一定幅度范围内的物价上涨风险，工作量增加或减少对综合单价的影响风险，采用新技术、新工艺、新材料的风险以及招标文件中明示或暗示的风险、责任、义务或有经验的投标人都可以及应该预见的其他风险费用。

工程量清单计价表中，合价＝工程数量×综合单价，最低一级计量单位为"元"的清单子目，由投标人根据设计要求和工程的具体情况综合报价，费用包干。

2. 有关说明

工程量清单计价应包括按招标文件规定，完成工程量清单所列子目的全部费用。工程量清单子目的综合单价，根据指南规定的综合单价组成，按设计文件或参照指南中工程量清单计量规则的"工程（工作）内容"确定。招标工程如设标底，标底应根据招标文件中的工程量清单和有关要求、施工现场实际情况，合理的施工组织与方法以及按照铁道部发布的有关工程造价计价标准进行编制。投标报价应依据招标文件中的工程量清单和有关要求，根据按施工现场实际情况拟订的施工方案或施工组织设计，结合投标人的施工、管理水平及市场价格信息填报。

工程量清单中所列工程数量是估算的或设计的预计数量，仅作为投标的共同基础，不能作为最终结算与支付的依据。实际支付，应根据合同约定的计量方式，按指南的工程量计算规则，以实际完成的工程量，按工程量清单的综合单价计量支付；计量单位为"元"的清单子目可根据具体情况以工程进度按比例支付或一次性支付。

合同中综合单价因工程量变化或设计标准变更需调整时，除合同另有约定外，应按照下列办法确定：

（1）发包人提供的工程量清单漏项，或设计变更引起的新的工程量清单子目，其相应的综合单价的确定方法是：合同中已有适用于变更工程的价格，按合同已有的价格变更合同价款；合同中只有类似于变更工程的价格，可以参照类似价格变更合同价款；合同中没有适用或类似于变更工程的价格，由一方提出适当的变更价格，经双方协商确认后执行。

（2）由于工程量清单的工程数量有误或设计变更引起的工程量增减属合同约定幅度以内的，应执行原有的综合单价；属合同约定幅度以外的，其增加部分的工程量或减少后剩余部分的工程量的综合单价由一方提出，经双方协商确认后，作为估算的依据。

当施工合同签订后，由于发包人的原因，要求承包人按不同于招标时明确的设计标准进行施工或对其清单子目的实质性内容进行了调整或在招标时部分清单子目的技术标准、技术条件尚未明确，即使所涉及的该部分清单子目工程数量未发生改变，其综合单价亦应由一方提出调整，经双方协商确认后，按调整后的综合单价作为结算的依据。

由于工程量和设计标准的变更，且实际发生了除指南规定以外的费用损失，承包人可提出索赔要求，经双方协商确认后，由发包人给予补偿。

3. 工程量清单及其计价格式

1）工程量清单格式的填写规定

（1）工程量清单格式应由招标人填写，随招标文件发至投标人。

（2）填表须知除本指南内容外，招标人可根据具体情况进行补充。

（3）《铁路工程工程量清单计价指南》工程量清单以外的清单子目应按本指南的规定编制补充工程量清单计量规则表，并随工程量清单发给投标人。

（4）总说明按下列内容填写：

① 工程概况：包括建设规模、工程特征、计划工期、施工现场实际情况、交通运输情况、自然地理条件、环境保护和安全施工要求等。

② 工程招标和分包范围。

③ 工程量清单编制依据。

④ 工程质量、材料、施工等的特殊要求。

⑤ 其他需说明的问题。

（5）甲供材料数量及价格表由招标人根据拟建工程的具体情况，详细列出甲供材料名称及规格、交货地点、计量单位、数量、单价等。甲控材料表由招标人根据拟建工程的具体情况，详细列出甲控材料名称及规格、技术条件等。

（6）甲供设备数量及价格表应由招标人根据拟建工程的具体情况，详细列出甲供设备名称及规格型号、交货地点、计量单位、数量、单价等。甲控设备数量表由招标人根据拟建工程的具体情况，详细列出甲控设备名称及规格型号、技术条件和计量单位、数量等。自购设备数量表由招标人根据拟建工程的具体情况，详细列出自购设备名称及规格型号、技术条件和计量单位、数量等。

（7）甲供材料、甲供设备的单价应为交货地点的价格。

2）工程量清单计价格式的填写规定

（1）工程量清单计价格式应由投标人填写。

（2）封面应按规定内容填写、签字、盖章。

（3）投标报价总额应按工程量清单投标报价汇总表中的"投标报价总额"填写。

（4）工程量清单投标报价汇总表各章节的金额应与工程量清单计价表中各章节的金额一致。

（5）工程量清单计价表中的综合单价应与工程量清单子目综合单价分析表中的综合单价一致。

（6）工程量清单计价表和工程量清单子目综合单价分析表中的编码、名称、计量单位、工程数量应与招标人提供的工程量清单一致。

（7）工程量清单子目综合单价分析表应由投标人根据自身的施工和管理水平按综合单价组成分项自主填写，但间接费中的规费和税金应按国家的有关规定计算。

（8）暂列金额按招标文件规定的费率或额度计算。

（9）工程量清单投标报价汇总表中的"包含在暂列金额中的计日工"金额应与计日工费用汇总表中的"计日工费用总额"一致。

（10）计日工费用计算表中的人工、材料、施工机械名称、计量单位和相应数量应与招标人提供的计日工表一致，工程竣工后按实际完成的数量结算费用。

（11）工程量清单投标报价汇总表中的"设备费"金额应与设备费汇总表中的"设备费总额"一致。

（12）甲供材料费计算表中的材料编码、材料名称及规格、交货地点和计量单位、数量、单价等应与招标人提供的甲供材料数量及价格表一致。甲控材料价格表中的材料编码、材料名称及规格、技术条件等应与招标人提供的甲控材料表一致，所填写的单价应与工程量清单计价中采用的相应材料的单价一致，其单价为材料到达工地的价格。自购材料价格表应包括详细的材料编码、材料名称及规格和计量单位、单价，所填写的单价应与工程量清单计价中采用的相应材料的单价一致，其单价为材料到达工地的价格。

（13）设备费计算表：甲供设备费计算表中的设备编码、设备名称及规格型号、交货地点和计量单位、数量、单价等应与招标人提供的甲供设备数量及价格表一致。甲控设备费计算表中的设备编码、设备名称及规格型号、技术条件和计量单位、数量应与招标人提供的甲控设备数量表一致，单价由投标人自主填报。其单价为设备到达安装地点的价格，并应含物价上涨风险。自购设备费计算表中的设备编码、设备名称及规格型号、技术条件和计量单位、数量应与招标人提供的自购设备数量表一致，单价由投标人自主填报。其单价为设备到达安装地点的价格，并应含物价上涨风险。

4. 工程量清单在各种承包方式下的应用

2007 年铁道部发布的《铁路建设项目施工招标文件示范文本》将铁路建设项目承包分为施工单价承包、施工总价承包和工程总承包三种方式。针对不同的承包方式，工程量清单的应用方法有所不同。

1）施工单价承包

采用施工单价承包方式时由招标人根据鉴定审批的初步设计或施工图设计提供拟建工程项目工程量清单，投标人根据统一的计量规则和有关规定对工程量清单进行自主报价。中标后，双方签订施工合同，在规定工程量变化幅度范围内，合同单价不能随意改变，即合同单价相对稳定，工程量按项目实施中实际完成的按施工图纸核定的数量结算。该方式下施工单位承担单价风险，建设单位承担数量风险。因此，发包人要对清单质量负责，承包人要对单价负责，必须选择好施工方案，统筹安排好劳材机要素配置，对单位工程成本、现场费用、施工技术措施费用进行优化控制，编定投标价。

2）施工总价承包与工程总承包

施工总价承包是指招标人根据鉴定审批的初步设计或者施工图设计提出招标项目工程量清单，由投标人根据工程量清单和施工图进行报价，报价中包含一定额度的总承包风险费。在合同实施过程中，除根据合同约定可调的费用外，合同总价保持不变，采用合同总价下的工程量清单方式进行验工计价。

工程总承包是指招标人根据鉴定审批的初步设计提出招标项目工程量清单，投标人编制施工图设计大纲，并在规模、标准不变、功能满足要求的情况下，调整工程量清单并据以报价。发包人选定中标人后，项目开工前，根据工程进度需要，确定节点工程划分表，并将签约合同价（除施工图勘察设计费）分劈到各计价节点，形成付款计划表，其中总承包风险费也按照工程进度和风险大小比例分劈到各计价节点。承包人完成发包人确定的节点工程并验收合格后，按照付款计划表约定的节点工程计价额进行支付。施工图勘察设计费按照约定的勘察设计节点单独支付。

上述两种总承包方式都是招标人提供拟建工程项目工程量清单，投标人对工程数量和单价都进行填报，承包人既对单价负责，又要对工程数量负责。指南是根据单价承包方式编写的，当建设项目实行总价承包方式时，应作以下调整：删除"暂列金额"、"计日工"、"工程保险费"等相关内容；在"工程量清单投标报价汇总表"中增加"总承包风险费"栏目；当采用工程总承包时，在指南清单格式"第十一章其他费"中增加"施工图勘察设计费"清单子目。

5.4 铁路工程工程量计算规则

本节依据《铁路工程工程量清单计价指南》及《铁路工程概预算工程量计算规则》介绍站前工程工程量计算规则。

5.4.1　铁路工程工程量计算规则与方法

工程量计算规则是根据计量对象的特殊性，为使计算简便可行而制定的工作量计算规则，是对清单项目工程量的计算规则和对相关清单项目的计量界面的划分。在工程实施过程中，计量与支付必须严格执行工程量计算规则。

我国铁路工程现行的工程量计算规则依据为：

（1）《建筑工程建筑面积计算规范》（GB/T 50353—2005）。2005 年 7 月 1 日建设部以"326 号"文件发布，为国家标准。其中包括建筑面积及各分部分项工程的计算规则，是目前铁路工程计算施工工程量的重要依据之一。

（2）《铁路工程工程量清单计价指南》。指南中"工程量清单计量规则"是目前编制"铁路工程量清单"时计算工程量的重要准则。铁路工程量清单计量规则由编码、节号、项目名称、计量单位、项目划分特征、工程量计算规则和工程内容组成。

5.4.2　共性计量规则

1）土石方数量以体积计算时，开挖与运输数量以天然密实体积计算，填筑数量以压（夯）实后体积计算。土石方体积如需换算时，除另有规定，可按表 5-2 中的系数换算。

土石方体积换算系数　　　　　　　　　　　　　　　表 5-2

岩土类别	天然密实体积	压（夯）实后体积	松散体积
松土	1.11	1.00	1.39
普通土	1.05	1.00	1.42
硬土	1.00	1.00	1.45
软石	0.90	1.00	1.35
次坚石、坚石	0.84	1.00	1.34

2）平整场地指原地面挖填土方厚度在 ±0.3m 以内的原土找平。挖填土方厚度超出 ±0.3m 以外时，按土石方挖填数量计算。

3）平整场地数量按设计平整场地面积计算。

4）沟槽、基坑开挖、回填：

（1）沟槽、基坑开挖数量以天然密实体积计算，填筑数量以压实体积计算。

（2）当在天然土层上挖沟槽、基坑，深度在 5m 以内，施工期较短，坑底在地下水以上，土的湿度接近最佳含水量，土层构造均匀计算挖沟槽、基坑工程量需放坡时，放坡坡度见表 5-3。

沟槽、基坑开挖放坡坡度　　　　　　　　　　　　　表 5-3

岩土分类	坑壁坡度		
	坡顶缘无载重	坡顶缘有静载	坡顶缘有动载
砂类土	1∶1	1∶0.25	1∶1.5
碎石类土	1∶0.75	1∶1	1∶1.25
黏性土、粉土	1∶0.33	1∶0.5	1∶0.75

岩土分类	坑壁坡度		
	坡顶缘无载重	坡顶缘有静载	坡顶缘有动载
老黄土	1：0.10	1：0.25	1：0.33
极软岩、软岩	1：0.25	1：0.33	1：0.67
较软岩	1：0	1：0.1	1：0.25
极硬岩、硬岩	1：0	1：0	1：0

注：1. 挖沟槽、基坑通过不同土层时，边坡可分层选定，并酌留平台。

2. 在既有建筑物旁开挖时，应符合设计文件规定。

3. 计算放坡时，在交接处的重复工程量不予扣除，原槽、坑作基础垫层时，放坡自垫层上表面开始计算。

（3）沟槽、基坑深度大于 5m 时，应将坑壁坡度适当放缓或加设平台。每开挖 2m 加设平台，平台宽度按 0.8m 计算。

（4）当土的湿度可能引起坑壁坍塌时，坑壁坡度应缓于该湿度下土的天然坡度。

（5）基础施工所需工作面的宽度：

① 桥涵基础施工所需的工作面，无水土质基坑底面，按基础设计平面尺寸每边放宽 0.5m 计算。有水基坑底面，应满足四周排水沟与汇水井的设置需要，按每边放宽 0.8m 计算。

② 除另有规定外，其他构筑物基础所需工作面宽度见表5-4。

基础施工所需工作面宽度 表5-4

基础材料	每边各增加工作面宽度（m）	基础材料	每边各增加工作面宽度（m）
砖基础	0.20	混凝土垫层、基础支模板	0.30
浆砌石基础	0.15	基础垂直面做防水层	0.80（防水层面）

（6）挖管道沟槽，沟底宽度设计有规定的按设计规定的尺寸计算，设计无规定的可按管道外径加 0.6m 计算。计算管道沟土石方开挖数量时，除另有规定外，各种井类及管道接口等处需加宽增加的土石方量按沟槽全部土石方开挖体积的 2.5% 计算。

（7）挖沟槽、基坑需支挡土板时，其宽度按设计图示沟槽、基坑底宽，单面加 0.1m，双面加 0.2m 计算，除另有规定外，挡土板面积按槽、坑垂直支撑面积计算，支挡土板后不得再计算放坡。

（8）沟槽、基坑开挖的工程量，放坡开挖的按规定的放坡系数及预留台阶后的沟槽、基坑设计容积计算，支护开挖的按支护外围面积乘沟槽、基坑深度计算。除另有规定外，沟槽、基坑深度是指设计图示沟槽、基坑中心地面或开挖面标高至沟槽、基坑地面标高的深度。

（9）沟槽、基坑回填的工程量按设计开挖体积扣除回填面标高以下构筑物（含基础及垫层等）所占的体积计算；管道沟槽回填的工程量，管径 500mm 以上的，按开挖体积扣除管道所占的体积计算；管径 500mm 以下的，不扣除管道所占的体积，借方回填的数量应通过换算系数计算。

（10）余土或取土工程量，可按下式计算：余土外运体积＝挖土总体积－回填土总体积；式中计算结果为正值时为余土外运体积，负值时为取土体积。

（11）土（石）方运距，按挖方区重心至填方或堆方区重心之间的最短距离计算。

（12）汽车运输运距按 1km 进级，不足 1km 者按 1km 计，其余运输方式按 10m 进级，不足 10m 者按 10m 计。

（13）砌体体积按设计图示尺寸以实体体积计算，除另有规定外，不扣除预留孔洞、预埋件的体积。勾缝、抹面按设计砌体表面勾缝、抹面的面积计算。

（14）混凝土的体积，按混凝土设计尺寸以实体体积计算，除另有规定外，不扣除混凝土中钢筋（钢丝、钢绞线）、预埋件和预留压浆孔道等所占的体积。

（15）非预应力钢筋的重量按钢筋设计长度（应含架立筋和定位筋）乘理论单位质量计算。不得将搭接和焊接、绑扎材料、接头套筒、垫块等材料计入工程数量。

（16）预应力钢筋（钢丝、钢绞线）的重量按设计图示结构物内的长度或两端锚具之间的预应力筋长度乘理论单位重量计算。不得将张拉等施工所需的预留长度部分和锚具、管道、锚板及连接钢板、封锚、捆扎、焊接材料等计入工程数量。

（17）钢结构的重量按设计图示尺寸计算，不含焊接材料、下脚料、缠包料和垫衬物、涂装料等的重量。

（18）复合地基处理桩（包括石灰桩、碎石桩、水泥搅拌桩、旋喷桩、砂桩、CFG 桩等），其桩身设计按设计桩长乘以设计桩截面积计算，其桩长按设计桩顶至桩底的长度计算。

（19）钢筋混凝土管桩的数量按设计图示桩顶至桩底的长度计算。

（20）各类桩基如需试桩，按设计文件要求计入工程数量。

（21）桩帽（板）混凝土按设计体积计算，桩帽（板）钢筋按设计重量计算。

（22）工程量以面积计算时，除另有规定外，按设计图示中心线的长度计算，并将附加长度计入工程量。附加长度包括垂度、弛度、预留长度等。

（23）除另有规定外，工地设场预制的小型构件，其运输及操作损耗，素混凝土构件按 2%、钢筋混凝土构件按 1% 计算，计入工程数量。

（24）除另有规定外，拆除数量的计算执行所对应的新建子目工程量计算规则。

5.4.3　路基工程工程量计算规则

路基工程包括区间路基土石方、站场土石方和路基附属工程。

1. 区间路基和站场土石方计算规则

当以填方压实体积为工程量，采用以天然密实方为计量单位的定额时，所采用的定额应乘以表 5-5 所示的系数；挖方以设计开挖断面按天然密实体积计算，含侧沟的土石方数量；因设计要求清除表土后或原地面压实后回填至原地面高程所需的土石方按设计图示确定的数量计算，纳入路基填方数量内。路堤填筑按照设计图示填筑线计算土石方数量，护道土石方、需要预留的沉降数量计入填方数量。清除表土的数量和路堤两侧因机械施工需要超填帮宽等而增加的数量，不单独计量，其费用应计入设计断面。既有线改造工程所引起的既有路基落底、抬坡的土石方数量应按照相应的土石方的清单子目计量；路堑开挖按照设计开挖线计算土石方数量；光面（预裂）爆破数量按照设计边坡面积计算。

岩土类别 铁路等级		土 方			石 方
		松土	普通土	硬土	—
设计速度 200km/h 及以上铁路	区间	1.258	1.156	1.115	0.941
	站场	1.230	1.130	1.090	0.920
设计速度 160km/h 及以下Ⅰ级铁路	区间	1.225	1.133	1.092	0.921
	站场	1.198	1.108	1.068	0.900
Ⅱ级及以下铁路	区间	1.125	1.064	1.023	0.859
	站场	1.100	1.04	1.000	0.840

换 算 系 数　　　　　　　　　　　　　　　表 5-5

2. 路基附属工程工程量计算规则

路基附属工程包括附属土石方及加固防护和支挡结构两大部分。

1）全坡面护坡、护墙，其挖基数量仅计算原地面（或路基面）线以下部分；骨架护坡挖基需另计在坡面开挖沟槽的数量。

2）砂浆锚杆按设计锚杆的长度计算。

3）喷射混凝土按喷射面积乘设计厚度以混凝土体积计算。

4）沙漠路基防护：

（1）铺卵石按设计铺设面积计算。

（2）栽草方格按设计外围面积计算。

（3）铺黏土按设计实体体积计算。

（4）树条沙障、刺钢丝网按设计长度计算。

5）地基处理：

（1）插塑料排水板按设计长度计算。

（2）钻孔按设计钻孔长度计算，压浆按设计压浆体积计算。

（3）强夯加固地基按设计夯击面积计算。

（4）地基垫层按设计压实后的体积计算。

（5）钢筋混凝土管桩的数量按设计图示桩顶至桩底的长度计算。

6）铺设土工材料：

（1）铺设土工材料、土工膜、土工格室、土工格栅等按设计图示铺设面积所示，工艺要求的搭接和回折部分不另计，但特殊设计需要回折的，回折部分另行计算并纳入工程数量中。

（2）路基边坡斜铺土工网垫按照设计铺设面积计算，定额中已经包括了撒播草籽。

（3）透水软管按设计软管敷设长度计算。

7）填筑砂石等按设计填筑体积计算。

8）铺设排水管道按设计管道长度计算。

3. 支挡部分工程量计算规则

1）锚杆挡土墙：

（1）锚杆、锚索制安按所需主材（钢筋或钢绞线）质量计算，附件质量不得计入。其计算长度是指嵌入岩土设计的有效长度，按规定应留的外露部分及加工过程中的损耗，均已计入定额。

（2）钻孔及压浆按设计钻孔长度计算。

（3）锚墩、承压板制安按设计数量以"个"计算。

2）加筋土挡墙：

（1）编织带拉筋按设计拉筋长度计算。

（2）钢塑复合带拉筋按设计拉筋带质量计算。

3）挡土墙栏杆按设计长度以"延长米"计算。

4）防水层、伸缩缝按设计敷设面积计算。

5）抗滑桩桩孔开挖：不论哪一深度均执行总孔深定额。桩身混凝土工程量按桩顶至桩底的长度乘以设计桩断面积计算，不包括护壁混凝土的数量。护壁混凝土按设计实体体积另计。

4. 其他

（1）路堤填筑压实应区分铁路等级或设计速度按设计压实后体积计算。

（2）过渡段填筑压实应区分路桥、路涵、路堤与硬质岩路堑过渡段，按设计压实后体积计算。

（3）级配碎石拌制按设计压实后体积计算。

（4）沉降板、位移桩按设计观测断面数量以"个"计算。

（5）洒水按设计要求以洒水重量计算。

（6）在斜坡上挖台阶按设计水平投影面积计算。

（7）路拱、路面、底面、边坡修整按设计修整面积计算。

（8）割草、挖竹根按设计外围面积计算。

（9）挖树根按树的数量以"棵"计算。

（10）喷播植草、喷混植生、栽植露地花卉、花坛内应季花草、铺草皮、撒草籽、铺设植生袋和花卉、草皮养管按设计外围面积计算。

（11）栽植香根草、穴植容器苗按设计数量以"株"计算。

（12）灌木、乔木栽植、养护按设计数量以"株"计算。

（13）绿篱栽植及养管分单双排按设计栽植长度计算。

（14）栽植攀缘植物按设计数量以"株"计算。

（15）换填种植土按设计换填体积计算。

例 5-1　某设计速度 160km/h 的 I 级铁路工程，区间路基挖方 80000m³（普通土），全部利用挖掘机挖装，自卸汽车运输 2km。填方 100000m³，除利用方外的缺口需借土，挖掘机挖装，自卸汽车运输 5km。试编制工程量清单并套用定额。

解：由于挖方 80000m³ 全部移挖作填利用，挖方为天然密实体积，可按此数量直接套用相应的定额子目，而填方为压实后的体积，80000m³ 普通土压实后的体积应换算为 80000/1.133＝70609m³，依此计算借土填方的数量为 100000－70609＝29391m³（压实体积），借土开挖数量实际为 29391×1.133＝33300m³，但在编制概算时，不体现在工程数量上，而是体现在套用定额时乘以换算系数。工程量清单见表 5-6，套用定额见表 5-7。

例 5-1 工程量清单表

表 5-6

清单第二章路基

编　码	节　号	名　　称	计量单位	工程数量
0202	2	区间路基土石方	正线公里	
0202J		Ⅰ建筑工程费	m³	
0202J01		一、土方	m³	
0202J0101		（一）挖土方	m³	80000
0202J0102		（二）利用土填方	m³	70609
0202J0103		（三）借土填方	m³	29331

例 5-1 套用定额

表 5-7

编　码	节　号	名　　称	计量单位	工程数量
0202	2	区间路基土石方	正线公里	
0202J		Ⅰ建筑工程费	施工方/断面方	109331/179940
0202J01		一、土方	施工方/断面方	109331/179940
0202J0101		（一）挖土方	m³	80000
		1. 挖土方（运距不大于1km）	m³	80000
LY-35		挖掘机装车不大于2m³，挖掘机、普通土	100m³	800
LY-142		不大于8t自卸汽车运土，增运不大于1km	100m³	800
		2. 增运土方（运距大于1km的部分）	m³	80000
LY-143		不大于8t自卸汽车运土，增运不大于1km	100m³	800
0202J0102		（二）利用土填方	m³	70609
LY-430		压路机压实	100m³	706.09
0202J0103		（三）借土填方	m³	29331
		1. 挖填土方（运距不大于1km）	m³	29331
LY-35×1.133		挖掘机装车不大于2m³，挖掘机、普通土	100m³	293.31
LY-I42×1.133		不大于8t自卸汽车运土，增运不大于1km	100m³	293.31
LY-430		压路机压实	100m³	293.91
		2. 增运土方（运距大于1km的部分）	m³	29331
LY-143×4×1.133		不大于8t自卸汽车运土，增运不大于1km	100m³	293.31

5.4.4 桥涵工程工程量计算规则

1. 桥梁下部工程工程量计算规则

1）挖基及抽水：

（1）基坑开挖的工程量按基坑设计容量计算。

（2）挡土板支护工程量按所支挡的基坑开挖数量计算。

（3）基坑深度一般按坑的原地面中心标高、路堑地段按路基成型断面路肩设计标高至坑底的标高计算。

（4）井点降水使用费的计算，以 50 根井点管为一套，不足 50 根的按一套计。使用天数按施工组织设计确定的日历天数计算，24h 为一天。

（5）无砂混凝土管井应区分不同管径按设计管井长度计算。与无砂混凝土管井配套的水泵台班数量，按施工组织设计确定的日历天数计算，24h 为一天，每天每台水泵计 3 个台班。不足 8h 的，按一个台班计算。

（6）基坑抽水应区分不同出水量，按地下水位以下的湿处开挖数量计算。已含开挖、基础浇（砌）筑及至混凝土终凝期间的抽水。

（7）抽静水定额仅适用于排除水塘、水坑等的积水。工程量按设计抽水量计算。

2）围堰与筑岛：

（1）围堰堰顶宽度按 2.0m 计算，长度按围堰中心长度、高度按设计施工水位加 0.5～1.0m 计算。

（2）围堰填筑坡度，土坝围堰按外侧 1∶2、内侧 1∶1 计算，土袋围堰按外侧 1∶1、内侧 1∶0.5 计算。

（3）堰底内侧坡脚距基坑顶缘距离按 1m 计算。

（4）围堰内填心数量，按设计填筑数量计算。

3）打拔钢板桩按设计钢板桩重量计算。

4）钢围堰制作、拼装按设计的围堰身重量计算，不包括工作平台的重量。

5）拼装船组拼拆按设计使用次数计算。

6）下沉设备制安拆按设计使用墩数计算。

7）钢围堰浮运按设计确定所需的浮运重量计算。

8）双壁钢围堰在水中下沉的工程量按围堰外缘所包围的断面积乘以施工设计水位至原河床面中心标高的高度计算。

9）双壁钢围堰在覆盖层下沉的工程量按围堰所包围的断面积乘以河床面中心标高至围堰刃脚基底中心标高的高度计算。

10）钢围堰拆除的工程量按施工组织设计确定的拆除数量计算。

11）双壁钢围堰基底清理的工程量按围堰刃脚外缘所包围的断面积计算。

12）钢围堰内抽水按设计所需抽水量计算。

13）浮箱组拼拆除按设计所需的只数计算。

14）定位船、导向船及锚碇设备：

（1）定位船舱面设备按施工组织设计所需数量以"艘"计算。

（2）导向船舱面设备按施工组织设计使用墩数计算。

（3）连接梁按施工组织设计以重量计算。

（4）锚碇按施工组织设计确定的锚的数量计算。

15）钻孔桩及挖孔桩

（1）钻孔桩的钻孔深度，陆上以地面高程、水上以河床面高程、筑岛施工以筑岛平面高程、路堑地段以路基设计成型断面路肩高程至桩尖设计高程计算。当采用管桩作为钻孔护筒时，钻孔深度应扣除管桩的入土深度。

（2）钻孔桩桩身混凝土工程量按承台底至桩底的长度乘以设计桩径的断面积计算，不得将扩孔因素计入工程量。

（3）水中钻孔工作平台的工作量，一般钻孔工作平台按承台面尺寸每边各加2.5m计算面积，钢围堰钻孔工作平台按围堰外缘尺寸每边加1m计算面积。

（4）钢护筒和钢导向护筒的工程量按设计重量计算，包括加劲肋及连接部件的重量，不包括固定架的重量。当设计确定困难时，可参考表5-8所列计算，当设计桩径介于表列桩径之间时，采用内插法计算。

不同桩径对应的钢护筒重量

表 5-8

桩径（m）		0.6	0.8	1.0	1.2	1.25	1.5	2.0	2.5	3.0
钢护筒重量（kg/m）	陆上	83.28	103.99	187.37	218.45	226.22	309.42	457.4	701.74	831.22
	水上	—	—	—	—	—	353.82	572.27	842.72	998.08

（5）钻孔用泥浆和钻渣外运工程量按钻孔体积计算，计算公式为

$$V = 0.25\pi D^2 H$$

式中　　D——设计桩径（m）；

　　　　H——钻孔深度（m）。

（6）声测管数量按设计所需钢管重量计算。

（7）挖孔桩孔深是指设计开挖面中心标高至桩底标高的深度，开挖工程量按护壁外缘包围的断面积乘以设计孔深计算。

（8）挖孔桩桩身混凝土工程量按承台底至桩底的长度乘以设计桩径断面积计算，不包括护壁混凝土数量。护壁混凝土按设计实体体积计算，木护壁按设计孔壁面积计算。

（9）挖孔抽水按设计地下水位以下的开挖体积计算。

16）钢筋混凝土方桩与管桩：

（1）钢筋混凝土方桩预制与沉入的工程量按承台底至桩尖的长度乘以桩径断面积计算。桩靴按设计重量计算。方桩接头按设计接头个数计算。

（2）钢筋（预应力）混凝土管桩的工程量按承台底至桩尖的长度计算。

（3）钢管桩制作的工程量按设计重量计算。

（4）钢管桩沉入的工程量按承台底至桩尖的长度计算。

（5）船上打桩工作平台按施工组织设计确定的打桩船数量计算。

17）管柱：

（1）管柱下沉定额中未含管桩的数量。预制管桩的工程量按承台底至柱底的长度计算。钢桩靴按设计重量计算。

（2）管柱下沉的工程量按设计的入土深度计算。

（3）管柱及钻孔内清孔洗壁按设计管桩根数计算。

18）沉井：

（1）沉井支撑垫木铺拆按沉井刃脚周长计算。

（2）沉井土模制作按设计的土模实体体积计算。

（3）沉井陆上下沉的工程量按沉井外缘所包围的断面积乘以原地面或筑岛平面中心标高至沉井刃脚基底中心标高的高度计算。

（4）浮运钢沉井在水中下沉的工作量按钢沉井外缘所包围的断面积乘以设计施工水位至原河床面中心标高的高度计算。

（5）浮运钢沉井覆盖层下沉的工程量按钢沉井外缘所包围的断面积乘以河床面至沉井刃脚基底中心标高的高度计算。

（6）沉井基底清理的工程量按沉井刃脚外缘所包围的断面积计算。

（7）沉井内壁管路制安拆工程量按沉井混凝土实体体积计算。

19）墩台

（1）混凝土冷却管制安按设计管道重量计算。

（2）劲性钢骨架的工程量按设计钢结构重量计算，不包括钢筋的重量。

2. 桥梁上部工程工程量计算规则

1）拱桥

（1）钢拱架安拆按设计所需钢材重量计算。

（2）木拱架按设计所需木材体积计算。

2）梁体内预埋钢件按设计钢件重量计算

3）架设 T 梁

（1）架设铁路桥 T 梁按设计数量以"单线孔"计算。

（2）架设公路桥 T 梁按设计数量以"片"计算。

（3）架桥机安拆、调试按施工组织设计确定的次数计算。

（4）桥头线路加固按设计桥梁座数计算。

4）架设钢梁

（1）架设简支钢板梁按设计数量以"单线孔"计算。

（2）架设钢桁架按设计杆件和节点板的重量计算，不包括附属钢结构、检修设备走行轨和支座、高强度螺栓的重量。

（3）钢桁梁架设用上下滑道按设计滑道长度计算。

（4）钢桁架纵移、横移按设计钢梁重量与移动距离之乘积以"t·m"计算。

（5）钢桁架就位按设计孔数计算。

（6）浮箱压重安拆按设计压重与次数之乘积以"t·次"计算。

（7）钢桁架拼装脚手架制安拆按设计脚手架杆件重量计算。

（8）临时走道制铺拆按设计走道长度计算。

（9）吊索塔架制安拆按设计塔架杆件重量计算，吊索塔架卸载与走行按钢梁孔数计算。

（10）安全网安拆按沿桥梁的长度计算。

5）钢管拱

（1）钢管拱按设计重量计算，不包括支座和钢管拱内混凝土的重量。

（2）系杆按设计重量计算，不包括锚具、保护层（套）的重量。

6）斜拉桥

（1）斜拉索的工程量按设计斜拉索重量计算，不包括锚具、锚板、锚箱、防腐料、缠包带的重量。

（2）斜拉索张拉的工程量按设计数量计算，每根索为一根次。

（3）斜拉索调索的工程量按设计要求计算，每根调整一次算一次。

（4）斜拉桥钢梁的工程量按杆件设计和节点板的重量计算，包括锚箱重量，不包括附属钢结构、检修设备走行轨和支座、高强度螺栓的重量。

　　7）支座

　　（1）简支梁金属支座、板式橡胶支座按设计简支梁单线孔数计算。

　　（2）盆式橡胶支座按设计支座个数计算。

　　（3）钢桁架金属支座按设计支座重量计算。

　　8）铁路桥面

　　（1）钢筋混凝土栏杆安装按设计栏杆双侧长度计算。

　　（2）铁路桥面防护网按设计网面面积计算。

　　（3）桥上电缆槽、明桥面风水管路按设计桥长计算。

　　（4）护轮轨按设计铺设长度计算，不包括弯轨和梭头的长度。弯轨和梭头按桥梁座数计算。

　　（5）梁端伸缩缝按横向设计敷设长度计算。

　　9）桥上设施

　　（1）围栏、吊篮支架、栏杆、检查梯、铁镫、护栅按设计金属构件质量计算。

　　（2）桥梁拼装式检查工具按设计套数计算，固定设备按桥梁孔数计算，悬吊式检查设施按设计套数计算。

　　（3）预应力混凝土梁检查车轨道按设计长度计算。

　　（4）通信、信号、电力支架按设计套数计算。

　　（5）防振落梁挡块内钢筋及旧钢轨数量按设计钢材质量计算。

　　10）缆索吊

　　（1）钢塔式起重机、地锚钢结构、索鞍、主缆、牵引索、缆风索、锚绳钢绞线等按设计金属件质量计算。

　　（2）地锚混凝土按设计混凝土实体体积计算。

　　3.涵洞工程工程量计算规则

　　1）涵洞构造

　　涵洞是横穿路堤内的建筑物，它由洞身、出入口和基础三大部分组成，称为涵洞的主体工程。此外，还有出入口河床和路堤边坡加固部分，称为涵洞的附属工程。涵洞按其修建的材料不同有石涵、混凝土涵、钢筋混凝土涵等。按其截面形状的不同有箱涵、圆涵、拱涵等。

　　2）倒虹吸管

　　（1）钢筋混凝土倒虹吸管身及套管数量按设计管身长度计算。

　　（2）倒虹吸附属设施按设计数量以"单线孔"计算。

　　（3）铸铁管管节按设计管身长度计算。曲管或丁字管按安装管件设计重量计算。

　　3）渡槽

　　（1）渡槽双侧人行道栏杆按设计长度计算。

　　（2）止水缝按设计孔数计算。

　　（3）支座按设计重量计算。

　　4.既有线顶进桥涵工程

　　1）顶进框架式桥涵身重量按设计的钢筋混凝土桥涵身和钢刃脚的重量计算。

2）打拔槽钢桩的数量按不同桩长的设计根数计算。打拔钢板桩按设计钢板桩重量计算。

3）底板隔离层及润滑层按设计面积计算。

4）桥涵身涂石蜡按设计涂层面积计算。

5）桥涵身止水缝按设计止水缝长度计算。

6）钢构件、预埋钢件按设计钢件重量计算。

7）桥涵身顶进的工程量按设计顶层计算，即为被顶进的结构重心移动的距离。

8）接缝处隔板与钢插销的工程量按桥身外沿周长计算。

9）框架桥人行道栏杆按设计单侧栏杆长度计算。

10）既有线加固

（1）横抬梁法加固按设计加固股道数计算。

（2）施工便梁法加固按设计孔数计算。

5. 其他工程

1）防水层、防护层（纤维混凝土除外）和伸缩缝按设计敷设（喷涂）面积计算。纤维混凝土防护层按设计混凝土体积计算。

2）枕木垛、木支架搭拆按设计木料体积计算。

3）吊轨梁、扣轨梁安拆按设计单线长度计算。

4）军用梁、钢万能脚手架安拆按设计军用梁重量计算。

5）使用满堂式支架搭拆定额时，满堂支架的工程量按以下公式计算：

满堂支架空间体积＝梁底至地面的平均高度×［梁的跨度(L_p)－1.2］×（桥面宽＋1.5）

6）现浇梁支架堆载预压重量按设计梁重乘 1.2 的系数计算。

7）桥上电缆槽：

（1）电缆槽按设计电缆槽长度计算。

（2）电缆槽托架按设计托架重量以"t"计算。

8）拆除及凿毛：

（1）拆除砌体与混凝土按砌体与混凝土的实体体积计算。

（2）混凝土凿毛按设计表面凿毛面积计算。

（3）拆除钢板梁按拆除孔数计算。

9）航标灯支架制安按设计所需设置航标灯的墩数计算。

10）限高防撞架按设计防撞架钢结构重量计算。

11）零小构件防腐处理按设计构件重量计算。

12）铁路便线轨道铺拆及使用按设计便线长度计算。

13）栈桥应区分不同水深按设计长度计算。

5.4.5　隧道工程工程量计算规则

1. 隧道长度

按隧道进出口（含与隧道相连的明洞）洞门端墙墙面之间的距离，以端墙面与内轨顶面的交线同线路中线的交点计算。双线隧道按下行线长度计算；设有缓冲结构的隧道长度应从缓冲结构的起点计算。

2．洞口开挖、出砟

正洞洞身开挖、出砟的工程数量，按图示不含设计允许超挖、预留变形量的设计开挖断面数量计算，包含沟槽及各种附属洞室的开挖数量。挤压性围岩，按设计单独提出加大的预留变形量，计入开挖量中，不扣除定额中包含的预留变形量。

出砟运距系指隧道工程依据施工组织设计所划分的正洞独立施工段落中的最大独头运输距离，当通过辅助坑道施工正洞时，应根据不同施工方向分别计算运距。

3．支护

1）喷射混凝土的工程数量，按喷射面积乘以设计厚度以混凝土体积计算。喷射面积按设计外轮廓线计算。

2）锚杆工程数量按锚杆设计长度计算。砂浆锚杆按每根长 3m、直径 22mm 考虑，中空锚杆、自钻式锚杆按每根长 3m 考虑，当杆径变化时，可调整其钢筋及锚杆体规格。

3）格栅钢架、型钢钢架工程数量，按设计钢架及除螺栓、螺母以外的连接钢材的重量计算。

4）超前支护：

(1) 管棚钻孔与顶管按设计钻孔与钢管长度计算。

(2) 超前小导管按设计钢管长度计算。

(3) 注浆按设计注浆体积计算。

4．洞身衬砌

1）正洞洞身衬砌混凝土拌制浇筑及运输的工程数量，按图示不含设计允许超挖回填、预留变形量的设计衬砌断面数量计算，包含沟槽及各种附属洞室衬砌数量。

2）模板：

(1) 洞身模板按设计洞身长度计算。

(2) 沟槽模板按设计沟槽长度计算。

3）防水板、明洞防水层按设计敷设面积计算。

4）止水带、盲沟、透水软管按设计长度计算。

5）拱顶压浆工程数量，设计时可按每延长米 0.25m³ 综合考虑。

6）明洞衬砌：

(1) 砌体与混凝土按设计实体体积计算。

(2) 拱顶回填按设计回填实体体积计算。

(3) 黏土防水层按实体体积计算，甲、乙、丙种防水层按设计敷设面积计算。

7）通风及管线路：

正洞通风及管线路按设计隧道长度计算。

8）洞口：

(1) 洞门砌体及混凝土按设计实体体积计算。

(2) 钢制检查梯按设计钢材重量计算。

(3) 洞门装饰按设计面层表面积计算。

(4) 洞门牌及号码按设计个数设计。

9）辅助坑道：

(1) 辅助坑道开挖、出砟数量，均按图示不含设计允许超挖、预留变形量的设计开挖断面数量计算，包含沟槽及各种附属洞室的开挖数量。

（2）辅助坑道衬砌混凝土拌制、浇筑及运输数量，均按图示不含设计允许超挖回填、预留变形量的设计衬砌断面数量计算，包含沟槽及各种附属洞室衬砌数量。

（3）斜井开挖、衬砌数量，应包含井身、井底车场、砟仓、水仓与配电室等综合开挖、衬砌数量。

（4）辅助坑道通风及管线路按设计辅助坑道长度计算。

①平行导坑长度为洞口至平行导坑尽头的距离，贯通的平行导坑为两洞口间的距离。

②斜井（有轨）长度为井口至斜井井身与井底车场中心线相交点的斜长加井底车场到隧道边墙内轮廓线的距离。

③横洞及无轨斜井长度为洞口至隧道边墙内轮廓线的中心线距离。

④竖井长度为锁口至井底的距离。

10）材料运输：

材料运输，按正洞和辅助坑道分别计算，其材料重量计算范围为支护、洞身衬砌中钢筋及钢筋混凝土盖板、防水与排水材料。

11）改扩建工程：

（1）圬工拆除按设计拆除实体体积计算。

（2）混凝土、岩体凿毛按设计表面凿毛面积计算。

（3）凿槽按设计凿槽长度计算。

（4）衬砌按设计混凝土体积计算。

（5）凿排水槽、堵漏注浆、堵漏嵌缝按漏水缝长度计算。

（6）喷止漏浆液按设计喷射面积计算。

（7）线路加固：

①扣轨梁按设计数量以"组次"计算。

②支墩按线路设计加固路长度计算。

③钢拱架按设计数量以"架次"计算。

（8）管线路铺拆按设计所需各种管线路长度计算。

（9）管线路使用、照明用电按设计改扩建隧道长度计算。

12）监控量测：

（1）地表下沉与底板沉降、拱顶下沉按设计测点数量计算。

（2）隧道净空变化按设计基线条数计算。

例 5-2 某暖道洞身工程，某段洞身长 33m，其截面及尺寸如图 5-4 所示，试求其土石方开挖量、混凝土需要量。

解：（1）土石方开挖量计算如下：

开挖面积计算如下（图 5-2）：

S_1 的计算：

$$S_1 = \frac{100\pi}{360} \times 687^2 = 411870 \text{cm}^2 = 41.187 \text{m}^2$$

S_2 的计算：

$$S_2 = \frac{64.216\pi}{360} \times 569.1^2 = 181500 \text{cm}^2 = 18.15 \text{m}^2$$

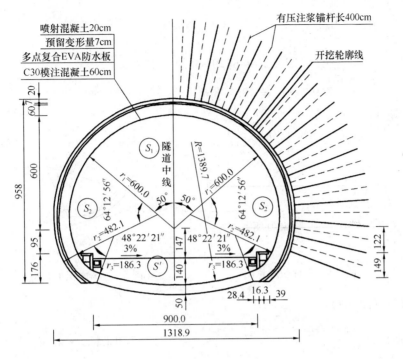

图 5-2 洞身构造示意图

S_3 的计算（图 5-3、图 5-4）：

$$L_{AD} = 482.1 - 186.3 = 295.8 \text{cm}$$

$$L_{OE} = 295.8 \times \sin 24.216° = 121.33 \text{cm}$$

$$L_{AE} = 295.8 \times \cos 24.216° = 269.77 \text{cm}$$

$$L_{CO} = 2 \times 117.9 \times \sin 50° = 180.63 \text{cm}$$

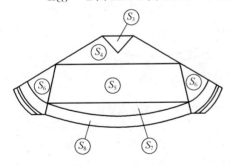

图 5-3 S_3 面积示意图

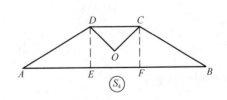

图 5-4 S_4 面积示意图

$$S_4 = S_{ABCD} - S_3$$

$$= \frac{1}{2}(180.63 + 269.77 + 269.77 + 180.63) \times 121.33 - 6845$$

$$= 47802 \text{cm}^2 = 4.7802 \text{m}^2$$

S_5 的计算（图 5-5）

$$L_{AE'} = 186.3 \times \cos 17.142°（已知未标）= 178.02 \text{cm}$$

$$L_{D'E'} = 186.3 \times \sin 17.142° = 54.91 \text{cm}$$

$$S_5 = \frac{1}{2}(2 \times L_{AB} + L_{D'E'} + L_{F'C'}) \times L_{AE'}$$

$$= \frac{1}{2}(2 \times 720.17 + 54.91 \times 2) \times 178.02$$

$$= 137.979 \text{cm}^2 = 13.798 \text{m}^2$$

S_6 的计算（图 5-6）：

$$S_6 = \frac{48.373\pi}{360} \times 273.3^2 = 31530 \text{cm}^2 = 3.153 \text{m}^2$$

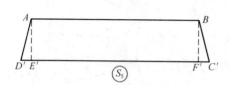

图 5-5　S_5 面积示意图　　　　图 5-6　S_6 面积示意图

S_7 的计算（图 5-7）：

$$S_7 = \frac{34.824\pi}{360} \times 1389.7^2 - \frac{1}{2}\sin 34.824°（已知未标）\times 1389.7^2$$

$$= 35473 \text{cm}^2 = 3.5473 \text{m}^2$$

S_8 的计算（图 5-8）：

$$S_8 = \frac{34.824\pi}{360} \times (1439.7^2 - 1389.7^2) = 42992 \text{cm}^2 = 4.2992 \text{m}^2$$

$$S = S_1 + 2S_2 + S' = S_1 + 2S_2 + S_4 + S_5 + 2S_6 + S_7 + S_8$$

$$= 41.187 + 2 \times 18.15 + 4.7802 + 13.798 + 2 \times 3.153 + 3.5473 + 4.2992$$

$$= 110.22 \text{m}^2$$

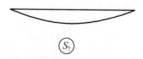
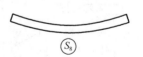

图 5-7　S_7 面积示意图　　　　图 5-8　S_8 面积示意图

开挖量计算如下：

$$V = S \cdot L = 110.22 \times 33 = 3637 \text{m}^3$$

（2）C35 喷射混凝土：

$$S_p = \frac{100\pi}{360} \times (687^2 - 667^2) + \frac{2 \times 64.216\pi}{360} \times (569.1^2 - 549.1^2) +$$

$$\frac{2 \times 48.373\pi}{360} \times (273.3^2 - 253.3^2) = 5.76 \text{m}^2$$

$$V_p = S_p \cdot L = 5.76 \times 33 = 190 \text{m}^3$$

（3）C30 衬砌防水混凝土：

$$S_f = \frac{100\pi}{360} \times (660^2 - 600^2) + \frac{2 \times 64.216\pi}{360} \times (542.1^2 - 482.1^2) +$$

$$\frac{2\times48.373\pi}{360}\times(246.3^2-186.3^2)$$

$$=6.594+6.883+2.19=15.667\text{m}^2$$

$$V_\text{f}=S_\text{f}\cdot L=15.667\times33=518\text{m}^3$$

（4）C35 仰拱混凝土：

$$S_\text{y}=\frac{34.824\pi}{360}\times(1439.7^2-1389.7^2)=42992\text{cm}^2=4.2992\text{m}^2$$

$$V_\text{y}=S_\text{y}\cdot L=4.299\times33=142\text{m}^3$$

（5）7cm 超挖回填混凝土：

$$S_\text{c}=\frac{100\pi}{360}\times(667^2-660^2)+\frac{2\times64.216\pi}{360}\times(549.1^2-542.1^2)+$$

$$\frac{2\times48.373\pi}{360}\times(245.3^2-238.3^2)-7\times20$$

$$=17956\text{cm}^2=1.80\text{m}^2$$

$$V_\text{c}=S_\text{c}\cdot L=1.8\times33=60\text{m}^3$$

（6）锚杆。

①$\phi25$ 有压锚杆长度计算如下：

锚杆施工面积（图 5-9）：

$$\left(\frac{100\pi\times6.87}{180}+2\times\frac{64.216\pi\times5.691}{180}\right)\times33=816.24\text{m}^2$$

锚杆施工根数：

$$\frac{816.24}{2.4\times2.4}\times9=1276\ \text{根}$$

锚杆总长：

$$1276\times4=5102\text{m}$$

②$\phi25$ 有压锚杆总质量计算如下：

$$5102\times2.465=12581.25\text{kg}$$

（7）钢筋网（图 5-10）。

①$\phi8$ 钢筋网总长度计算如下：

纵向钢筋长度：

$$\frac{2\pi}{360}\times(100\times677+2\times559.1\times64.216+2\times48.373\times263.3)/20\times33=4751.07\text{m}$$

横向钢筋长度：

$$\frac{2\pi}{360} \times (100 \times 677 + 2 \times 64.216 \times 559.1 + 2 \times 48.373 \times 263.3) \times 33/20 = 4751.07\text{m}$$

钢筋总长度：

$$4751.07 \times 2 = 9502.14\text{m}$$

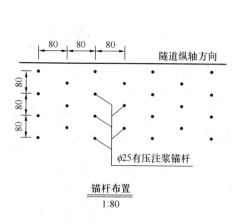

图 5-9　隧道纵向锚杆布置图（cm）　　　　图 5-10　隧道纵向钢筋网布置图（cm）

② $\phi 8$ 钢筋网总质量计算如下：

$$9502.14 \times 0.444 = 4218.95\text{kg}$$

5.4.6　轨道工程工程量计算规则

1. 轨道结构

铁路轨道由钢轨、轨枕、道床、连接零件、防爬设备和道岔等部件组成。轨道是列车行驶的基础，能引导列车运行，直接承受车轮的动压力，并将其传布到路基上。

2. 铺轨

（1）铺轨工程量按设计图示每股道的中心线长度（不含道岔）计算，道岔长度是指从基本轨前端至辙叉根端的距离，特殊道岔以设计图纸为准，铺轨工程量不扣除接头轨缝处的长度。

（2）道岔尾部无枕地段铺轨，按道岔根端至末根岔枕的中心距离以"km"计算。

（3）长轨压接焊作业线，长轨铺轨机安拆与调试，按施工组织设计确定的次数计算。

（4）长钢轨焊接按设计接头数量以"个"计算。

（5）钢轨打磨应区分不同开通速度按设计打磨铺轨长度计算。

（6）应力放散及锁定按设计放散及锁定次数和长度，线路以"km"计算，道岔以"组次"计算。

3. 铺道岔

铺道岔工程量应区分道岔、岔枕类型、道床形式，按设计数量以"组"计算。

4. 铺道床

1）铺底砟、线间石砟的工程量按设计断面乘以设计长度以"m³"计算。

2）正线铺面砟工程量应区分不同开通速度按设计断面乘以设计长度并扣除轨枕所占道床体积以"m³"计算。

3）站线铺面砟工程量应区分木枕、混凝土枕按设计断面乘以设计长度并扣除轨枕所占道床体积以"m³"计算。

4）轨道调整应区分不同开通速度按设计铺轨长度计算。

5）线路沉落整修按设计铺轨长度以"km"计算。

6）道岔沉落整修应区分不同岔型，开通速度按设计铺轨长度以"组"计算。

7）沥青水泥砂浆固结道床：

（1）道床按设计长度计算。

（2）过渡段按设计处数计算。

（3）强化基床按设计铺设面积计算。

5. 轨道加强设备及护轮轨

（1）安装轨距杆分类型（普通、绝缘），按设计数量以"根"计算。

（2）安装轨撑垫板、防爬器分轨型，按设计数量以"个"计算。

（3）安装防爬支撑分木枕、混凝土枕，按设计数量以"个"计算。

（4）安装钢轨伸缩调节器分轨型及桥面、桥头引线，按设计伸缩量以"个"计算。

（5）安装护轮轨，按设计长度以"双侧米"计算。

6. 线路有关工程

1）平交道口：

（1）单线道口面板混凝土按设计图示尺寸以"m³"计算。

（2）单线道口面板钢筋按设计数量以"t"计算。

（3）单线道口面板道口卧轨按道口通行宽度以"m"计算。

（4）股道间道口钢筋混凝土体积按设计数量以"m³"计算。

（5）股道间道口栏木按线路间道口面积以"m²"计算。道口面积计算公式为：道口面积＝道口宽度（道口铺面宽）×道口长度（相邻两股枕木之间距离）

2）车挡、挡车器按设计数量以"处"计算。

3）线路及信号标志按设计数量以"个"计算。

4）轨道常备材料中铺轨备料按铺轨设计数量以"km"计算。

5）轨道常备材料中铺道岔备料按设计或有关规定计算出的实际备料数量以"组"计算。

7. 其他工程

1）拆除工程

（1）拆除线路分枕型按设计拆除长度以"km"计算。

（2）拆除道岔分枕型、岔型按设计拆除数量以"组"计算。

（3）拆除防爬器按设计数量以"个"计算。

（4）拆除轨距杆按设计拆除数量以"根"计算。

（5）拆除道岔转辙器按设计拆除数量以"组"计算。

（6）拆除道口分单线、双线按设计拆除数量以宽度"m"计算。

（7）拆除车挡按设计数量以"处"计算。

（8）拆除桥上护轮轨按设计数量以"双侧米"计算。路基地段减半。

2）其他

（1）钢轨钻孔按设计钻孔数量以"孔"计算。

（2）锯钢轨按设计锯口数量以"个"计算。

（3）线路起落道分起落道高度、枕型按设计数量以"km"计算。

（4）道岔起落道分起落道高度、岔道、枕型按设计数量以"组"计算。

（5）拨移线路分枕型按设计数量以"km"计算。

（6）拨移道岔分枕型、岔型按设计拨移量以"组"计算。

（7）更换钢轨分钢轨类型及轨枕类型按设计数量以"km"计算。

（8）道岔替换线路分枕型、岔型按设计数量以"组"计算。

（9）抽换轨枕分枕型、岔型按设计数量以"根"计算。

（10）清筛轨枕按设计数量以"m^3"计算。

8. 封锁线路作业工程

（1）大型机械清筛道床按清筛类型、开通速度，按线路长度以"km"计算。

（2）拨接线路按设计数量以"处"计算。

（3）换铺无缝线路按设计长度以"km"计算。

（4）更换提速道岔按道岔类型及设计数量以"组"计算。

（5）应力放散及锁定按设计放散及锁定次数和长度，线路以"km"计算，道岔以"组次"计算。

5.5 铁路工程工程量清单报价实例

以下是某新建铁路某标段按施工总价承包合同编制的工程量清单投标报价部分表格（表 5-9～表 5-14）。

工程量清单投标报价汇总表（一）　　　　　　　　　　　　　表 5-9

标段：××铁路×标段　　　　　　　　　　　　　　　　　第 1 页共 2 页

章　　号	节　号	名　　　　　称	金额（元）
第一章	1	拆迁工程	86988279
第二章		路基	399388612
	2	区间路基土石方	84492694
	3	站场土石方	17832911
	4	路基附属工程	297063007
第三章		桥涵	212111772
	5	特大桥	97417113
	6	大桥	61192322
	7	中桥	20897839
	8	小桥	4455498
	9	涵洞	28149000
第四章		隧道及明洞	1967918627
	10	隧道	1967918627
	11	明洞	

续表

章 号	节 号	名 称	金额（元）
第五章		轨道	77962493
	12	正线	77626073
	13	站线	
	14	线路有关工程	336420
第六章		通信、信号及信息	
	15	通信	
	16	信号	
	17	信息	

工程量清单投标报价汇总表（二）　　表 5-10

标段：××铁路×标段　　　　　　　　　　　　　　　　　第 2 页共 2 页

章 号	节 号	名 称	金额（元）
第七章		电力及电力牵引供电	9735669
	18	电力	9735669
	19	电力牵引供电	
第八章	20	房屋	16914267
第九章		其他运营生产设备及建筑物	8368167
	21	给水排水	5871813
	22	机务	152837
	23	车辆	185929
	24	动车	
	25	站场	2157588
	26	工务	
	27	其他建筑及设备	
第十章	28	大型临时设施和过渡工程	111682851
第十一章	29	其他费	47567423
		安全生产费	42201101

第一章～第十一章清单合计	A	2938638160
设备费	B	13336519
总承包风险费（含激励约束考核费）	C	72979200
总承包风险费中的激励约束考核费	D	15049522
投标报价总额（A＋B＋C）		3024953879
甲供材料设备		32806666.73

工程量清单计价表　　　　　　　　表 5-11

清单　第 01 章　拆迁及征地费用

编　码	节号	名　称	计量单位	工程数量	金额（元） 综合单价	合　价
0101	1	拆迁及征地费用	正线千米	73.14	1189339.34	86988279
0101-01		Ⅰ.建筑工程费	正线千米	73.14	127485.59	9324296
0101-01-01		一、改移道路	元			9316058
0101-01-01-01		（一）等级公路	元			6398490
0101-01-01-01-03		3.公路桥（5座）	m²	1603.75	3490.79	5598354
0101-01-01-01-04		4.涵洞	横延米	70	11430.51	800136
0101-01-01-02		（二）泥结碎石路	km	3.87	234077.04	905878
0101-01-01-03		（三）水泥路面	km	4.05	496713.58	2011690
0101-01-01-03-01		1.路基	km	4.05	190559.26	771765
0101-01-01-03-01-01		（1）土方	m³	31610.6	10.76	340130
0101-01-01-03-01-03		（3）路基附属工程	元			431635
0101-01-01-03-01-03-02		②浆砌石	圬工方	2965.75	145.54	431635
0101-01-01-03-02		2.路面	m²	15014	82.58	1239925
0101-01-01-03-02-01		（1）垫层	m²	15014	9.53	143083
0101-01-01-03-02-02		（2）基层	m²	2450	13.61	33345
0101-01-01-03-02-03		（3）面层	m²	15014	70.83	1063497
0101-01-01-03-02-03-01		①沥青混凝土路面	m²	2450	187.98	460551
0101-01-01-03-02-03-02		②水泥混凝土路面	m²	12564	47.99	602946
0101-01-02		二、砍伐、挖根	元			8238
0101-04		Ⅳ.其他费	正线千米	73.14	1061853.75	77663983
0101-04-01		一、土地征用及拆迁补偿费	正线千米	73.14	1000067.92	73144968
0101-04-01-02		（二）拆迁补偿费	元			73144968
0101-04-01-02-03		3.通信线路	正线千米	430.88	61057.96	26308654
0101-04-01-02-04		4.电力线路	元			45302787
0101-04-01-02-06		6.管路拆迁	元			1533527
0101-04-02		二、青苗补偿（电力）	元			302481
0101-04-03		三、临时用地	亩	1757.9	2398.62	4216534

第 01 章合计　　　86988279　　元

清单　第 02 章　路基

编　码	节号	名　称	计量单位	工程数量	金额（元） 综合单价	合　价
0202	2	区间路基土石方	断面方	3956366	21.36	84492694
0202-01		Ⅰ.建筑工程费	断面方	3956366	21.36	84492694

续表

编 码	节号	名 称	计量单位	工程数量	金额(元)	
					综合单价	合 价
0202-01-01		一、土方	m³	2923474	13.25	38739311
0202-01-01-01		(一)挖土方	m³	1182676	13.08	15469402
0202-01-01-02		(二)利用土填方	m³	753492	6.76	5093606
0202-01-01-03		(三)借土填方	m³	987306	18.41	18176303
0202-01-02		二、石方	m³	7528	27.89	209956
0202-01-02-01		(一)挖石方	m³	7528	27.89	209956
0202-01-02-01-01		1. 挖石方(运距≤1km)	m³	7528	22.37	168401
0202-01-02-01-01-02		(2)机械施工	m³	7528	22.37	168401
0202-01-02-01-02		2. 增运石方(运距>1km 的部分)	m³·km	22584	1.84	41555
0202-01-05		四、填改良土	m³	165779	46.89	7773654
0202-01-05-01		(一)利用土改良	m³	89213	39.65	3537295
0202-01-05-03		(二)借土改良	m³	4286	52.96	226987
0202-01-05-05		(三)涵后回填借土改良	m³	72280	55.47	4009372
0202-01-06		五、级配碎石(砂砾石)	m³	225204	90.19	20311608
0202-01-06-01		(一)基床表层	m³	217686	89.27	19432829
0202-01-06-02		(二)过渡段	m³	7518	116.89	878779
0202-01-10		八、B组填料	m³	634381	27.52	17458165
0202-01-10-04		(三)借土填方	m³	634381	27.52	17458165
0203	3	站场土石方	断面方	1059552	16.83	17832911
0203-01		Ⅰ.建筑工程费	断面方	1059552	16.83	17832911
0203-01-01		一、土方	m³	740220	8.81	6524869
0203-01-01-01		(一)挖土方	m³	499139	9.87	4926502
0203-01-01-02		(二)利用土填方	m³	241081	6.63	1598367
0203-01-02		二、石方	m³	138053	6.45	890442
0203-01-02-03		(三)借石填方	m³	138053	6.45	890442
0203-01-04		四、填改良土	m³	130552	45.11	5889201
0203-01-05		五、级配碎石(砂砾石)	m³	50727	89.27	4528399
0203-01-05-01		(一)基床表层	m³	50727	89.27	4528399
0204	4	路基附属工程	正线千米	73.14	4061566.95	297063007
0204-01		Ⅰ.建筑工程费	元			297063007
0204-01-01		一、附属土石方及加固防护	元			293182789
0204-01-01-01		(一)土石方	m³	418582	21.57	9028814
0204-01-01-01-01		1. 土方	m³	418582	21.57	9028814
0204-01-01-02		(二)混凝土及砌体	元			58203122

续表

编 码	节号	名 称	计量单位	工程数量	金额（元）	
					综合单价	合 价
0204-01-01-02-02		2. 浆砌石	圬工方	225085	189.66	42689621
0204-01-01-02-03		3. 混凝土	圬工方	29422	383.82	11292752
0204-01-01-02-04		4. 片石混凝土	圬工方	10920	259.12	2829590
0204-01-01-02-05		5. 钢筋混凝土	圬工方	1450	959.42	1391159
0204-01-01-03		（三）绿色防护	元			7980554
0204-01-01-03-02		2. 播草籽	m²	332800	1.42	472576
0204-01-01-03-05		5. 栽植乔木	千株	25.95	35880.25	931092
0204-01-01-03-06		6. 栽植灌木	千株	4476.67	1176.85	5268369
0204-01-01-03-07		7. 栽植灌木（环保）	千株	405	1176.85	476624
0204-01-01-03-09		9. 穴植容器苗	千株	150.87	5513.97	831893
0204-01-01-08		（八）土工合成材料	m²	952679	7.82	7453993
0204-01-01-08-02		2. 复合土工膜	m²	165607	8.89	1472246
0204-01-01-08-04		4. 土工格栅	m²	787072	7.60	5981747
0204-01-01-09		（九）地基处理	元			182792115
0204-01-01-09-02		2. 垫层	元			33328504
0204-01-01-09-02-01		（1）填砂	m³	4484	60.27	270251
0204-01-01-09-02-07		（6）填砂夹卵（砾）石	m³	744	64.72	48152
0204-01-01-09-02-09		（8）灰土	m³	465062	70.98	33010101
0204-01-01-09-03		3. 换填土	m³	64614	60.88	3933700
0204-01-01-09-16		16. 强夯	m²	129109	32.00	4131488
0204-01-01-09-17		17. 重锤夯实	m²	18744	14.57	273100
0204-01-01-09-18		18. 重型碾压	m²	55590	5.46	303521
0204-01-01-09-22		22. 灰土挤密桩	m	5232297	26.86	140539497
0204-01-01-09-23		23. 冲击碾压	m²	141862	1.99	282305
0204-01-01-10		（十）地下洞穴处理	元			395958
0204-01-01-10-04		4. 填土	m³	19184	20.64	395958
0204-01-01-11		（十一）取弃土（石）场处理	元			3757846
0204-01-01-11-04		4. 场地平整、绿化、复垦	元			2945814
0204-01-01-11-05		5. 片石混凝土	圬工方	3200	253.76	812032
0204-01-01-13		（十三）降噪声工程	元			6479065
0204-01-01-13-02		2. 隔声窗	m²	2880	375.52	1081498
0204-01-01-13-03		3. 路基声屏障	m²	5240	1030.07	5397567
0204-01-01-14		（十四）线路防护栅栏	单侧公里	62.85	160844.14	10109054

续表

编 码	节号	名 称	计量单位	工程数量	金额（元）	
					综合单价	合 价
0204-01-01-16		（十六）路基地段电缆槽	单侧公里	57.74	120926.02	6982268
0204-01-02		二、支挡结构	元			3880218
0204-01-02-01		（一）挡土墙浆砌石	圬工方	49	180.09	8824
0204-01-02-02		（二）挡土墙片石混凝土	圬工方	7423	319.99	2375286
0204-01-02-07		（七）桩板挡土墙	圬工方	2704	500.88	1354380
0204-01-02-13		（十三）挖孔	m^3	749	39.66	29705
0204-01-02-15		（十四）其他	元			112023

第 02 章合计 399388612 元

清单 第 03 章 桥涵

编 码	节号	名 称	计量单位	工程数量	金额（元）	
					综合单价	合 价
0305	5	特大桥（4 座）	延长米＼座	4138.2＼4	23540.94	97417113
0305-02		二、一般特大桥（4 座）	延长米＼座	4138.2＼4	23540.94	97417113
0305-02-02		（二）双线特大桥（4 座）	延长米＼座	4138.2＼4	23540.94	97417113
0305-02-02-01		1. 双线特大桥 $H<30m$	延长米＼座	800.84＼1	17038.95	13645471
0305-02-02-01-01		Ⅰ. 建筑工程费	延长米＼座	800.84＼1	17038.95	13645471
0305-02-02-01-01-01		（一）基础	圬工方	9635.37	917.36	8839103
0305-02-02-01-01-01-02		2. 承台	圬工方	5158.6	692.82	3573981
0305-02-02-01-01-01-05		5. 钻孔桩	m	3648	1443.29	5265122
0305-02-02-01-01-02		（二）墩台	圬工方	6348.1	500.87	3179573
0305-02-02-01-01-13		（十三）桥面系	延长米	800.84	1914.17	1532944
0305-02-02-01-01-13-01		1. 混凝土梁桥面系	延长米	800.84	1914.17	1532944
0305-02-02-01-01-14		（十四）附属工程	元			93851
0305-02-02-01-01-14-04		4. 浆砌石	圬工方	416.3	225.44	93851
0305-02-02-04		4. 连续梁特大桥	延长米＼座	2339.33＼2	24482.17	57271883
0305-02-02-04-01		Ⅰ. 建筑工程费	延长米	2339.33	24482.17	57271883
0305-02-02-04-01-01		（一）基础	圬工方	53903.91	540.74	29147797
0305-02-02-04-01-01-02		2. 承台	圬工方	7429.4	537.53	3993525
0305-02-02-04-01-01-05		5. 钻孔桩	m	9729	1518.97	14778059
0305-02-02-04-01-01-07		7. 挖井基础	圬工方	33385.5	310.80	10376213
0305-02-02-04-01-02		（二）墩台	圬工方	15527.9	507.41	7879012
0305-02-02-04-01-06		（六）预应力混凝土连续梁	圬工方	4600.2	3229.84	14857910
0305-02-02-04-01-12		（十二）支座	元			806004
0305-02-02-04-01-12-03		3. 盆式橡胶支座	个	16	50375.23	806004

续表

编　码	节号	名　称	计量单位	工程数量	金额(元)	
					综合单价	合　价
0305-02-02-04-01-13		(十三)桥面系	延长米	2339.33	1905.75	4458178
0305-02-02-04-01-13-01		1. 混凝土梁桥面系	延长米	2339.33	1905.75	4458178
0305-02-02-04-01-14		(十四)附属工程	元			122982
0305-02-02-04-01-14-01		1. 土方	m³	1000	8.92	8920
0305-02-02-04-01-14-04		4. 浆砌石	圬工方	46	148.48	6830
0305-02-02-04-01-14-07		7. 台后及锥体填筑	m³	570.2	188.06	107232
0305-02-02-05		5. 清水乡宛川河特大桥	延长米\座	998.03\1	26552.07	26499759
0305-02-02-05-01		Ⅰ. 建筑工程费	延长米	998.03	26552.07	26499759
0305-02-02-05-01-01		(一)基础	圬工方	34187.45	430.02	14701350
0305-02-02-05-01-01-02		2. 承台	圬工方	1094.5	546.82	598494
0305-02-02-05-01-01-05		5. 钻孔桩	m	1415	1625.65	2300295
0305-02-02-05-01-01-07		7. 挖井基础	圬工方	31140.5	379.01	11802561
0305-02-02-05-01-02		(二)墩台	圬工方	10474.1	498.88	5225319
0305-02-02-05-01-06		(六)预应力混凝土连续梁	圬工方	1160.1	3848.46	4464598
0305-02-02-05-01-12		(十二)支座	元			161679
0305-02-02-05-01-12-03		3. 盆式橡胶支座	个	4	40419.86	161679
0305-02-02-05-01-13		(十三)桥面系	延长米	998.03	1786.00	1782482
0305-02-02-05-01-13-01		1. 混凝土梁桥面系	延长米	998.03	1786.00	1782482
0305-02-02-05-01-14		(十四)附属工程	元			164331
0305-02-02-05-01-14-04		4. 浆砌石	圬工方	25.1	223.00	5597
0305-02-02-05-01-14-07		7. 台后及锥体填筑	m³	663.3	239.31	158734
0306	6	大桥(12座)	延长米\座	2413.39\12	25355.34	61192322
0306-01		甲、新建(12座)	延长米\座	2413.39\12	25355.34	61192322
0306-01-02		二、一般梁式大桥(12座)	延长米\座	2413.39\12	25355.34	61192322
0306-01-02-02		(二)双线大桥(12座)	延长米\座	2413.39\12	25355.34	61192322
0306-01-02-02-01		1. 双线大桥 $H<30m$	延长米\座	1932.21\10	23887.90	46156440
0306-01-02-02-01-01		Ⅰ. 建筑工程费	延长米	1932.21	23887.90	46156440
0306-01-02-02-01-01-01		(一)基础	圬工方	43197.96	728.94	31488678
0306-01-02-02-01-01-01-02		2. 承台	圬工方	8503.3	571.10	4856235
0306-01-02-02-01-01-01-05		5. 钻孔桩	m	12697	1526.90	19387049
0306-01-02-02-01-01-01-07		7. 挖井基础	圬工方	19113.1	379.08	7245394
0306-01-02-02-01-01-02		(二)墩台	圬工方	19986.7	498.81	9969566
0306-01-02-02-01-01-13		(十三)桥面系	延长米	1932.21	1909.37	3689304

编　码	节号	名　　　称	计量单位	工程数量	金额（元）	
					综合单价	合　价
0306-01-02-02-01-01-13-01		1. 混凝土梁桥面系	延长米	1932.21	1909.37	3689304
0306-01-02-02-01-01-14		（十四）附属工程	元			1008892
0306-01-02-02-01-01-14-01		1. 土方	m³	7160	8.92	63867
0306-01-02-02-01-01-14-03		3. 干砌石	m³	232.3	89.37	20761
0306-01-02-02-01-01-14-04		4. 浆砌石	圬工方	4623.4	199.91	924264
0306-01-02-02-02		2. 双线大桥 $30 \leqslant H < 50m$	延长米＼座	481.18＼2	31247.94	15035882
0306-01-02-02-02-01		Ⅰ. 建筑工程费	延长米＼座	481.18＼2	31247.94	15035882
0306-01-02-02-02-01-01		（一）基础	圬工方	13193.7	695.15	9171543
0306-01-02-02-02-01-01-02		2. 承台	圬工方	7836.2	443.97	3479038
0306-01-02-02-02-01-01-05		5. 钻孔桩	m	2542	1478.61	3758627
0306-01-02-02-02-01-01-07		7. 挖井基础	圬工方	2238	864.11	1933878
0306-01-02-02-02-01-02		（二）墩台	圬工方	8718.8	532.69	4644418
0306-01-02-02-02-01-13		（十三）桥面系	延长米	481.2	1937.85	932493
0306-01-02-02-02-01-13-01		1. 混凝土梁桥面系	延长米	481.2	1937.85	932493
0306-01-02-02-02-01-14		（十四）附属工程	元			287428
0306-01-02-02-02-01-14-01		1. 土方	m³	3000	22.02	66060
0306-01-02-02-02-01-14-03		3. 干砌石	m³	58	89.39	5185
0306-01-02-02-02-01-14-04		4. 浆砌石	圬工方	947.3	228.21	216183
0307	7	中桥（6座）	延长米＼座	620.08＼6	33701.84	20897839
0307-01		Ⅰ. 建筑工程费	延长米＼座	620.08＼6	33701.84	20897839
0307-01-01		甲、新建（6座）	延长米＼座	620.08＼6	33701.84	20897839
0307-01-01-01		一、梁式中桥（6座）	延长米＼座	620.08＼6	33701.84	20897839
0307-01-01-01-02		（二）双线中桥	延长米＼座	620.08＼6	33701.84	20897839
0307-01-01-01-02-01		1. 双线梁式中桥	延长米＼座	620.08＼6	33701.84	20897839
0307-01-01-01-02-01-01		（一）基础	圬工方	15648.75	911.99	14271476
0307-01-01-01-02-01-01-02		2. 承台	圬工方	3978.8	580.20	2308500
0307-01-01-01-02-01-01-05		5. 钻孔桩	m	6330	1639.88	10380440
0307-01-01-01-02-01-01-07		7. 挖井基础	圬工方	3902.1	405.56	1582536
0307-01-01-01-02-01-02		（二）墩台	圬工方	7992.3	563.23	4501503
0307-01-01-01-02-01-13		（十三）桥面系	延长米	620.08	2076.09	1287342
0307-01-01-01-02-01-13-01		1. 混凝土梁桥面系	延长米	620.08	2076.09	1287342
0307-01-01-01-02-01-14		（十四）附属工程	元			837518
0307-01-01-01-02-01-14-01		1. 土方	m³	3520	8.92	31398
0307-01-01-01-02-01-14-03		3. 干砌石	m³	145.3	99.18	14411

续表

编　　码	节号	名　　称	计量单位	工程数量	综合单价	合　　价
					金额(元)	
0307-01-01-01-02-01-14-04		4. 浆砌石	圬工方	2341.4	301.10	704996
0307-01-01-01-02-01-14-05		5. 混凝土	圬工方	1250	69.37	86713
0308	8	小桥(3 座)	延长米\座	67.81\3	65705.62	4455498
0308-01		Ⅰ. 建筑工程费	延长米\座	67.81\3	65705.62	4455498
0308-01-01		甲、新建(3 座)	延长米\座	67.81\3	65705.62	4455498
0308-01-01-03		三、框架式桥(3 座)	延长米\座	67.81\3	65705.62	4455498
0308-01-01-03-01		(一)明挖(××座)	顶平米	1002.4	4444.83	4455498
0308-01-01-03-01-01		1. 框架桥身及附属	顶平米	1002.4	3867.63	3876912
0308-01-01-03-01-02		2. 明挖基础(含承台)	圬工方	582	303.66	176730
0308-01-01-03-01-03		3. 地基处理	元			401856
0308-01-01-03-01-03-01		(1)换填	m³	4530	88.71	401856
0309	9	涵洞(102 座)	横延米\座	2702.76\102	10414.91	28149000
0309-01		Ⅰ. 建筑工程费	横延米\座	2702.76\102	10414.91	28149000
0309-01-01		甲、新建(102 座)	横延米\座	2702.76\102	10414.91	28149000
0309-01-01-04		四、矩形涵(101 座)	横延米\座	2654.76\101	10541.90	27986220
0309-01-01-04-01		(一)明挖(101 座)	横延米\座	2654.76\101	10541.90	27986220
0309-01-01-04-01-01		1. 单孔(101 座)	横延米\座	2654.76\101	10541.90	27986220
0309-01-01-04-01-01-01		1. 孔径<3m(38 座)	横延米\座	987.9\38	4139.14	4089054
0309-01-01-04-01-01-01-01		(1)涵身及附属	横延米	987.9	2753.98	2720657
0309-01-01-04-01-01-01-02		(2)明挖基础(含承台)	圬工方	1033.7	312.85	323393
0309-01-01-04-01-01-01-03		(3)地基处理	元			1045004
0309-01-01-04-01-01-01-03-01		①换填	m³	11780	88.71	1045004
0309-01-01-04-01-01-02		2.3m≤孔径<5m(41 座)	横延米\座	1141.84\41	12428.25	14191070
0309-01-01-04-01-01-02-01		(1)涵身及附属	横延米	1141.84	10308.88	11771092
0309-01-01-04-01-01-02-02		(2)明挖基础(含承台)	圬工方	1284.2	340.53	437309
0309-01-01-04-01-01-02-03		(3)地基处理	元			1982669
0309-01-01-04-01-01-02-03-01		①换填	m³	22350	88.71	1982669
0309-01-01-04-01-01-03		3. 孔径≥5m(22 座)	横延米\座	525.02\22	18487.10	9706096
0309-01-01-04-01-01-03-01		(1)涵身及附属	横延米	525.02	16021.04	8411366
0309-01-01-04-01-01-03-02		(2)明挖基础(含承台)	圬工方	910.1	343.60	312710
0309-01-01-04-01-01-03-03		(3)地基处理	元			982020
0309-01-01-04-01-01-03-03-01		①换填	m³	11070	88.71	982020
0309-01-01-08		八、渡槽(1 座)	横延米\座	48\1	3391.26	162780

第 03 章合计　　　212111772　　　元

工程量清单子目综合单价分析表

表 5-12

清单　第 01 章　拆迁及征地费用

编码	名称	计量单位	综合单价组成（元）							综合单价（元）
			人工费	材料费	机械使用费	填料费	措施费	间接费	税金	
0101	拆迁及征地费用	正线千米								
0101-01	Ⅰ．建筑工程费	正线千米								
0101-01-01-01	一、改移道路	元								
0101-01-01-01	（一）等级公路	元								
0101-01-01-03	3. 公路桥（5 座）	m²	302.36	2271.30	315.65		164.58	323.75	113.15	3490.79
0101-01-01-04	4. 涵洞	横延米								11430.51
0101-01-01-02	（二）泥结碎石路	km	21156.23	86772.53	83230.81		17259.12	18071.05	7587.30	234077.04
0101-01-01-03	（三）水泥混路面	km								
0101-01-01-03-01	1. 路基									
0101-01-01-03-01-01	（1）土方	m³	0.22	0.01	7.57		1.30	1.31	0.35	10.76
0101-01-01-03-01-03	（3）路基附属工程	元								
0101-01-01-03-01-03-02	②浆砌石	圬工方	28.60	92.46	2.22		6.31	11.23	4.72	145.54
0101-01-01-03-02	2. 路面	m²								
0101-01-01-03-02-01	（1）垫层	m²	1.02	5.67	1.63		0.43	0.47	0.31	9.53
0101-01-01-03-02-02	（2）基层	m²	1.06	10.05	1.27		0.38	0.41	0.44	13.61
0101-01-01-03-02-03	（3）面层	m²								
0101-01-01-03-02-03-01	①沥青混凝土路面	m²	26.36	64.49	59.93		14.87	16.24	6.09	187.98
0101-01-01-03-02-03-02	②水泥混凝土路面	m²	6.48	35.17	1.81		1.36	1.61	1.56	47.99
0101-01-01-02	二、其他费	元	4334	14	0		1036	2587	267	8238
0101-04	Ⅳ．土地征用及拆迁补偿费	正线千米								
0101-04-01	一、土地征用及拆迁补偿费	正线千米								

187

续表

清单 第01章 拆迁及征地费用

| 编码 | 节号 | 名称 | 计量单位 | 综合单价组成（元） | | | | | | | 综合单价（元） |
				人工费	材料费	机械使用费	填料费	措施费	间接费	税金	
0101-04-01-02		（二）拆迁补偿费	元								
0101-04-01-02-03		3.通信线路	正线千米	6533.94	48714.55	1119.81		1237.40	1473.12	1979.14	61057.96
0101-04-01-02-04		4.电力线路	元								45302787
0101-04-01-02-06		6.管路拆迁	元								1533527
0101-04-02		二、青苗补偿（电力）	元								302481
0101-04-03		三、临时用地	亩								2398.62

清单 第02章 路基

| 编码 | 节号 | 名称 | 计量单位 | 综合单价组成（元） | | | | | | | 综合单价（元） |
				人工费	材料费	机械使用费	填料费	措施费	间接费	税金	
0202	2	区间路基土石方	断面方								
0202-01		Ⅰ.建筑工程费	断面方								
0202-01-01		一、土方	m³								
0202-01-01-01		（一）挖土方	m³	0.07		9.76		1.43	1.40	0.42	13.08
0202-01-01-02		（二）利用土填方	m³	0.47	0.20	4.30		0.78	0.79	0.22	6.76
0202-01-01-03		（三）借土填方	m³	0.54	0.20	12.89		2.09	2.10	0.59	18.41
0202-01-02		二、石方	m³								
0202-01-02-01		（一）挖石方	m³								
0202-01-02-01-01		1.挖石方（运距≤1km）	m³								
0202-01-02-01-02		（2）机械施工	m³	3.68	1.90	11.10		2.42	2.55	0.72	22.37
0202-01-02-01-02		2.增运石方（运距＞1km）的部分	m³·km			1.50		0.15	0.13	0.06	1.84
0202-01-05		四、填改良土	m³								

续表

清单 第02章 路基

编码	节号	名称	计量单位	综合单价组成（元）							综合单价（元）
				人工费	材料费	机械使用费	填料费	措施费	间接费	税金	
0202-01-05-01		（一）利用土改良	m³	0.39	26.66	8.43		1.44	1.44	1.29	39.65
0202-01-05-03		（二）借土改良	m³	0.46	25.98	18.91		2.96	2.93	1.72	52.96
0202-01-05-05		（三）涵后回填借土改良	m³	0.46	25.99	20.96		3.16	3.11	1.79	55.47
0202-01-06		五、级配碎石（砂砾石）	m³								
0202-01-06-01		（一）基床表层	m³	1.00	64.52	15.48		2.68	2.70	2.89	89.27
0202-01-06-02		（二）过渡段	m³	1.00	91.24	15.48		2.68	2.70	3.79	116.89
0202-01-10		八、B组填料	m³								
0202-01-10-04		（三）借土填方	断面方	0.54	0.20	17.87	2.87	2.61	2.54	0.89	27.52
0203	3	站场土石方	断面方								
0203-01		Ⅰ.建筑工程费	断面方								
0203-01-01		一、土方	m³								
0203-01-01-01		（一）挖土方	m³	0.09		7.17		1.15	1.14	0.32	9.87
0203-01-01-02		（二）利用土填方	m³	0.21	0.20	4.49		0.76	0.75	0.22	6.63
0203-01-02		二、石方	m³								
0203-01-02-03		（三）借石填方	m³	0.21	0.03	4.49		0.76	0.75	0.21	6.45
0203-01-04		四、填改良土	m³	0.42	25.99	13.12		2.07	2.05	1.46	45.11
0203-01-05		五、级配碎石（砂砾石）	m³								
0203-01-05-01		（一）基床表层	m³	1.00	64.52	15.48		2.68	2.70	2.89	89.27
0204	4	路基附属工程	正线千米								
0204-01		Ⅰ.建筑工程费	元								
0204-01-01		一、附属土石方及加固防护	元								

续表

清单　第 02 章　路基

编码	节号名称	清单计量单位	综合单价组成(元)							综合单价(元)
			人工费	材料费	机械使用费	填料费	措施费	间接费	税金	
0204-01-01-01-01	(一)土石方	m³								
0204-01-01-01-01	1. 土方	m³	0.54	0.20	14.90		2.59	2.64	0.70	21.57
0204-01-01-01-02	(二)混凝土及砌体	元								
0204-01-01-02-02	2. 浆砌石	圬工方	36.10	120.43	4.20		8.22	14.56	6.15	189.66
0204-01-01-02-03	3. 混凝土	圬工方	94.43	217.64	3.58		19.99	35.74	12.44	383.82
0204-01-01-02-04	4. 片石混凝土	圬工方	37.17	180.56	7.59		9.21	16.19	8.40	259.12
0204-01-01-02-05	5. 钢筋混凝土	圬工方	215.61	582.80	4.68		44.86	80.37	31.10	959.42
0204-01-01-03	(三)绿色防护	元								
0204-01-01-03-02	2. 播草籽	m²	0.46	0.53			0.11	0.27	0.05	1.42
0204-01-01-03-05	5. 栽植乔木	千株	11099.80	14336.87			2653.97	6626.59	1163.02	35880.25
0204-01-01-03-06	6. 栽植灌木	千株	469.96	275.81			112.36	280.57	38.15	1176.85
0204-01-01-03-07	7. 栽植灌木(环保)	千株	469.96	275.81			112.36	280.57	38.15	1176.85
0204-01-01-03-09	9. 穴植容器苗	千株	1457.44	2659.24			348.47	870.09	178.73	5513.97
0204-01-01-08	(八)土工合成材料	m²								
0204-01-01-08-02	2. 复合土工膜	m²	0.54	7.75			0.11	0.20	0.29	8.89
0204-01-01-08-04	4. 土工格栅	m²	0.37	6.78			0.08	0.13	0.24	7.60
0204-01-01-09	(九)地基处理	元								
0204-01-01-09-02	2. 垫层	元								
0204-01-01-09-02-01	(1)填砂	m³	8.18	45.49			1.66	2.99	1.95	60.27
0204-01-01-09-02-07	(6)填砂夹卵(碎)石	m³	9.57	47.62			1.94	3.49	2.10	64.72
0204-01-01-09-02-09	(8)灰土	m³	14.33	45.11	0.70		3.07	5.47	2.30	70.98

续表

第 02 章　路基

编码	节号	名称	清单计量单位	综合单价组成（元）							综合单价（元）
				人工费	材料费	机械使用费	填料费	措施费	间接费	税金	
0204-01-01-09-03		3.换填土	m³	0.52	26.66	20.70		4.34	6.69	1.97	60.88
0204-01-01-09-16		16.强夯	m²	2.23		17.98		4.18	6.57	1.04	32.00
0204-01-01-09-17		17.重锤夯实	m²	1.50		7.75		1.88	2.97	0.47	14.57
0204-01-01-09-18		18.重型碾压	m²	0.04		3.55		0.68	1.01	0.18	5.46
0204-01-01-09-22		22.灰土挤密桩	m	2.50	8.62	8.73		2.36	3.78	0.87	26.86
0204-01-01-09-23		23.冲击碾压	m²	0.05		1.16		0.27	0.44	0.07	1.99
0204-01-01-01-10		（十）地下洞穴处理	元								
0204-01-01-10-04		4.填土	m³	2.06	6.16	6.95		1.85	2.95	0.67	20.64
0204-01-01-01-11		（十一）取弃土（石）场处理	元								
0204-01-01-11-04		4.场地平整、绿化、复垦	元	316576	242486	1408118		343705	539443	95486	2945814
0204-01-01-11-05		5.片石混凝土	圬工方	36.88	176.31	7.27		9.09	15.99	8.22	253.76
0204-01-01-01-13		（十三）降噪声工程	元								
0204-01-01-13-02		2.隔声窗	m²								375.52
0204-01-01-13-03		3.路基声屏障	m²	43.66	893.67	21.94		13.74	23.67	33.39	1030.07
0204-01-01-01-14		（十四）线路防护栅栏	单侧公里	43006.04	84803.78	2197.61		9202.89	16420.20	5213.62	160844.14
0204-01-01-01-16		（十六）路基地段电缆槽	单侧公里								120926.02
0204-01-02		二、支挡结构									
0204-01-02-01		（一）挡土墙浆砌石	圬工方	37.72	103.58	7.44		9.26	16.25	5.84	180.09
0204-01-02-02		（二）挡土墙片石混凝土	圬工方	38.93	225.65	14.66		11.12	19.26	10.37	319.99
0204-01-02-07		（七）桩板挡土墙	圬工方	68.24	324.12	34.44		21.28	36.57	16.23	500.88
0204-01-02-13		（十三）挖孔	m³	12.94	2.05	10.14		4.90	8.34	1.29	39.66
0204-01-02-15		（十四）其他	元	391	99854	5220		1145	1782	3631	112023

续表

清单　第 03 章　桥涵

编码	节号	名称	清单计量单位	综合单价组成(元)							综合单价(元)
				人工费	材料费	机械使用费	填料费	措施费	间接费	税金	
0305	5										
0305-02		二、一般特大桥(4座)	延长米\座								
0305-02-02		(二)双线特大桥(4座)	延长米\座								
0305-02-02-01		1.双线特大桥 H<30m	延长米\座								
0305-02-02-01-01		I.建筑工程费	延长米\座								
0305-02-02-01-01-01		(一)基础	圬工方								
0305-02-02-01-01-01-02		2.承台	圬工方	88.72	489.89	41.96		19.39	30.40	22.46	692.82
0305-02-02-01-01-01-05		5.钻孔桩	m	97.45	646.94	442.41		85.86	123.85	46.78	1443.29
0305-02-02-01-01-02		(二)墩台	圬工方	51.32	352.88	43.97		14.41	22.06	16.23	500.87
0305-02-02-01-01-13		(十三)桥面系	延长米								
0305-02-02-01-01-13-01		1.混凝土梁桥面系	延长米	160.87	1312.03	113.64		100.97	164.61	62.05	1914.17
0305-02-02-01-01-14		(十四)附属工程	元								
0305-02-02-01-01-14-04		4.浆砌石	圬工方	40.57	102.01	44.44		12.50	18.62	7.30	225.44
0305-02-02-04		4.连续梁特大桥	延长米\座								
0305-02-02-04-01		I.建筑工程费	延长米								
0305-02-02-04-01-01		(一)基础	圬工方								
0305-02-02-04-01-01-02		2.承台	圬工方	73.30	361.93	41.19		17.08	26.61	17.42	537.53
0305-02-02-04-01-01-05		5.钻孔桩	m	100.31	695.11	457.54		88.76	128.01	49.24	1518.97
0305-02-02-04-01-01-07		7.挖井基础	圬工方	35.19	197.52	39.52		11.36	17.14	10.07	310.80
0305-02-02-04-01-02		(二)墩台	圬工方	52.73	356.83	44.27		14.66	22.47	16.45	507.41
0305-02-02-04-01-06		(六)预应力混凝土连续梁	圬工方	355.42	2094.48	267.35		166.89	241.01	104.69	3229.84

续表

清单　第03章　桥涵

编码	节号	名　称	计量单位	综合单价组成(元)							综合单价(元)
				人工费	材料费	机械使用费	填料费	措施费	间接费	税金	
0305-02-02-04-01-12		(十二)支座	元								
0305-02-02-04-01-12-03		3.盆式橡胶支座	个	1283.34	45038.45	355.16		492.04	1573.37	1632.87	50375.23
0305-02-02-04-01-13		(十三)桥面系	延长米								
0305-02-02-04-01-13-01		1.混凝土梁桥面系	延长米	157.86	1304.73	115.89		100.96	164.54	61.77	1905.75
0305-02-02-04-01-14		(十四)附属工程	元								
0305-02-02-04-01-14-01		1.土方	m³	0.08		6.41		1.07	1.07	0.29	8.92
0305-02-02-04-01-14-04		4.浆砌石	圬工方	35.08	94.26	0.68		5.13	8.51	4.82	148.48
0305-02-02-04-01-14-07		7.台后及锥体填筑	m³	44.09	112.52	6.34		7.26	11.76	6.09	188.06
0305-02-02-05		5.清水乡苑川河特大桥	延长米\座								
0305-02-02-05-01		Ⅰ.建筑工程费	延长米								
0305-02-02-05-01-01		(一)基础	圬工方								
0305-02-02-05-01-01-02		2.承台	圬工方	51.88	397.09	47.25		10.15	22.73	17.72	546.82
0305-02-02-05-01-01-05		5.钻孔桩	m	108.31	729.85	524.70		64.87	145.23	52.69	1625.65
0305-02-02-05-01-01-07		7.挖井基础	圬工方	44.41	257.48	37.49		8.44	18.90	12.29	379.01
0305-02-02-05-01-02		(二)墩台	圬工方	48.60	357.58	45.15		9.69	21.69	16.17	498.88
0305-02-02-05-01-06		(六)预应力混凝土连续梁	圬工方	296.94	2853.09	244.52		119.61	209.55	124.75	3848.46
0305-02-02-05-01-12		(十二)支座	元								
0305-02-02-05-01-12-03		3.盆式橡胶支座	个	1120.22	35678.61	429.97		398.76	1482.13	1310.17	40419.86
0305-02-02-05-01-13		(十三)桥面系	延长米								
0305-02-02-05-01-13-01		1.混凝土梁桥面系	延长米	151.02	1231.37	107.55		83.06	155.10	57.90	1786.00
0305-02-02-05-01-14		(十四)附属工程	元								

续表

清单 第03章 桥涵

编码	节号	名称	计量单位	综合单价组成(元)							综合单价(元)
				人工费	材料费	机械使用费	填料费	措施费	间接费	税金	
0305-02-02-05-01-14-04		4. 浆砌石	圬工方	63.89	87.34	32.84		9.80	21.91	7.22	223.00
0305-02-02-05-01-14-07		7. 台后及锥体填筑	m³	40.74	92.55	65.24		10.20	22.83	7.75	239.31
0306		大桥(12座)	延长米\座								
0306-01		甲、新建(12座)	延长米\座								
0306-01-02	6	二、一般梁式大桥(12座)	延长米\座								
0306-01-02-02		(二)双线大桥(12座)	延长米\座								
0306-01-02-02-01		1. 双线大桥 $H<30m$	延长米\座								
0306-01-02-02-01-01		I. 建筑工程费	延长米								
0306-01-02-02-01-01-01		(一)基础	圬工方								
0306-01-02-02-01-01-02		2. 承台	圬工方	58.11	352.05	87.95		22.00	32.48	18.51	571.10
0306-01-02-02-01-01-05		5. 钻孔桩	m	99.62	718.42	446.98		86.94	125.45	49.49	1526.90
0306-01-02-02-01-01-07		7. 挖井基础	圬工方	51.34	251.09	32.34		12.55	19.47	12.29	379.08
0306-01-02-02-01-02		(二)墩台	圬工方	51.26	351.84	43.34		14.30	21.90	16.17	498.81
0306-01-02-02-01-13		(十三)桥面系	延长米								
0306-01-02-02-01-13-01		1. 混凝土梁桥面系	延长米	163.04	1310.08	110.38		100.33	163.64	61.90	1909.37
0306-01-02-02-01-14		(十四)附属工程	元								
0306-01-02-02-01-14-01		1. 土方	m³	0.08		6.41		1.07	1.07	0.29	8.92
0306-01-02-02-01-14-03		3. 干砌石	m³	26.91	49.32			3.85	6.40	2.89	89.37
0306-01-02-02-01-14-04		4. 浆砌石	圬工方	41.30	102.32	25.20		9.71	14.90	6.48	199.91
0306-01-02-02-02		2. 双线大桥 $30≤H<50m$	延长米\座								

续表

清单　第 03 章　桥涵

编码	节号	名称	计量单位	人工费	材料费	机械使用费	填料费	措施费	间接费	税金	综合单价(元)
				综合单价组成(元)							
0306-01-02-02-02-01		Ⅰ.建筑工程费	延长米\座								
0306-01-02-02-02-01-01		(一)基础	坊工方								
0306-01-02-02-02-01-01-02		2.承台	坊工方	93.41	246.46	39.22		19.60	30.89	14.39	443.97
0306-01-02-02-02-01-01-05		5.钻孔桩	m	98.36	688.44	436.23		85.00	122.65	47.93	1478.61
0306-01-02-02-02-01-01-07		7.挖井基础	坊工方	140.45	553.32	64.14		30.40	47.79	28.01	864.11
0306-01-02-02-02-01-02		(二)墩台	坊工方	56.12	364.27	53.06		16.62	25.36	17.26	532.69
0306-01-02-02-02-01-13		(十三)桥面系	延长米								
0306-01-02-02-02-01-13-01		1.混凝土梁桥面系	延长米	169.41	1325.75	110.46		102.39	167.02	62.82	1937.85
0306-01-02-02-02-01-14		(十四)附属工程	元								
0306-01-02-02-02-01-14-01		1.土方	m³	0.23	0.01	15.77		2.65	2.65	0.71	22.02
0306-01-02-02-02-01-14-03		3.干砌石	m³	26.91	49.32			3.85	6.41	2.90	89.39
0306-01-02-02-02-01-14-04		4.浆砌石	坊工方	40.72	102.49	45.91		12.75	18.94	7.40	228.21
0307	7	中桥(6座)	延长米\座								
0307-01		甲、新建(6座)	延长米\座								
0307-01-01		一、梁式中桥(6座)	延长米\座								
0307-01-01-01		(一)双线中桥	延长米\座								
0307-01-01-01-02		(二)双线梁式中桥	延长米\座								
0307-01-01-01-02-01		1.双线梁式中桥	延长米\座								
0307-01-01-01-02-01-01		Ⅰ.建筑工程费	坊工方								
0307-01-01-01-02-01-01-01		(一)基础	坊工方								
0307-01-01-01-02-01-01-02		2.承台	坊工方	56.39	387.22	44.75		22.01	51.03	18.80	580.20
0307-01-01-01-02-01-01-05		5.钻孔桩	m	96.93	651.26	444.17		122.41	271.96	53.15	1639.88

续表

第03章　桥涵

编　码	节号	名　称	计量单位	综合单价组成(元)							综合单价(元)
				人工费	材料费	机械使用费	填料费	措施费	间接费	税金	
0307-01-01-01-02-01-01-07		7.挖井基础	坊工方	45.29	244.61	40.57		18.72	43.23	13.14	405.56
0307-01-01-01-02-01-02		(二)墩台	坊工方	54.19	375.37	44.08		21.49	49.84	18.26	563.23
0307-01-01-01-02-01-13		(十三)桥面系	延长米								
0307-01-01-01-02-01-13-01		1.混凝土梁桥面系	延长米	178.64	1421.93	120.02		109.54	178.67	67.29	2076.09
0307-01-01-01-02-01-14		(十四)附属工程	元								
0307-01-01-01-02-01-14-01		1.土方	m³	0.08		6.41		1.07	1.07	0.29	8.92
0307-01-01-01-02-01-14-03		3.干砌石	m³	26.91	49.32			5.71	14.02	3.22	99.18
0307-01-01-01-02-01-14-04		4.浆砌石	坊工方	53.31	133.30	39.78		19.66	45.29	9.76	301.10
0307-01-01-01-02-01-14-05		5.混凝土	坊工方	6.92	36.95	10.51		3.89	8.86	2.24	69.37
0308	8	小桥(3座)	延长米\座								
0308-01		I.建筑工程费	延长米\座								
0308-01-01		甲、新建(3座)	延长米\座								
0308-01-01-03		三、框架式桥(3座)	延长米\座								
0308-01-01-03-01		(一)明挖(××座)	顶平米								
0308-01-01-03-01-01		1.框架桥身及附属	顶平米	377.37	2945.46	82.82		99.03	237.58	125.37	3867.63
0308-01-01-03-01-02		2.明挖基础(含承台)	坊工方	34.35	210.00	14.25		10.48	24.74	9.84	303.66
0308-01-01-03-01-03		3.地基处理	元								
0308-01-01-03-01-03-01		(1)换填	m³	14.33	59.80	0.69		3.20	7.82	2.87	88.71
0309	9	涵洞(102座)	横延米\座								
0309-01		I.建筑工程费	横延米\座								
0309-01-01		甲、新建(102座)	横延米\座								

续表

清单 第03章 桥涵

编 码	节号	名 称	计量单位	综合单价组成(元) 人工费	材料费	机械使用费	填料费	措施费	间接费	税金	综合单价(元)
0309-01-01-04		四、矩形涵(102座)	横延米\座								
0309-01-01-04-01		(一)明挖(101座)	横延米\座								
0309-01-01-04-01-01		1. 单孔(101座)	横延米\座								
0309-01-01-04-01-01-01		1. 孔径<3m(38座)	横延米\座								
0309-01-01-04-01-01-01-01		(1)涵身及附属	横延米	304.22	2004.92	77.32		82.05	196.20	89.27	2753.98
0309-01-01-04-01-01-01-02		(2)明挖基础(含承台)	圬工方	39.16	191.65	25.69		13.90	32.31	10.14	312.85
0309-01-01-04-01-01-01-03		(3)地基处理	元								
0309-01-01-04-01-01-01-03-01		①换填	m³	14.33	59.80	0.69		3.20	7.82	2.87	88.71
0309-01-01-04-01-01-02		2. 2.3m ≤ 孔径 < 5m (41座)	横延米\座								
0309-01-01-04-01-02-01		(1)涵身及附属	横延米	1344.80	7127.33	301.65		353.55	847.39	334.16	10308.88
0309-01-01-04-01-02-02		(2)明挖基础(含承台)	圬工方	44.06	191.75	36.68		17.26	39.74	11.04	340.53
0309-01-01-04-01-02-03		(3)地基处理	元								
0309-01-01-04-01-02-03-01		①换填	m³	14.33	59.80	0.69		3.20	7.82	2.87	88.71
0309-01-01-04-01-01-03		3. 孔径≥5m(22座)	横延米\座								
0309-01-01-04-01-03-01		(1)涵身及附属	横延米	2122.79	11009.87	474.58		557.71	1336.78	519.31	16021.04
0309-01-01-04-01-03-02		(2)明挖基础(含承台)	圬工方	43.25	191.73	39.34		17.65	40.50	11.13	343.60
0309-01-01-04-01-03-03		(3)地基处理	元								
0309-01-01-04-01-03-03-01		①换填	m³	14.33	59.80	0.69		3.20	7.82	2.87	88.71
0309-01-01-08		八、渡槽(1座)	横延米\座	479.47	2110.55	201.51		145.89	343.93	109.91	3391.26

材料费计算表　　　　　　　　　　　表 5-13

(1) 甲供材料费计算表

序号	材料编码	名称及规格	交货地点	计量单位	数量	金额(元)	
						单价	合价
一、部管物资							
1	1710061	JS-18 环保防水卷材	材料厂	m	10737.36	26.87	288512.86
2	1710101	881-Ⅰ 防水涂料	材料厂	kg	22327.55	12.82	286239.19
3	1710056	氯化聚乙烯防水卷材 $\delta=1.2$	材料厂	m	174.00	17.67	3074.58
4	1710104	聚氨酯防水涂料	材料厂	kg	298.7	11.19	3342.45
5	3341015	聚氯乙烯软板 $\delta=1\sim6$	材料厂	kg	1673470.2	11.00	18408172.64
6	3391029	橡胶止水带 15×300	材料厂	m	363610.3	17.67	6424994.00
7	101009022	钢边止水带	材料厂	m	86206.62	50.00	4310331.00
		合　计					29724666.73

（2）甲控材料价格表 续表

序号	材料编码	材料名称及规格型号	技术条件	计量单位	单价（元）
1	1900005	圆钢 Q235-Aϕ6～9		kg	3.31
2	1900012	圆钢 Q235-Aϕ10～18		kg	3.33
3	1900013	圆钢 Q235-Aϕ18 以上		kg	3.28
4	1900016	圆钢 16Mnϕ18 以下		kg	3.70
5	1900017	圆钢 16Mnϕ18 以上		kg	3.63
6	1902001	镀锌圆钢 ϕ6～9		kg	4.27
7	1910101	螺纹钢 ϕ6～9		kg	3.30
8	1910102	螺纹钢 ϕ10～18		kg	3.27
9	1910103	螺纹钢 ϕ18 以上		kg	3.25
10	1980053	预应力钢绞线		kg	5.40
11	1010002	普通水泥 32.5 级		kg	0.26
12	1010003	普通水泥 42.5 级		kg	0.31
13	1010007	白色水泥		kg	0.50
14	1010012	普通水泥 42.5 级（高性能混凝土）		kg	0.31
15	1010013	普通水泥 52.5 级（高性能混凝土）		kg	0.33
16	2261001	群锚（QM、OVM、HVM 锚具）		孔束	31.89
17	3005009	聚羧酸系减水剂		kg	8.10
18	3005011	减水剂 FDN		kg	5.77
19	3005013	速凝剂		t	1905.48
20	3005014	膨胀剂		kg	1.38
21	1260129	粉煤灰 I 级		t	200.00
22	2547210	隔离栅栏镀锌钢丝网 10×10×0.9		m	13.82
23	2130012	隔离栅栏镀锌低碳钢丝 ϕ0.7～5		kg	4.46

（3）主要自购材料价格表 续表

序号	材料编码	材料名称及规格	计量单位	单价（元）
1	1200014	生石灰	kg	0.17
2	1230006	片石	m	20.00
3	1240010	碎石	m	38.00
4	1240011	碎石 16 以内	m	38.00
5	1240012	碎石 25 以内	m	38.00
6	1240013	碎石 31.5 以内	m	38.00
7	1240014	碎石 40 以内	m	38.00
8	1240016	碎石 80 以内	m	38.00

续表

序号	材料编码	材料名称及规格	计量单位	单价(元)
9	1240023	碎石 25 以内(高性能混凝土)	m	40.00
10	1240024	碎石 31.5 以内(高性能混凝土)	m	40.00
11	1240025	碎石 40 以内(高性能混凝土)	m	40.00
12	1240027	碎石 80 以内(高性能混凝土)	m	40.00
13	1240111	卵石 25 以内	m	28.00
14	1240118	天然级配砂(砾)卵石	m	9.00
15	1260022	中粗砂	m	28.00
16	1260024	中粗砂(高性能混凝土)	m	28.00

设备费计算表 表 5-14

(1)甲供设备费计算表

序号	设备编码	设备名称及规格型号	交货地点	计量单位	数量	金额(元)	
						单价	合价
二、建管物资							
1		THDS-A 型红外线单向探测设备	工地	套	6	360000	2160000
2		分体式空调器	工地	台	18	4000	72000
3		基站空调	工地	台	18	32000	576000
4		0.56MW 锅炉房	工地	座	2	98000	196000
5		0.35MW 锅炉房	工地	座	1	78000	78000

甲供设备费合计   3082000   元

（2）自购设备费计算表

序号	设备编码	设备名称及规格型号	技术条件	计量单位	数量	金额（元）	
						单价	合价
		$L>10$km 的隧道（××隧道）					
1		照明插座箱		面	195	1938	377910
2		动力插座箱		面	69	3875	267375
3		双电源切换箱		面	7	6782	47474
4		照明控制箱		面	78	2906	226668
		小 计					919427
		6km$<L\leqslant10$km 的隧道（××隧道）					
1		照明插座箱		面	227	1938	439926
2		动力插座箱		面	80	3875	310000
3		双电源切换箱		面	8	6782	54256
4		照明控制箱		面	89	2906	258634
		小 计					1062816
		3km$<L\leqslant6$km 的隧道（1 座）					
1		照明插座箱		面	57	1938	110466
2		动力插座箱		面	20	3875	77500
3		双电源切换箱		面	3	6782	20346
4		照明控制箱		面	28	2906	81368
		小 计					289680
		1km$<L\leqslant3$km 的隧道（2 座）					
1		照明插座箱		面	60	1938	116280
2		动力插座箱		面	22	3875	85250
3		双电源切换箱		面	2	6782	13564
4		照明控制箱		面	28	2906	81368
		小 计					296462
		房屋（工经）					
1		三轮摩托车		台	2	18776	37552
2		电冰箱		台	4	7510	30040
3		冰柜		台	2	9388	18776
4		食用加工专用设备		台	2	46940	93880
5		消毒设备		台	2	9388	18776
		小 计					199024
		房屋（暖通）					
1		轴流风机		台	39	1938	75582
2		电暖器		台	20	1918	38360
3		太阳能热水器		台	10	7557	75570

续表

序号	设备编码	设备名称及规格型号	技术条件	计量单位	数量	金额（元）	
						单价	合价
4		电开水器		台	9	6297	56673
5		灭火器		具	443	145	64235
6		气体灭火装置		kg	1660	417	692220
7		封堵材料		处	13	19376	251888
8		轴流风机		台	4	1938	7752
9		电开水器		台	2	6297	12594
10		小型采暖装置		座	2	17438	34876
		小　计					1309750
		给　水					
1		深井潜水泵（$Q=10m^3/h$，$H=50m$）		台	4	4844	19376
2		深井潜水泵（$Q=20m^3/h$，$H=52m$）		台	2	7750	15500
3		二氧化氯消毒设备（产氯量 10g/h）		套	2	11626	23252
4		二氧化氯消毒设备（产氯量 20g/h）		套	1	11626	11626
5		反渗透设备		套	1	852544	852544
6		多功能水泵控制阀（$DN100$）		个	2	8235	16470
7		给水自动控制设备		套	1	48440	48440
8		给水集控装置		套	1	484400	484400
9		消防设施		套	10	2906	29060
10		拉水汽车		台	3	193760	581280
		小　计					2081948
		排　水					
1		潜污泵（$Q=10m^3/h$，$H=15m$）		台	4	4844	19376
2		污水土地处理系统（$Q=25m^3/d$）		套	1	339080	339080
3		污水土地处理系统（$Q=50m^3/d$）		套	1	775040	775040
4		厌氧污水处理装置（$Q=10m^3/d$）		套	2	96880	193760
		小　计					1327256
		车　辆					
		列车接近报警装置		套	6	25189	151134
		小　计					151134
		工　务					
1		锯轨机		台	2	3139	6278
2		钢轨钻孔机		台	2	3100	6200
3		电动螺栓扳手		把	4	3875	15500
4		电动捣固机		台	12	1259	15108
5		液压起拨道器		台	8	1453	11624

序号	设备编码	设备名称及规格型号	技术条件	计量单位	数量	金额（元）	
						单价	合价
6		液压直轨器		台	2	4360	8720
7		液压轨缝调整器		台	2	2519	5038
8		宽枕起道机		台	4	1938	7752
9		对讲机		台	12	3222	38664
10		巡检系统		套	2	4844	9688
11		电缆		km	1.2	7750	9300
12		钳工检修工具		套	2	4844	9688
13		轨道检查仪		台	4	61034	244136
14		轨道检查仪标定台		台	2	61034	122068
15		强光电筒		个	12	97	1164
16		计算机		套	2	9688	19376
17		尖头铁锹		把	12	48	576
18		九尺叉		把	12	48	576
19		撬棍		把	24	48	1152
20		活动扳手		把	12	3877	46524
21		道尺		把	4	969	3876
22		套筒扳手		把	12	4844	58128
23		扭矩扳手		把	4	4844	19376
24		检查锤		把	12	48	576
25		客货汽车		辆	2	116256	232512
26		单人工作灯		个	12	484	5808
27		望远镜		个	2	388	776
28		数码照相机		台	2	2906	5812
29		空压机		台	4	5619	22476
30		发电机组 3-12kW		台	2	19376	38752
31		电动螺栓扳手		把	6	3875	23250
32		内燃弧焊机		台	2	3875	7750
33		砂轮机		台	2	1453	2906
34		云石锯		台	2	484	968
35		油锯		台	4	484	1936
36		电动空心钻		台	4	1453	5812
37		小型电焊机		台	2	3740	7480
38		风动工具		套	2	1453	2906
39		风动扳手		把	8	2131	17048
40		抽水机		台	2	12594	25188

续表

序号	设备编码	设备名称及规格型号	技术条件	计量单位	数量	单价	合价
41		台式钻床		台	2	1938	3876
42		电钻		台	2	775	1550
43		切割工具		套	2	2906	5812
44		高压清洗机		台	4	31002	124008
45		内燃凿岩机		台	2	2131	4262
46		喷漆机具		台	4	67816	271264
47		起顶机具		台	2	5813	11626
48		电锤		台	12	969	11628
49		木工联合加工机		台	2	4844	9688
50		电油锯		台	4	484	1936
51		轨头打磨机		台	8	4069	32552
52		电刨		台	2	5811	11622
53		电圆锯		台	4	6586	26344
54		隧道检查照明设备		套	2	24220	48440
55		风镐		台	12	2906	34872
56		内燃凿岩机		台	4	2131	8524
57		手持式电钻		台	12	1934	23208
58		电动冲击钻		台	12	1934	23208
59		钢筋弯曲机		台	2	7266	14532
60		钢筋调直切断机		台	2	3391	6782
61		喷砂除锈设备		套	4	22770	91080
62		电弧喷涂机		套	2	67816	135632
63		金刚石钻机		台	4	2906	11624
64		混凝土喷射机		台	2	34615	69230
65		压浆机		台	2	8719	17438
66		注浆机		台	4	3685	14740
67		预应力张拉设备		套	8	26545	212360
68		混凝土振捣器		个	8	1186	9488
69		喷锌机		套	4	4844	19376
70		除尘式砂轮机		台	2	3110	6220
71		桥枕加工机床		台	2	29064	58128
72		桥梁养修作业平台		台	2	5813	11626
73		移动密封启动柜		套	2	25670	51340
74		钢轨钻孔机		台	2	3100	6200
75		施工照明设备		套	4	21314	85256

序号	设备编码	设备名称及规格型号	技术条件	计量单位	数量	金额（元）	
						单价	合价
76		锯床		台	2	8529	17058
77		空心钻		套	4	1453	5812
78		混凝土保护层厚度测定仪		套	2	4844	9688
		小　计					2617022
			自购设备费合计	10254519	元		

(3) 设备费汇总表

名　称	金　额（元）
1. 甲供设备费合计	3082000
2. 甲控设备费合计	
3. 自购设备费合计	10254519
4. 甲供设备自交货地点至安装地点的运杂费	

设备费总额　13336519　元

（结转"工程量清单投标报价汇总表"）

思　考　题

1. 铁路工程招投标的过程？
2. 什么是工程量清单？工程量清单计价的原理？
3. 铁路工程量清单计价的内容组成？
4. 工程量清单项目设置的规定？
5. 工程量清单综合单价的构成内容？
6. 工程量清单的共性计量规则？

第6章 铁路工程验工计价与竣工决算

铁路工程验工计价是指对铁路建设项目工程承包合同（包括补充合同）中已完成的合格工程进行验工和计价活动的总称，是办理工程价款结算的依据。竣工决算是竣工验收交付使用阶段，建设单位按照国家有关规定对新建、改建和扩建工程项目，编制的反映项目从筹建到竣工投产或使用全过程全部实际支出费用的文件。

6.1 铁路工程验工计价

6.1.1 工程验工计价

工程验工计价，又称为工程计量与计价。工程计量是项目监理机构根据设计文件及承包合同中关于工程计量的规定，对承包单位申报的已完成合格工程的工程量进行的核验。工程计价是以计量为基础的，指的是根据已核验的工程量及费用项目和承包合同工程量清单中的单价或费率计算的工程造价金额，是进行工程价款支付的依据。

验工计价工作是控制工程造价的核心环节，是进行质量控制的主要手段，是进度控制的基础，也是保证业主和承包人合法权益的重要途径。

验工计价分阶段办理：

月度预付，季、年度验工计价或竣工清算。

（1）月度预付建安工程价款。甲方可按乙方根据季度施工计划提出的季度用款计划中建安工程价值的30％，于每月15日前预付当月工程款。工期不满三个月的工程项目，实行竣工后一次清算。

（2）季度验工。按本季度完成的工程数量，分单位编制"验工计价表"，经签证后作为季度结算的依据。

（3）年度验工。按全年投资计划内完成的工程量，编制"年度验工计价表"，经签证后作为年度结算的依据。

（4）末次验工。建设项目（或单项工程、单位工程）在竣工时要全面清理，按批准的概算进行末次验工计价，编制末次"验工计价表"，经签证后作为竣工清算的依据。

6.1.2 铁路工程验工计价的依据

验工计价的依据一般有工程承包合同、批准的开工报告、建设单位批准的施工组织设计、建设单位下达的计划、经审核合格的施工图及批准的变更设计、质量合格证明文件。也就是说，计量时必须以这些资料为依据。铁路工程验工计价的主要依据有：

（1）经上级主管部门批准的设计概（预）算或修正概（预）算。

（2）国家或上级主管部门下达的年度计划（或调整计划）。

（3）双方签订的工程承包合同、综合单价和款额，以及双方共同商定的分部工程占单位工程的比例系数。

（4）经发包单位同意，由承包单位编制的施工预算。

（5）经过审批的开工报告。

（6）经批准的设计变更，补充合同中的工程项目及款额和预备费使用记录。

（7）工程质量合格，且计价数量与实际完成数量相符，以及相关的隐蔽工程检查证、成品、半成品、设备及原材料出厂合格证，试验报告单等。

6.1.3 工程计量

一般情况下监理工程师对以下情况的工程项目进行计量：

（1）工程量清单中的全部项目。合同文件规定，已标价工程量清单中没有填写单价和金额的项目，其费用已包括在清单的其他单价或金额中，因此，对于清单中没有填写单价和金额的项目仍需进行计量，以确认承包人是否按合同条件完成了该项工程。

（2）合同文件中规定的项目。除了清单中的工程项目外，在合同条件中通常还规定了一些包干项目，对于这些项目也必须根据合同文件规定进行计量。

（3）工程变更项目。工程变更一般附有变更清单，工程变更清单同工程量清单具有相同的性质。因此，对于工程变更清单项目亦必须按合同有关要求进行计量。上述合同规定以外的项目，例如承包人为完成上述项目而进行的一些辅助工程，监理工程师没有进行计量的义务，因为这些辅助工程的费用已包括在上述项目的单价中。

6.1.4 铁路验工计价的程序

铁路工程施工合同对单价承包和总价承包验工计价分别有如下规定。

1. 单价子目验工计价

铁路建设项目施工实行单价承包的，采用工程量清单方式进行验工计价，根据合同约定的单价和审核合格的施工图确定并经监理单位验收合格的工程数量进行计价。具体程序如下：

①已标价工程量清单中的单价子目工程量为估算工程量。结算工程量是承包人实际完成的，并按合同约定计量周期、专用合同条款、工程量清单等中确定的方法进行计量的工程量。②承包人对已完成的工程进行计量，向监理人提交进度付款申请单、已完成工程量报表和有关计量资料。③监理人对承包人提交的工程量报表进行复核，以确定其实际完成的工程量。对数量有异议的，监理人可要求承包人按照合同中约定的施工测量方法和程序，进行共同复核和抽样复测。承包人应协助监理人进行复核并按监理人要求提供补充计量资料。承包人未按监理人要求参加复核的，监理人复核或修正的工程量视为承包人实际完成的工程量。④监理人认为有必要时，可通知承包人共同进行联合测量、计量，承包人应遵照执行。⑤承包人完成工程量清单中每个子目的工程量后，监理人应要求承包人派员共同对每个子目的历次计量报表进行汇总，以核实最终结算工程量。监理人可要求承包人提供补充计量资料，以确定最后一次进度付款的准确工程量。承包人未按监理人要求派员参加的，监理人最终核实的工程量视为承包人完成该子目的准确工程量。⑥监理人应在收到承包人提交的工程量报表后的7天内进行复核，监理人未在约定时间内复核的，承包人提交的工程量报表中的工程量视为承包人实际完成的工程量，据此计算工程价款。

2. 总价子目的验工计价

铁路建设项目实行施工总承包的，采用合同总价下的工程量清单方式进行验工计价。工程量清单范围内的工程，按合同约定的单价进行计价。工程量清单范围外的工程，属于建设单位对建设方案、建设标准、建设规模和建设工期的重大调整，以及由于人力不可抗力造成重大损失补充合同的工程，按施工总承包合同约定的单价计价，在批准费用项下计费；其他工程由双方协商单价，按验工数量进行计价，但不得超过承包合同总价。工程全部验收合格后，承包合同计价剩余费用（不包括质量保证金）一次拨付施工总承包单位。

验工计价程序的规定：①总价子目的计量和支付应以总价为基础，不因价格调整的因素而进行调整。承包人实际完成的工程量，是进行工程目标管理和控制进度支付的依据。②承包人在合同约定的每个计量周期内，对已完成的工程进行计量，并向监理人提交进度付款申请单、专用合同条款约定的合同总价支付分解表所表示的阶段性或分项计量的支持性资料，以及所达到工程形象目标或分阶段需完成的工程量和有关计量资料。③监理人对承包人提交的上述资料进行复核，以确定分阶段实际完成的工程量和工程形象目标。对其有异议的，可要求承包人按合同中约定的施工测量方法和程序进行共同复核和抽样复测。④除按照合同变更条款约定的变更外，总价子目的工程量是承包人用于结算的最终工程量。

3. 节点验工计价

实行工程总承包的铁路建设项目，可采用合同总价下的节点式计价方式；计价节点一般按工程类别和工点设置，根据工点和工程类别的工作内容和工作量将总费用分劈到各节点；具体节点设定和相应费用根据项目情况在总承包合同中约定。建设单位对建设方案、建设标准、建设规模和建设工期进行重大调整，以及由于人力不可抗力造成重大损失的，应签订补充合同，在批准费用项下计费。补充合同验工计价纳入节点计价范围。计价程序：①承包人在发包人确定的工程节点完成后，统计已完合格工程数量并上报已完工程量表和所有变更资料。②监理人对承包人提交的工程量报表进行复核，监理人可要求承包人提供补充计量资料，以确定实际完成的工程量。③承包人完成所有工程节点（包括工程量清单中的所有子目）的工程量后，监理人应要求承包人派员共同对每个节点工程的历次计量报表进行汇总，以核实最终结算工程量。

6.1.5　铁路验工计价的注意事项

（1）验工计价表中的项目、定额费率必须与概（预）算及部批定额、费率一致；按中标工程项目及综合单价验工计价的，按承发包双方商定的分部工程占单位工程比例系数验工计价；分包工程由总包单位统一验工计价。

（2）验工计价数量和款额，必须是实际完成的工程量和款额，且不得超出年度投资计划。末次验工计价不得突破部批准的概（预）算总额或合同包干价值总额。合同中另有规定者按合同条款执行。

（3）验工计价应如实反映基建工程完成情况，凡当年按投资计划完成的工程量，当年内应办理验工计价和结算，不得隐瞒不报；未完建安工程量，不得提前计价。

（4）施工期间，进行工程项目验工计价时，一般不得超过承、发包工程概算中第二至第九章总值的 95%，其余待工程竣工验交合格后计价。但对新建铁路大中型项目，由于投资额大，工期长，可按 97% 进行验工计价；改建铁路大中型项目采用"分站、分区间、分段"验收合格后交付使用的，已投产的工程可视竣工论。

（5）概（预）算第一章拆迁工程中由承包单位或由委外单位完成的建安工程量（如拆迁建筑物改移道路等）和配合辅助工程的验工计价办法，在双方签订承发包合同时予以明确。

（6）承包单位应于季末后三日前，年末后五日前，将经过监察工程师签认的"验工计价表"送建设单位一式七份（包括建设单位财务一份）、拨款建设银行一份。

（7）预备费使用范围必须符合铁路工程概（预）算编制办法的规定。凡超过批准的初步设计和技术设计（或扩大初步设计）的规模和标准发生的费用，均不得在预备费项下计价，如有违反，由责任单位承担。

除列入承发包合同包干使用的预备费，可不办理批准手续以外，其余均应按规定办理审批手续。

（8）承发包双方在验工计价中发生争议时，应由建设单位领导主持，组织有关各方协商解决；遇有重大问题经协商不能解决时，报上级主管部门协调解决。

设计概（预）算中设备的计价办法：

凡不需要安装的设备和工器具，根据发货票抄件及固定资产验收或保管记录办理验工计价。需要安装的设备，须具备出厂合格证、必要的图纸和资料，并安装就位以后方能计价。

概（预）算内其他项目的计价办法：

（1）征用土地补偿费：如建设单位委托承包单位办理时，由监理组织按合同规定审定后，以付款凭据进行计价。

（2）第十章其他工程费：根据工程进度和费用发生情况，按合同规定费率或价款分季验工计价。

（3）临时工程费和施工机构转移费，按概（预）算价或承发包合同中所列费用计价。

（4）劳保支出、主副食运费补贴等，按建安工程完成进度的比例计价。

（5）材料差价及设备的计价办法，应在承发包合同中明确，按合同条款办理。

下列情况不予计价：

（1）开工报告未经批准；

（2）未按验标要求进行检查，未填写"工程质量检查评定表"；

（3）倒手转包或由无照施工单位施工的工程。

6.2 铁路工程价款结算

6.2.1 工程价款结算

建设工程价款结算，是指对建设工程的发承包合同价款进行约定和依据合同约定进行工程预付款、工程进度款、工程竣工价款结算的活动。其作用如下：

（1）工程价款结算是反映工程进度的主要指标。工程价款的结算是按照已完成的工程量进行的，承包人完成的工程量越多，所应结算的工程价款就应越多。根据累计已结算的工程价款占合同总价款的比例，能够近似地反映出工程的进度情况，有利于准确掌握工程进度。

（2）工程价款结算是加速资金周转、考核经济效益的重要指标。

（3）工程价款结算是统计施工企业完成生产计划和建设单位完成建设投资任务的依据。

（4）竣工结算是施工企业完成该工程项目的总货币收入，是施工企业内部编制工程决算、进行成本核算、确定工程实际成本的重要依据，也是建设单位编制竣工决算的主要依据。竣工结算的完成，标志着施工企业和建设单位双方所承担的合同义务和经济责任的结束。

6.2.2　铁路工程价款结算

1. 工程预付款

预付款用于承包人为合同工程施工购置材料、工程设备、施工设备、修建临时设施以及组织施工队伍进场等。按照《铁路工程价款结算暂行办法》（财建［2004］369号）工程预付款的结算与支付应符合下列规定：对包工包料的工程按当年预计完成投资额（扣除甲供材料设备费）为基数计算预付额，建筑工程预付比例为20%，安装工程预付比例为10%。对包工不包料的工程，一般不预付工程款。预付款的扣回方式：待年度投资计划完成50%时，从工程进度款中抵扣50%预付款；待年度投资计划完成70%时，再抵扣剩余预付款。具体按铁路工程招标文件专用合同条款规定执行。

凡是没有签订合同或不具备施工条件的工程，项目管理机构不得预付工程款，不得以预付款为名转移资金。

2. 工程进度款

工程进度款结算规定：合同工期超过三个月并实行季度验工计价的项目，按季度支付工程进度款。其中，工期在两个年度以上的工程，在年终需进行工程盘点，办理年度结算。合同工期不满三个月的项目，实行竣工后一次结算方式。

工程进度款支付：

工程进度款采用月预付、季度结算、竣工清算的方式。

月份预支工程款：承包人按照项目管理机构下达的施工计划和施工组织设计，提出月份用款计划；甲方核备后，按不高于下达的月份施工计划的70%预支工程款。

季度结算工程款：按批准的季度验工计价扣除质量保证（保修）金、月份预支的工程款和应抵扣的工程预付款拨付。

竣工清算工程款：按照批准的末次验工计价扣除质量保证（保修）金和已拨付的工程款（含工程预付款和季度结算工程款）拨付。

项目管理机构在合同规定的价款调整情况发生后，应及时确认调整金额，并将追加（减）合同价款与工程进度款同期支付（扣减）。

3. 竣工结算

工程完工后，双方应按照约定的合同价款及合同价款调整内容以及索赔事项，进行工程竣工结算。工程竣工结算分为：单位工程竣工结算、单项工程竣工结算和建设项目竣工总结算。

1）工程竣工结算编审

单位工程竣工结算由承包人编制，项目管理机构审查；实行总承包的工程，由具体的承包人编制，在总包人审查的基础上，项目管理机构计划财务部审查。单项工程竣工结算或建设项目竣工总结算由总（承）包人编制，项目管理机构可直接进行审查，也可以委托具有相应资质的工程造价咨询机构进行审查。承包人应在合同约定期限内完成项目竣工结算编制工作，未在规定期限内完成的并且提不出正当理由延期的，责任自负。

2）工程竣工结算审查期限

单项工程竣工后，承包人应在提交竣工验收报告的同时，向项目管理机构递交竣工结算报告及完整的结算资料，项目管理机构应按约（规）定时限进行核对（审查）并提出审查意见。建设项目竣工总结算在最后一个单项工程竣工结算审查确认后，承包人及时汇总报送项目管理机构，项目管理机构应在一个月内审查完成。

3）工程竣工价款结算

项目管理机构收到承包人递交的竣工结算报告及完整的结算资料后，应按约（规）定的期限进行核实，给予确认或者提出修改意见。项目管理机构计划财务部根据确认的竣工结算报告向承包人支付工程竣工结算价款，保留不低于5％的质量保证（保修）金，待工程交付使用一年质保期到期后清算（合同另有约定的，从其约定），质保期内如有返修，发生的费用应在质量保证（保修）金内扣除。

4）索赔价款结算

发承包人未能按合同约定履行自己的各项义务或发生错误，给另一方造成经济损失的，由受损方按合同约定提出索赔，索赔金额按合同约定支付。

4. 质量保证金

按照有关规定，工程项目总造价中应预留出一定比例的尾留款作为质量保修费用（又称保留金），待工程项目保修期结束后最后拨付。质量保证金用于承包人履行属于其自身责任的工程缺陷修补，为监理人有效监督承包人圆满完成缺陷修补工作提供资金保证。

《铁路工程招标文件补充文本》专用合同条款规定：每次工程进度款支付时，按进度款的5％预留工程质量保证金。预留质量保证金直至达到合同金额的5％。质量保证金的计算额度不包括预付款的支付、扣回以及价格调整的金额。

质量保证金待工程竣工验收（初验）交付使用一年后按规定返还。在约定的缺陷责任期满时，承包人向发包人申请到期应返还承包人剩余的质量保证金金额，发包人应在14天内会同承包人按照合同约定的内容核实承包人是否完成缺陷责任。如无异议，发包人应当在核实后将剩余保证金返还承包人。

6.2.3 铁路工程变更及合同价款的调整

铁路工程建设受自然条件和客观因素的影响在实施中会不可避免地发生工程量的变更、工程项目的变更（如发包人提出增加或者删减原项目内容）、进度计划的变更、施工条件的变更等，有些工程变更将进一步引起合同价款的调整。

1. 工程变更分类

根据《铁路建设项目变更设计管理办法》（铁建设〔2005〕146号）的规定，铁路建设项目的变更设计，是指施工图经审核修改批准后至工程正式验收前，变更施工图的活动。铁路建设项目变更设计按其内容的重要性、技术复杂性和增减投资额等因素可分为Ⅰ类变更和Ⅱ类变更。符合下列条件之一的为Ⅰ类变更设计：①变更建设规模、主要技术标准、重大方案的。②变更初步设计主要批复意见的。③变更涉及运输能力、运输质量、运输安全的。④变更重点工点的设计原则的。⑤变更设计一次增减投资 300 万元（含）以上的。对施工图的其他变更为Ⅱ类变更设计。

变更设计项目划分的原则：①同一工点或同一病害引起的不可分割的一次性变更，为一项变更设计。②同一工点中的不同变更内容、同一病害类型的不同工点、同一变更内容的不同段落应分别划分为不同的变更设计项目（初步设计批准单位批准者除外）。

2. 变更费用

变更设计费用确定应考虑以下原则：

Ⅰ类变更设计引起的费用按初步设计批准概算编制原则，扣除不应发生的费用后确定。Ⅰ类变更设计引起的费用按Ⅰ类变更设计批准意见执行。Ⅰ类变更设计的勘察设计费，按铁路工程勘察设计收费标准计算，按变更设计批准意见办理。

Ⅱ类变更设计引起的费用应按施工承包合同约定的单价和计价方式确定。Ⅱ类变更设计引起的费用列入预备费。

工程质量事故引起的变更设计，相关费用按铁道部有关规定由事故责任方承担。勘察设计费由事故责任单位承担，勘察设计单位无偿完成因勘察设计质量引起的变更设计。

变更估价应遵循以下原则：

（1）已标价工程量清单中有适用于变更工作子目的，采用该子目的单价。

（2）已标价工程量清单中无适用于变更工作子目，但有类似子目的，可在合理范围内参照类似子目的单价，由监理人按第 3.5 款商定或确定变更工作的单价。

（3）已标价工程量清单中无适用或类似子目的单价的，可按照成本加利润的原则，由监理人商定或确定变更工作的单价。

在变更后合同价款的确定上，首先应当考虑适用合同中已有的、能够适用或者能够参照适用的，其原因在于在合同中已经订立的价格（一般是通过招标投标）是较为公平合理的，因此应当尽量适用。由承包人提出的变更价格，工程师如果能够确认，则按照这一价格执行。如果工程师不确认，则应当提出新的价格，由双方协商，按照协商一致的价格执行。如果无法协商一致，可以由工程造价部门调解，如果双方或者一方无法接受，则应当按照合同纠纷的解决方法解决。

3. 铁路工程合同价款调整

施工合同价款，是按有关规定和协议条款约定的各种取费标准计算，用于支付承包人按照合同要求完成工程内容的价款总额。但在合同实施中常因以下因素有所调整。

1）合同类型

《施工单价承包合同条件》的支付原则是，按承包人实际完成的工程量乘以清单中相应工作内容的单价，结算该部分工作的工程款。另外，大型复杂工程的施工期较长，通用条件中包括合同工期内因物价变化对施工成本产生影响后，计算调价费用的条款，每次支付工程进度款时均要考虑约定可调价范围内项目当地市场价格的涨落变化。而这笔调价款没有包含在中标价格内，仅在合同价款中约定了调价原则和调价费用的计算方法。《施工总承包合同条件》与《工程总承包合同条件》规定在投标时，投标人应自主报价，除甲供材料设备差价外，其余由物价波动引起的价格调整，符合国家和铁道部有关政策允许调整的按合同专用条款处理，其余均已包括在合同价中，不另行调整。

2）发生应由业主承担责任的事件

合同履行过程中，可能因业主的行为或其应承担风险责任的事件的发生而导致承包人增加施工成本的，合同相应条款都规定应对承包人受到的实际损害给予补偿。

3）承包人的质量责任

合同履行过程中，如果承包人没有完全或正确地履行合同义务，业主可凭工程师出具的证明，从承包人应得的工程款内扣减该部分给业主带来损失的款额。

4）承包人延误工期或提前竣工

因承包人责任的延误缓工，签订合同时双方需约定日拖期赔偿额和最高赔偿限额。

5）包含在合同价格之内的某些合价费用

施工单价合同项目的工程量清单中，包括有"暂列金额"款项。暂列金额是用于招标文件规定承包人必须完成的承包工作之外的费用，承包人接受工程师的指示完成暂列金额项内支付的工作时，应按工程师的要求提供有关凭证，从其中获得相应支付。

6.3 铁路工程竣工决算及工程保修

建设项目竣工验收是工程建设的最后阶段，是由建设单位、施工单位和项目验收委员会，以项目批准的设计任务书和设计文件，以及国家或部门颁发的施工验收规范和质量检验标准为依据，遵循一定的程序和手续，在项目建成并试生产合格后（工业生产性项目），对工程项目的总体进行检验和认证、综合评价和鉴定的活动。该阶段的造价工作主要有编制竣工决算及保修费用的处理等。

6.3.1 铁路工程竣工决算

竣工决算以实物数量和货币指标为计量单位，综合反映竣工项目的建设成果和财务情况，是竣工验收报告的重要组成部分。铁路基本建设项目竣工财务决算是铁路基本建设成果的最终反映，是确定新增资产价值的依据，是进行建设项目投入产出分析测算及成本支出情况分析的重要基础。

建设项目竣工决算的作用主要表现在以下三个方面：

（1）建设项目竣工决算采用实物数量、货币指标、建设工期和各种技术经济指标综合、全面地反映建设项目自筹建到竣工为止的全部建设成果和财物状况。它是综合、全面地反映竣工项目建设成果及财务情况的总结性文件。

（2）建设项目竣工决算是竣工验收报告的重要组成部分，也是办理交付使用资产的依据。建设单位与使用单位在办理交付资产的验收交接手续时，通过竣工决算反映交付使用资产的全部价值，包括固定资产、流动资产、无形资产和递延资产的价值。同时，它还详细提供了交付使用资产的名称、规格、型号、价值和数量等资料，是使用单位确定各项新增资产价值并登记入账的依据。

（3）建设项目竣工决算是分析和检查设计概算的执行情况、考核投资效果的依据。竣工决算反映了竣工项目计划、实际的建设规模、建设工期以及设计和实际的生产能力，反映了概算总投资和实际的建设成本，同时还反映了建设项目所达到的主要技术经济指标。

通过对这些指标计划数、概算数与实际数进行对比分析，不仅可以全面掌握建设项目计划和概算执行情况，而且可以考核建设项目投资效果，为今后制订基建计划、降低建设成本、提高投资效果提供必要的资料。

建设项目竣工决算的编制依据主要有：

（1）建设项目计划任务书和有关文件。

（2）建设项目总概算书及单项工程综合概算书。

（3）建设项目设计施工图纸，包括总平面图、建筑工程施工图、安装工程施工图以及相关资料。

（4）设计交底或图纸会审纪要。

（5）招标投标文件、工程承包合同以及工程结算资料。

（6）施工记录或施工签证以及其他工程中发生的费用记录，例如工程索赔报告和记录、停（交）工报告等。

（7）竣工图纸及各种竣工验收资料。

（8）设备、材料调价文件和相关记录。

（9）历年基本建设资料和财务决算及其批复文件。

（10）国家和地方主管部门颁布的有关建设工程竣工决算的文件。

6.3.2　竣工决算内容

竣工决算是建设项目从筹建开始到竣工交付生产使用为止的全部实际支出费用，包括建筑安装工程费、设备及工器具购置费、工程建设其他费、预备费、建设期贷款利息、固定资产投资方向调节税等。

竣工决算由竣工财务决算说明书、竣工财务决算报表、竣工工程平面示意图、工程造价比较分析四部分构成。

1. 铁路竣工项目财务决算报告的内容及编制说明

竣工项目财务决算报告的内容分三部分：竣工财务决算报表、竣工财务决算分析、铁路项目竣工资产移交表。

1）竣工财务决算报表

竣工财务决算报表包括："基本建设项目竣工财务决算报表封面"、"基本建设项目概况表"（建竣决 01 表，表 6-1）、"基本建设项目竣工财务决算表"（建竣决 02 表，表 6-2）、"基本建设项目交付使用资产总表"（建竣决 03 表，表 6-3）、"铁路竣工项目投资及支出情况表"（表 6-4）。

（1）基本建设项目竣工财务决算报表封面

分别按国铁项目、合资项目填列，建设单位分别为铁路局或合资铁路公司，主管部门为铁道部，建设性质分大中型项目、小型项目填报。

（2）基本建设项目概况表

表中有关项目的设计、概算等指标，根据批准的设计、概算等文件确定的数字填列。实际指标根据项目建设的实际完成情况填列。

表中基建支出各项的实际金额是指建设项目从筹建之日起至编报竣工财务决算之日止发生的全部基本建设支出。

表中建设规模和新增生产能力根据《项目可研报告批复》及《项目初步设计批复》中

的建设规模和主要经济指标填列。

表中设计概算批准文号根据实际批准的文件分别填列。表中收尾工程指建设项目竣工验收后还遗留的少量未完配套工程，这部分工程尚需投资额，可根据概算和工程具体情况填列。

对初验后尚有剩余工程的，建设单位要将剩余工程列出详细的剩余工程量、投资清单和资金预算，汇同编制上报的竣工决算报铁道部，决算自报铁道部之日起，按季度向铁道部建设、计划、财务等部门报送剩余工程进展情况及存在的问题，明确完成时间，并进行台账管理。项目全部完工后不再另编制竣工财务决算。

（3）基本建设项目竣工财务决算表

表中资金来源项下"基建拨款"、"项目资本"、"项目资本公积"、"基建借款"、"上级拨入投资借款"、"企业债券资金"和资金占用项下"交付使用资产"、"待核销基建支出"、"非经营项目转出投资"等项目，填列项目自筹建之日起至编报竣工财务决算之日止的累计数。

补充资料中的"基建结余资金"，按照"基建拨款"、"项目资本"、"项目资本公积"、"基建借款"、"上级拨入投资借款"、"企业债券资金"及"待冲基建支出"之和减"交付使用资产"、"待核销基建支出"、"非经营项目转出投资"、"应收生产单位投资借款"后的金额填列。

表中其余各项目填列编报竣工财务决算日的结余数。

资金占用总额等于资金来源总额。

（4）基本建设项目交付使用资产总表

该表中各栏数应根据"铁路项目竣工交付资产汇总表"中相应项目的数字分析填列，"基本建设项目交付使用资产总表"中的工程项目资产总额与"铁路项目竣工交付资产汇总表"中一至十七项的合计金额相等，并与"基本建设项目竣工财务决算表"中的"交付使用资产"金额相等。

（5）铁路竣工项目投资及支出情况表

本表反映项目自筹建之日起至编报竣工财务决算之日止各年投资计划、拨借款、投资支出情况。表中"拨借款合计"和"基建投资支出"应与上报的年度基建财务决算中建设项目累计拨借款及累计支出相等。该表可根据实际情况增加有关栏次。

2）竣工财务决算分析

内容应包括建设项目概算、基本建设支出预算、投资计划的执行情况，建设资金到位情况，建设成本支出情况，决算与概算的差异和原因，基建结余资金形成情况，尾工及预留费用情况，历次重大审计、核查、稽察及整改情况，基本建设项目管理经验、问题及建议，项目招标投标及合同（协议）履行情况，征地拆迁补偿及移民安置情况，编表说明等。

3）铁路项目竣工资产移交表

"铁路项目竣工资产移交表"包括"铁路项目竣工交付资产汇总表"和"铁路项目竣工交付资产明细表"，本表反映铁路建设项目建成后新增资产的全部情况。为适应铁路运输企业固定资产管理的需要，并结合铁路基本建设项目概算的章节划分情况，"铁路项目竣工交付资产汇总表"的"项目名称"，栏分别为路基、隧道、桥梁、涵洞、轨道、房屋及建筑物、通信工程、信号工程、电力工程、电气化工程、给水排水工程、其他设备、机车车辆设备、无形资产、流动资产、递延资产、信息工程。

按"铁路项目竣工交付资产汇总表"的要求，明细表一般分为："铁路项目竣工交付资产明细表（路基）"、"铁路项目竣工交付资产明细表（隧道及明洞）"、"铁路项目竣工交付资产明细表（桥梁）"、"竣工交付资产明细表（涵洞）"、"竣工交付资产明细表（轨道）"、"铁路项目竣工交付资产明细表（房屋及建筑物）"、"铁路项目竣工交付资产明细表（通信）"、"铁路项目竣工交付资产明细表（信号）"、"铁路项目竣工交付资产明细表（电力）"、"铁路项目竣工交付资产明细表（电气化）"、"铁路项目竣工交付资产明细表（给水排水）"、"铁路项目竣工交付资产明细表（其他设备）"、"铁路项目竣工交付资产明细表（机车、车辆）"、"铁路项目竣工交付资产明细表（无形资产）"、"铁路项目竣工交付资产明细表（流动资产）"、"铁路项目竣工交付资产明细表（递延资产）"、"铁路项目竣工交付资产明细表（信息）"。

2. 部分相关表格

3. 竣工决算的编制步骤

1）收集、整理和分析有关资料

在编制竣工决算文件之前，就系统地整理所有的技术资料、工料结算的经济文件、施工图纸和各种变更与签证资料，并分析它们的准确性。完整、齐全的资料，是准确而迅速地编制竣工决算的必要条件。

2）清理各项财务、债务和结余物资

在收集、整理和分析相关资料中，要特别注意建设工程从筹建到竣工投产或使用的全部费用的各项账务、债权和债务的清理，做到工程完毕账目清晰。既要核对账目，又要查点库有实物的数量，做到账与物相等，账与账相符；对结余的各种材料、工器具和设备，要逐项清点核实，妥善管理，并按规定及时处理，收回资金。对各种往来款项要及时进行全面清理，为编制竣工决算提供准确的数据和结果。

3）填写竣工决算报表

安装建设工程决算表格中的内容，根据编制依据中的有关资料进行统计或计算各个项目和数量，并将其结果填到相应表格的栏目内，完成所有报表的填写。

4）编制建设工程竣工决算说明

按照建设工程竣工决算说明的内容要求，根据编制依据材料填写在报表中的结果，编写文字说明。

5）做好工程造价对比分析

6）清理、装订好竣工图

7）上报主管部门审查

将上述编写的文字说明和填写的表格经核对无误，装订成册，即为建设工程竣工决算文件。将其上报主管部门审查，并把其中财务成本部分送交开户银行签证。竣工决算在上报主管部门的同时，抄送有关设计单位。大、中型建设项目的竣工决算还应抄送财政部、建设银行总行和省、市、自治区的财政局和建设银行分行各一份。建设工程竣工决算的文件，由建设单位负责组织人员编写，在竣工建设项目办理验收、使用一个月之内完成。

基本建设项目概况表　　　　　　　　　　　　　　**表 6-1**

建竣决 01 表

建设项目 （单项工程）名称				建设 地址				项　　　目	概算 （元）	实际 （元）	备注
主要设计单位				主要施工企业			基 建 支 出	1. 建筑安装工程			
占地面积	设计	实际	总投资 （万元）	设计		实际		2. 设备、工具、器具			
								3. 待摊投资 　其中：建设单位管理费			
新增生产能力	能力（效益）名称		设计		实际			4. 其他投资			
								5. 待核销基建支出			
								6. 非经营项目转出投资			
								7. 铁路转出投资 　其中：通信工程 　　　　公跨铁立交桥			
建设起止时间	设计	从　年　月　日开工至　年　月　日						合　　　计			
	实际	从　年　月　日开工至　年　月　日									
设计概算批准文号											

完成主要工程量	建设规模		设备（台、套、t）	
	设　计	实　际	设　计	实　际

收尾工程	工程项目、内容	已完成投资额	尚需投资额	完成时间
	小　　计			

基本建设项目竣工财务决算表　　　　　　　　　　**表 6-2**

建竣决 02 表　　　　　　　　　　　　　　　　　　单位：元

资　金　来　源	金额	资　金　占　用	金额
一、基建拨款		一、基本建设支出	
1. 预算拨款		1. 交付使用资产	
2. 基建基金拨款		2. 在建工程	
其中：国债专项资金拨款		3. 待核销基建支出	
3. 专项建设基金拨款		4. 非经营项目转出投资	
4. 进口设备转账拨款		二、应收生产单位投资借款	

续表

资 金 来 源	金额	资 金 占 用	金额
5. 器材转账拨款		三、拨付所属投资借款	
6. 煤代油专用基金拨款		四、器材	
7. 自筹资金拨款		其中：待处理器材损失	
8. 其他拨款		五、货币资金	
二、项目资本		六、预付及应收款	
1. 国家资本		七、有价证券	
2. 法人资本		八、固定资产	
3. 个人资本		1. 固定资产原价	
4. 外商资本		2. 减：累计折旧	
三、项目资本公积		3. 固定资产净值	
四、基建借款		4. 固定资产清理	
其中：国债转贷		5. 待处理固定资产损失	
五、上级拨入投资借款			
六、企业债券资金			
七、待冲基建支出			
八、应付款			
九、未交款			
1. 未交税金			
2. 其他未交款			
十、上级拨入资金			
十一、留成收入			
合　　计		合　　计	

补充资料：基建投资借款期末余额：

应收生产单位投资借款期末数：

基建结余资金。

基本建设项目交付使用资产总表

表 6-3

建竣决 03 表

单位：元

序号	工程项目名称	总计	固定资产				流动资产	无形资产	递延资产
			合计	建安工程	设备、工具、器具	其他			
1	路基								
2	隧道								
3	桥梁								
4	涵洞								
5	轨道								
6	房屋及建筑物								

续表

序号	工程项目名称	总计	固定资产				流动资产	无形资产	递延资产
			合计	建安工程	设备、工具、器具	其他			
7	通信工程								
8	信号工程								
9	电力工程								
10	电气化工程								
11	给水排水工程								
12	其他设备								
13	机车车辆设备								
14	无形资产								
15	流动资金								
16	递延资产								
17	信息工程								
	合计								

交付单位： 负责人： 接收单位： 负责人：

盖 章 年 月 日 盖 章 年 月 日

铁路竣工项目投资及支出情况表 表 6-4

工程项目名称 单位：万元

年度	总概算	基建计划	拨借款合计	其 中								基建投资支出	结余资金
				专项基金	专项资金	国债拨款	商行贷款	开行借款	外资借款	债券资金	其他		
合计													

219

铁路项目竣工交付资产汇总表

表 6-5

交付资产组成内容

序号	项目名称	计量单位	数　量	价值合计	其　中		
					建安工程	设备投资	其　他
1	路基	m³					
2	隧道	延长米/座					
3	桥梁	延长米/座					
4	涵洞	横延米/座					
5	轨道	正线公里					
6	房屋及建筑物	m²/栋					
7	通信工程	km					
8	信号工程	组/站					
9	电力工程	亘公里					
10	电气化工程	条公里					
11	给水排水工程	站/处					
12	其他设备	台、组					
13	机车车辆设备	台、组					
14	无形资产	元					
15	流动资产	元					
16	递延资产	元					
17	信息工程	元					
	合　计						
	附属技术资料						

铁路项目竣工交付资产明细表（路基）

表 6-6

接收单位：

序号	项目名称	起讫里程、地点	计量单位	数量	价值（元）
	合　计				
一	路基土石方		m³		
	1. 区间土石方				
	2. 站场土石方				
	3. 段岔特线土石方				
	……				
二	附属工程		m³		
1	××				
	……				
三	防护加固工程		元/处		
1	土方		m³		

续表

序号	项目名称	起讫里程、地点	计量单位	数量	价值（元）
2	石方		m³		
3	干砌片石		m³		
4	浆砌片石		圬工方		
5	混凝土		圬工方		
6	绿色防护				
7	基底填筑		圬工方		
8	土体加固				
	……				
四	防护林		元/处		
1	××		处		
2	××		处		
	……				
五	隔离网及声屏障		元/处		
1	××		处		
2	××		处		
	……				
	合　计				

铁路项目竣工交付资产明细表（轨道）　　　　　　表 6-7

接收单位：

序号	项目名称	地点（里程）	轨型、结构	数量	价值（元）
	合计				
一	正线			延长公里	
1	轨道			延长公里	
2	道床			m³	
3	轨枕			根	
	……				
二	站线			延长公里	
1	轨道			延长公里	
2	道床			m³	
3	轨枕			根	
	……				
三	其他站段岔特线				
1	××				
	……				
四	道岔				

续表

序号	项目名称	地点（里程）	轨型、结构	数量	价值（元）
1	××			km	
	......				
五	道口				
1	有人看守				
2	无人看守				
3	防护装置监视道口				
六	备用料				
1	××				
	......				
	合　　计				

6.3.3　建设项目保修及其费用处理

《中华人民共和国建筑法》第 62 条规定："建筑工程实行质量保修制度"。建设工程质量保修制度是国家确定的重要法律制度，它是指建设工程在办理交工验收手续后，在规定的保修期限内（按合同有关保修期的规定），因勘察设计、施工、材料等原因造成的质量缺陷，应由责任单位负责维修。项目保修是项目竣工验收交付使用后，在一定期限内由施工单位到建设单位或用户进行回访，对于工程发生的确实是由于施工单位施工责任造成的建筑物使用功能不良或无法使用的问题，由施工单位负责修理，直到达到正常使用的标准。

建设工程质量保修制度是国家确定的重要法律制度，建设工程质量保修制度对于完善建设工程保修制度、促进承包方加强质量管理、保护用户及消费者的合法权益能够起到重要的作用。

建筑工程的保修范围应包括地基基础工程、主体结构工程、屋面防水工程和其他土建工程，以及电气管线、给水排水管线的安装工程，供热、供冷系统工程等项目。

保修的期限应当按照保证建筑物合理寿命内正常使用，维护使用者合法权益的原则确定。具体的保修范围和最低保修期限，按照国务院《建设工程质量管理条例》第 40 条的规定执行。

（1）基础设施工程、房屋建筑的地基基础工程和主体结构工程，为设计文件规定的该工程的合理使用年限。

（2）屋面防水工程，有防水要求的卫生间、房间和外墙面的防渗漏，为 5 年。

（3）供热与供冷系统，为 2 个采暖期和供热期。

（4）电气管线、给水排水管道、设备安装和装修工程，为 2 年。

（5）其他项目的保修期限由承发包双方在合同中规定。建设工程的保修期，自竣工验收合格之日起算。

建设工程在保修范围和保修期限内发生质量问题的，承包人应当履行保修义务，并对造成的损失承担赔偿责任。凡是由于用户使用不当而造成建筑功能不良或损坏的，不属于保修范围；凡属工业产品项目发生问题的，也不属保修范围。以上两种情况应由建设单位自行组织修理。

保修的操作流程如下。

1. 发送保修证书

在工程竣工验收的同时（最迟不应超过 3 天到一周），由施工单位向建设单位发送《建筑安装工程保修证书》。保修证书目前在国内没有统一的格式或规定，应由施工单位拟订并统一印刷。保修证书一般的主要内容包括：

（1）工程简况、房屋使用管理要求。

（2）保修范围和内容。

（3）保修时间。

（4）保修说明。

（5）保修情况记录。

（6）保修单位（即施工单位）的名称、详细地址等。

2. 要求检查和保修

在保修期间，建设单位或用户发现房屋的使用功能出现问题，是由于施工质量而影响使用的，可以用口头或书面方式通知施工单位的有关保修部门，说明情况，要求派人前往检查修理。施工单位必须尽快地派人检查，并会同建设单位共同作出鉴定，提出修理方案，尽快地组织人力、物力进行修理。房屋建筑工程在保修期间出现质量缺陷，建设单位或房屋建筑所有人应当向施工单位发出保修通知，施工单位接到保修通知后，应到现场检查情况，在保修书约定的时间内予以保修。发生涉及结构安全或者严重影响使用功能的紧急抢修事故，施工单位接到保修通知后，应当立即到达现场抢修。发生涉及结构安全的质量缺陷的，建设单位或者房屋建筑产权人应当立即向当地建设主管部门报告，采取安全防范措施；由原设计单位或者具有相应资质等级的设计单位提出保修方案；施工单位实施保修，原工程质量监督机构负责监督。

3. 验收

在发生问题的部位或项目修理完毕后，要在保修证书的"保修记录"栏内做好记录，并经建设单位验收签认，此时修理工作完毕。

保修费用是指对保修期间和保修范围内所发生的维修、返工等各项费用支出。保修费用应按合同和有关规定合理确定和控制。保修费用一般应参照建筑安装工程造价的确定程序和方法计算，也可以按照建筑安装工程造价或承包工程合同价的一定比例计算（目前取 5%）。

根据《中华人民共和国建筑法》的规定，在保修费用的处理问题上，必须根据修理项目的性质、内容以及检查修理等多种因素的实际情况，区别保修责任的承担问题。对于保修的经济责任的确定，应当由有关责任方承担。由建设单位和施工单位共同商定经济处理办法。

（1）承包单位未按国家有关规范、标准和设计要求施工造成的质量缺陷，由承包单位负责返修并承担经济责任。

（2）由于设计方面的原因造成的质量缺陷，由设计单位承担经济责任，可由施工单位负责维修，其费用按有关规定通过建设单位向设计单位索赔，不足部分由建设单位负责协同有关方解决。

（3）因建筑材料、建筑构配件和设备质量不合格引起的质量缺陷，属于承包单位采购的或经其验收同意的，由承包单位承担经济责任；属于建设单位采购的，由建设单位承担经济责任。

（4）因使用单位使用不当造成的损坏问题，由使用单位自行负责。

（5）因地震、洪水、台风等不可抗拒原因造成的损坏问题，施工单位、设计单位不承担经济责任，由建设单位负责处理。

（6）根据《中华人民共和国建筑法》第 75 条的规定，建筑施工企业违反该法规定，不履行保修义务的，责令改正，可以处以罚款。在保修期间因屋顶、墙面渗漏、开裂等质量缺陷，有关责任企业应当依据实际损失给予实物或价值补偿。质量缺陷因勘察设计原因、监理原因或者建筑材料、建筑构配件和设备等原因造成的，根据民法的规定，施工企业可以在保修和赔偿损失之后，向有关责任者追偿。因建设工程质量不合格而造成损害的，受损害人有权向责任者要求赔偿。因建设单位或者勘察设计的原因、施工的原因、监理的原因产生的建设质量问题，造成他人损失的，以上单位应当承担相应的赔偿责任。受损害人可以向任何一方要求赔偿，也可以向以上各方提出共同赔偿要求。有关各方之间在赔偿后，可以在查明原因后向真正责任人追偿。

（7）涉外工程的保修问题，除参照上述办法进行处理外，还应依照原合同条款的有关规定执行。

思　考　题

1. 什么是验工计价？其主要依据？
2. 铁路工程价款结算的内容？
3. 铁路工程竣工决算的内容？

第7章 铁路工程计价软件

为提高铁路工程造价管理水平，掌握和积累铁路建设项目概预算基础资料，方便高效地进行铁路工程投资（预）估算、概算、预算、投标报价的编制文件工作，造价工作人员需掌握工程造价管理信息技术的发展和应用。

本章介绍主要的铁路概预算编制软件的功能、特点及基本使用流程。

7.1 铁路工程投资控制系统

7.1.1 铁路工程投资控制系统概述

本软件适用于铁路工程设计、建设、施工单位编制投资（预）估算、概算、预算以及招标投标文件。软件随着新数据、新功能而不断更新，因此用户需注意发布在铁路工程造价信息网上的最新版本。网址为 www.tlgczj.com，在［软件下载］→［铁路工程投资控制系统］中下载最新版软件和补丁，软件安装一共四个步骤，对于已经安装过此软件的用户来说，只需卸载掉原来的软件，重新下载安装第四步［《铁路工程投资控制系统》安装包］即可。此外，有关信息价格、价差系数的补丁程序也在此处下载。

安装软件所必须满足的条件有：

操作系统为 Windows XP 及以上，表格系统为 Excel XP 及以上，Microsoft Office XP 及以上。

具体的安装步骤如下：

（1）安装［Windows 升级补丁］（WindowslnstaNer3.1）。

（2）安装软件运行环境［DotNetFXexe］，对于已经安装过此环境的电脑可略过此步骤。

（3）安装数据库环境［MSDE2000］，将此文件解压后，点击［setup.exe］，对于已经安装过此环境的电脑可略过此步骤。

（4）安装［《铁路工程投资控制系统》安装包］，安装完成后，插入加密锁，即可启动软件。

概算编制流程如图 7-1 所示。

7.1.2 铁路工程投资控制系统操作流程

1. 系统登录

登录项目时有三种身份：

（1）系统管理员：拥有修改项目内任何数据的权力。

（2）编制人员：每个项目都有一位项目负责人，项目负责人添加若干团队人员并分配权限。项目编制人员允许登录和修改自己参编的项目。

（3）审查人员：生产室（所）、处、院领导可以用该身份察看所有项目，除能够填写审查意见外，不能修改项目中的任何数据。

登录名与密码：

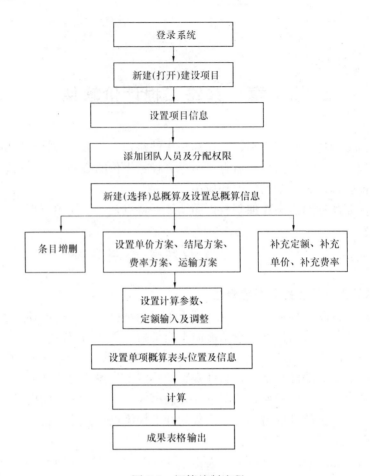

图 7-1　概算编制流程

（1）系统管理员以管理员密码登录。

（2）审查人员、编制人员均以本人姓名和本人密码登录。

操作说明：

（1）填写服务器名称，也可以直接输入 IP 地址（图 7-2）。

（2）选择登录专业：当选择或输入服务器名称之后，登录专业列表中将列出服务器中所有的专业名称，如系统管理员、审查人员、工经专业、接触网专业等（图 7-3）。

图 7-2

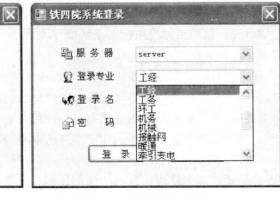

图 7-3

（3）服务器和登录专业都选择好之后，登录名列表中将列出对应于登录专业的所有编制人员的姓名（此名单由系统管理员在"系统人员表"中添加），如图 7-4 所示，选择姓名后输入密码，点击［登录］进入系统。

图 7-4

2. 概算编制

1）项目层

（1）创建项目

从主菜单中选择［项目管理］→［打开］或点击工具条上的［打开］打开窗体（图 7-5）。

点击［创建项目］将弹出图 7-6 所示的对话框，用户输入建设项目名称，在下拉列表框中选择项目模板，点击［确定］，系统将创建项目，并将创建者的名字默认为项目负责人。

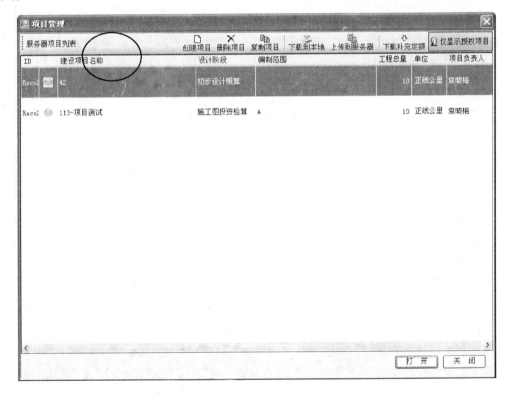

图 7-5

创建项目成功后，系统将弹出设置项目信息的窗体（图 7-7），设置项目信息后进入主窗体进行概算编制（后面将详细介绍细目信息的设置）。

（2）删除项目

从主菜单中选择［项目管理］→［打开］或点击工具条上的［打开］打开窗体（图 7-8）。

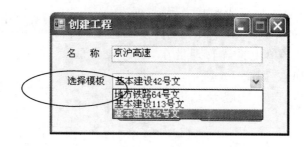

图 7-6

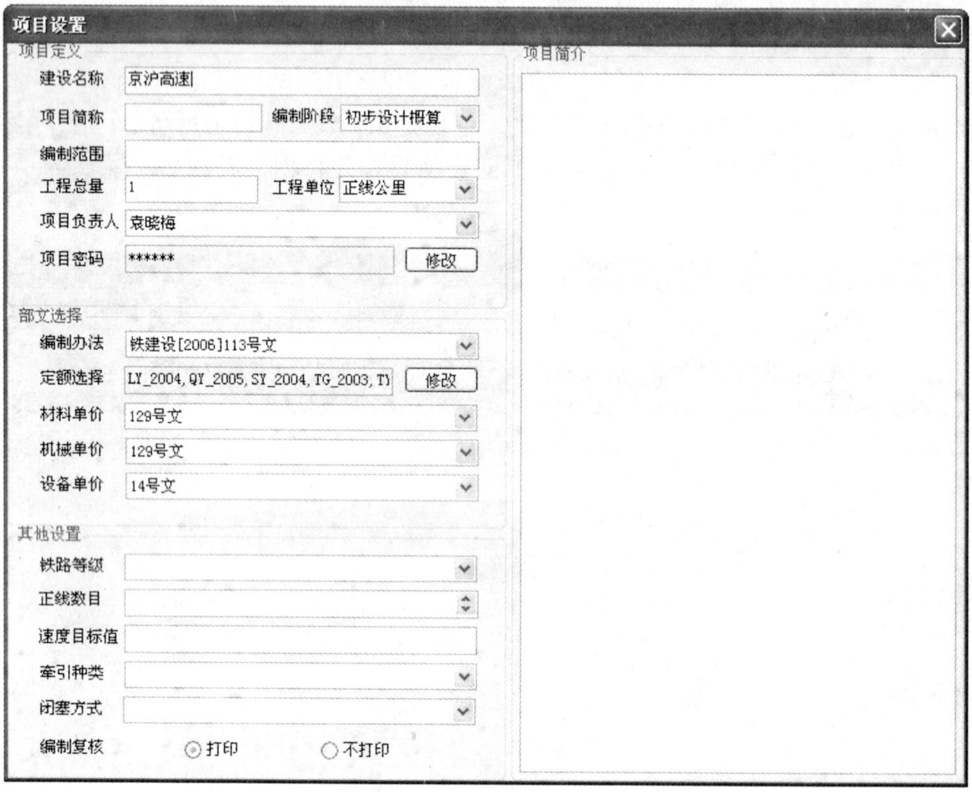

图 7-7

项目负责人可以删除其建立的建设项目，其他人员均无权删除任何项目。

（3）复制项目

选中需要复制的项目（图 7-9），点击［复制项目］，系统将有如图 7-10 所示的提示。

点击［确定］，系统提示如图 7-11 所示。

点击［确定］，系统将复制除章节条目的工程数量以及所有定额的工程数量之外的所有数据；点击［取消］，系统将复制整个项目的所有数据。

　注：项目负责人可以复制其建立的项目，其他编制人员或审查人员无权复制任何项目。

（4）设置项目信息

项目信息窗口包括项目定义、部文选择、其他设置三个部分。项目定义包括建设项目

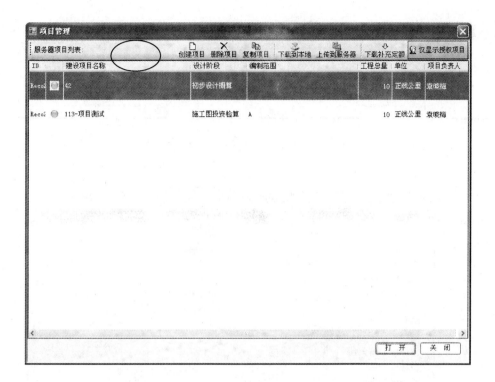

图 7-8

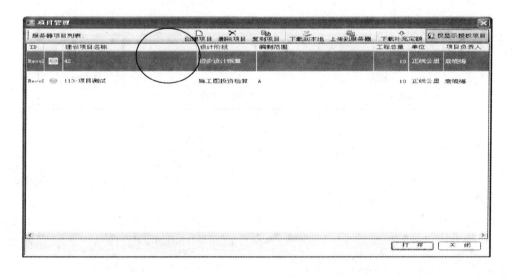

图 7-9

名称、项目简称、工程总量以及项目负责人设置等信息的设置；部文选择包括编制办法文号的选择、定额选择、材料机械设备文号的选择以及火车运价文号的选择；其他设置包括铁路等级、闭塞方式等信息。

从主菜单中选择［项目管理］→［项目设置］（或直接单击主窗体工具栏上的［设置］）打开窗体（图 7-12）。

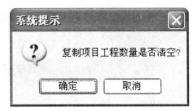

图 7-10　　　　　　　　　　　　　　　　　图 7-11

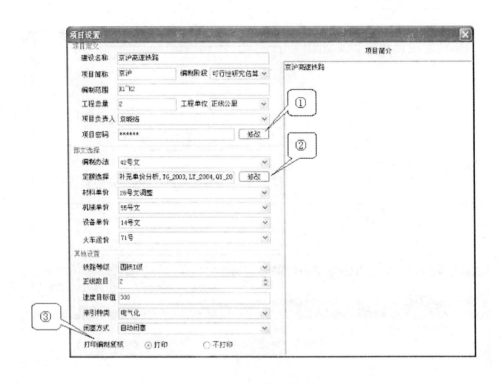

图 7-12

①点击此按钮将弹出密码修改的窗口（图 7-13），项目密码的初始值为空，仅由项目负责人修改（密码长度不超过 15 位）。

本项目密码供登录此项目的编制人员和审查人员使用。项目负责人创建项目后可将设置的密码告知团队人员和审查人员，团队人员和审查人员凭此密码登录项目。

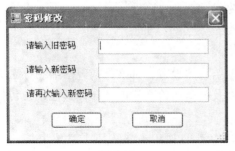

图 7-13

说明：在定额选择的窗口中，用户可以看到所有的互斥定额，根据需要选择对应的书号，其他非互斥定额系统默认为全选。（新旧定额只能选择其一，不能同时使用）

②单项概算表中打印编制复核的选择。

操作说明：

◆项目负责人以及具有"项目管理"权限的编制人员可以打开窗口并且可以进行修改，其他人员（审查人员和不具有"项目管理"权限的编制人员）不能进行修改，窗口处于只读状态。

◆在项目定义设置中，用户可以填写一个项目简称，此简称的长度要求在 10 位之内；建设名称、设计阶段、工程单位、项目负责人不允许为空，项目负责人的名字可以从其下拉列表框中进行选择。

◆在部文选择设置中，对于编制办法文号、材料文号、机械文号、设备文号，用户可以在其对应的下拉列表框中进行选择，并且不允许为空。

◆在其他设置中，铁路等级、闭塞方式、牵引种类可以从下拉列表框中进行选择或直接输入，正线数目可

图 7-14

以直接输入也可以进行选择，速度目标值直接输入数据，但输入的数据必须是数字型，右边是项目简介，用户可以直接写入对项目的简介信息。

◆关闭窗口时，如果数据有所改动，系统将验证数据并保存。

（5）主窗口显示介绍

软件主界面有三种显示形式，下面将详细说明。

操作说明：

◆主菜单［窗口］中有三个选项，包括章节条目、定额与成果、属性。用户可以根据需要选择显示窗口，这样设计主要是为了更加方便用户根据实际情况灵活显示部分窗体。

◆当选中［章节条目］时，系统将显示章节表，用户可以直接对章节表进行操作，如增加条目、删除条目等。

◆当选中章节表的"小计"并选中［定额与成果］时，系统将显示定额输入的表格和计算成果，用户可以进行定额输入、定额调整以及浏览计算成果。

◆当选中［属性］时，右边将出现对应于章节表选中条目的数据信息。例如，选中章节表根节点时，属性将显示总概算信息；选中一条小计，属性将显示条目信息、计算信息；选中单项概算时，属性将显示条目信息、表头信息，用户在此设置数据信息。

（6）主窗口符号说明以及补充代码说明

①章节树符号说明（表 7-1）

章节树符号说明　　　　　　　　　　　　表 7-1

条目种类	图标（有数据）	图标（无数据）	数据显示
总概算			总概算信息
章			条目信息
节和子目			条目信息
单项概算			条目信息、表头信息
小计			条目信息、计算参数
指标			条目信息

②补充类代码说明

a. 权限说明

补充类的权限需要系统管理员设置，在〔系统用户表〕中，授权补充定额的值设为 1 表示该用户具有补充单价分析和补充单价的权限，为 0 表示没有此权限；补充费率由系统管理员统一补充、管理。

b. 补充单价

补充材料、补充机械、补充设备的电算代号均为 9 位，如：

1 03 01 0001

说明：

第一位表示补充类别，1 代表补充材料、2 代表补充机械、3 代表补充设备，第二、三两位表示设计院单位序号，如上面电算代号中第二、三两位为 03，表示铁三院，表 7-2 列出了所有设计院单位的序号。

设计院单位序号　　　　　　　　　　　　表 7-2

序号	设计院单位名称	序号	设计院单位名称
01	铁一院	07	通号院
02	铁二院	08	中铁咨询
03	铁三院	09	轨道院
04	铁四院	10	大桥院
05	铁五院	11	隧道院
06	电化院		

第四、五两位表示专业，00 表示工经专业，其他的站后专业可以从 RecoData〔补充电算代号分配表〕中进行分配，此项工作由系统管理员完成（图 7-15）。系统管理员可以根据本院的情况添加站后专业，并设置电算代号范围。

专业名称	材料起始号	材料终止号	机械起始号	机械终止号	设备起始号	设备终止号	补充定额字头
全部补充	0	0	0	0	0	0	0
工经专业	103000001	103009999	203000001	203009999	303000001	303009999	BC0300
通信	103010001	103019999	203010001	203019999	303010001	303019999	BC0301
有线通信	103020001	103029999	203020001	203029999	303020001	303029999	BC0302
无线通信	103030001	103039999	203030001	203039999	303030001	303039999	BC0303
信号	103040001	103049999	203040001	203049999	303040001	303049999	BC0304
信息	103050001	103059999	203050001	203059999	303050001	303059999	BC0305
电力	103060001	103069999	203060001	203069999	303060001	303069999	BC0306
接触网	103070001	103079999	203070001	203079999	303070001	303079999	BC0307

图 7-15

其余四位表示电算代号的范围。

c. 补充单价分析

在图 7-19 中，最后一列为补充定额字头，例如 BC0300，"BC"是补充定额的字头，0300 表示铁三院工经专业，那么铁三院工经专业的补充定额范围为 BC0300-1 至 BC0300-9999。

（7）单价方案

①工费方案

根据项目的编制办法文号，创建工费方案。工费方案可以创建多个，可以修改基期单价和编制期单价。项目中的总概算根据实际情况选用相适应的工费方案。

选择［数据准备］菜单中的［单价方案］→［工费方案］，系统进入工费方案窗口（图 7-16）。

电算代号	工资名称	单位	基期单价	编制期价	价差
1	I 类工	工日	20.35	22	1.65
2	II 类工	工日	25	89	64
3	III 类工	工日	30	99	69
4	IV 类工	工日	43.08	43.08	0

图 7-16

说明：在"113 号文"中，综合工资标准分类与以往的编制办法有所不同，"113 号文"的编制办法中的综合工资标准分为四类：I、II、III、IV 类工。

操作说明：

创建方案：点击创建方案按钮，系统弹出输入工费方案名称窗口（图 7-17），输入正确的工费方案名称，点击［确定］保存。

删除方案：选中要删除的方案名称，点击删除方案的按钮，系统将删除当前的工费方案信息及其数据（默认工费方案不能删除）。

图 7-17

工资的基期单价和编制期价均可修改，价差是系统自动计算的结果，不允许修改。

②料费方案

根据项目设置中的材料单价文号，创建材料单价方案。材料单价方案可以创建一个或多个，可以修改基期单价、编制期单价。项目中的总概算根据实际情况选用相适应的料费方案。

选择［数据准备］菜单中的［单价方案］中的［材料方案］，系统进入料费方案窗口（图 7-18）。

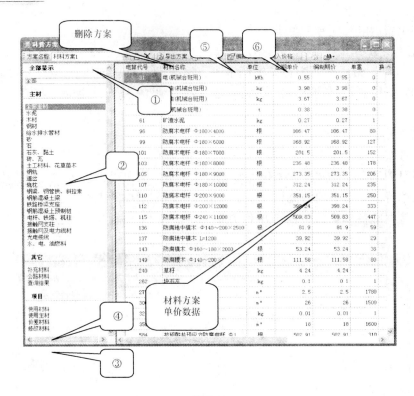

图 7-18

注：

①显示当前料费方案，或者切换材料方案。

②主要材料：其中包括水泥、木材、钢材、砖、瓦、砂、石、石灰、黏土、土工材料、花草苗木、钢轨、道岔、轨枕、钢梁、钢管拱、斜拉索、钢筋混凝土梁、铁路桥梁支座、钢筋混凝土管桩、电杆、铁塔、机柱、接触网支柱、接触网及电力线材、光电缆线、给水排水管材等。

③修改材料：修改过基期、编制期单价的材料。

④价差材料：编制期单价与基期单价不同的材料。

⑤此按钮控制基期单价的修改状态。按钮为按下状态时表示基期单价可以修改。

⑥调入价格：从 Excel 表中导入编制期价，后面将详细介绍。

操作说明：

🠗创建方案：点击［添加方案］，系统弹出添加方案窗口（图 7-19），正确输入料费方案名称，选择方案模板（创建的方案和系统默认的方案），点击［确定］保存。

🠗删除方案：选择要删除的材料方案，点击［删除方案］按钮，确认后删除。

🠗导出方案：点击［导出方案］（图 7-20），选择导出文件的路径，输入导出文件名称，保存。

🠗导入方案：点击［导入方案］，选择导入方案的文件，然后系统将弹出窗口要求用户输入新创建的方案名称，点击保存（图 7-21）。

🠗打印方案：点击［方案打印］。

🠗查询材料：点击［材料查询］可以看到三

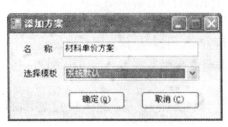

图 7-19

图 7-20

图 7-21

种查询方式，分别可以按照电算代号、材料名称、旧电算代号三种方式进行查询，查询结果直接显示在［查询结果］中（图 7-22）。

➕调入价格：从 Excel 表中导入调查价格。例如，建立 Excel 接口文件，如图 7-23 所示，首先，重命名 Sheet 页名称，名称为［材料信息价格］，然后，输入数据，要求第一列是电算代号，第四列是材料价格，并

图 7-22

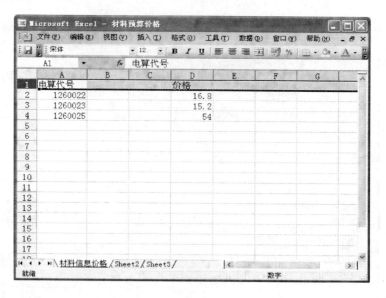

图 7-23

且第一行写入对应的字段名，数据从第二行开始输入。

打开料费方案，点击［调入价格］按钮，如图 7-24 所示，选中 Excel 源文件，点击［打开］，系统将数据导入到当前方案中。

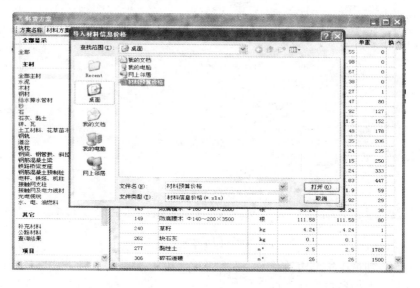

图 7-24

导入成功后，导入的那几条材料的编制期价将被新的调查价格覆盖，如图 7-25 所示。红字显示的编制期价即是新的调查价格。

③机械方案

根据项目设置中的机械单价文号，创建机械方案。机械方案可以创建多个。机械方案的各种费用可以系数调整。项目中的总概算根据实际情况选用相适应的机械方案。

选择［数据准备］菜单中的［单价方案］中的［机械方案］，系统进入机费方案窗口（图 7-26）。

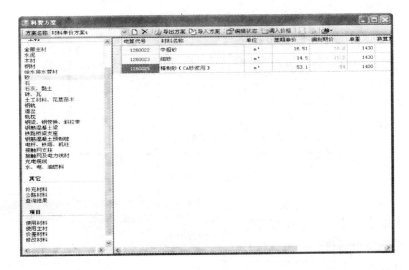

图 7-25

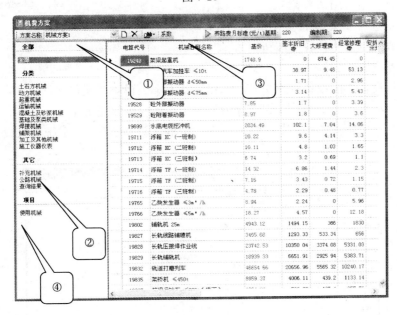

图 7-26

注：

①显示当前机费方案，或者切换机费方案。

②用户补充的机械台班。

③用户可以对机械方案中的某种费用进行系数调整。选中需要调整的费用列，输入系数，点击［计算］按钮，即以此列的当前值为基数，再乘以调整系数。

④用户修改过的机械台班。

操作说明：

✚创建方案：点击［添加方案］，系统弹出添加方案窗口（图 7-27），正确输入机械方案名称，选择方案模板（创建的方案和系统默认的方案），点击［确定］保存机械方案。

✚删除方案：选择要删除的机械方案，点击［删除方案］，确认后，即可删除。

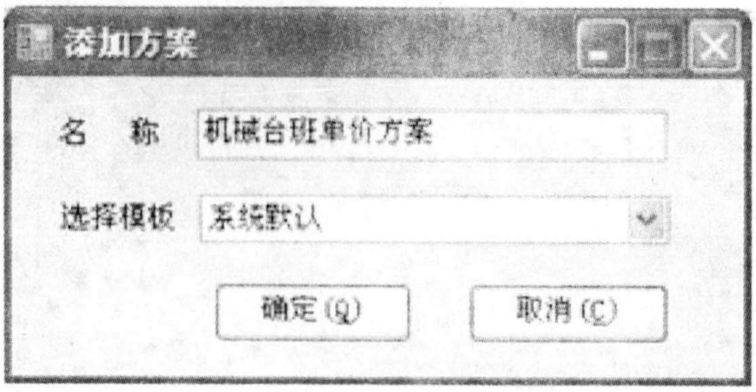

图 7-27

　　♦查询机械：点击［机械查询］可以看到三种查询方式，分别可以按照电算代号、机械台班名称、旧电算代号三种方式进行查询，查询结果直接显示在［查询结果］中（图 7-28）。

　　♦计算：选中所要调整费用的列，输入调整系数，点击［计算］按钮。

图 7-28

　　④设备方案

　　根据项目设置中的设备单价文号，创建设备方案。设备方案可以创建多个，可以修改编制期单价。项目中的总概算根据实际情况选用相适应的设备方案。

　　选择［数据准备］菜单中的［单价方案］中的［设备方案］，系统进入设备费方案窗口（图 7-29）。

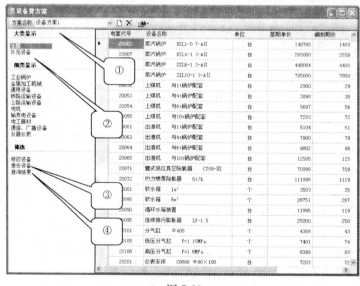

图 7-29

注：

①显示当前设备方案，或者切换设备方案。

②用户自己补充的设备。

③修改过编制期价的设备。

④编制期价和基期单价不同的设备。

操作说明：

    ✦创建方案：点击［添加方案］，系统弹出添加方案窗口（图 7-30），正确输入设备方案名称，选择方案模板（创建的方案和系统默认的方案），点击［确定］保存设备方案。

    ✦删除方案：选择要删除的设备方案，点击［删除方案］，确认后，即可删除。

图 7-30

    ✦查询设备：点击查询按钮可以看到两种查询方式，分别可以按照电算代号、设备名称两种方式进行查询，查询结果直接显示在［查询结果］中（图 7-31）。

图 7-31

（8）结尾方案

结尾是每个小计的结尾计算的计算程序的设定。每个结尾方案根据编制办法包含不同的结尾类型，这些类型在项目中根据条目的工程类别已经一一对应，用户也可以根据实际需求采用不同的结尾类型。如需对结尾类型作更详细的调整请参看"小计自定义结尾"。

从主菜单选择［数据准备］→［结尾方案］或主窗口工具栏［结尾］打开窗体（图7-32）。

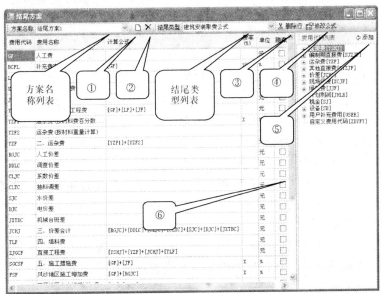

图 7-32

注：

①添加结尾方案。

②删除当前结尾方案。

③删除当前公式行。

④显示公式编辑。

⑤添加一种公式代码。

⑥ "隐藏"列的选择表示单项概算表中此条结尾的显示与否，例如，用户由于项目需要不希望将"营业线施工配合费"显示在单项概算表中，那么此处选择"隐藏"，"营业线施工配合费"将不在单项概算表中显示。

操作说明：

⚓结尾方案及结尾类型选择：在方案名称下拉列表中是本项目中存在的所有结尾方案；结尾类型下拉列表中是当前结尾方案中包含的结尾类型。改变结尾方案及结尾类型，查看、编辑结尾计算公式。

图 7-33

⚓添加结尾方案：点击图 7-32 所示的"新建方案"［①］按钮将弹出图 7-33 所示窗体，在名称中输入新的结尾方案名称，从结尾方案模板中选择所需的模板，点击［确定］按钮创建结尾方案。

⚓删除结尾方案：点击图 7-32 所示的"删除方案"［②］按钮，删除当前显示的结尾方案。默认结尾方案"结尾方案 1"不能被删除。

⚓删除结尾公式行：点击图 7-32 所示的［删除行］［③］按钮，将当前在结尾公式焦点所在行的公式行删除。如，图 7-32 所示的焦点在公式"YSHJ"上，点击删除按钮，将删除"结尾方案 1"的"以直接费计管理费"的"YSHJ"公式行。

⚓编辑公式：点击图 7-32 所示［修改公式］［④］按钮或双击要编辑的计算公式单元格，显示公式工具条（图 7-34）。

说明：

①费用"11"是要修改的公式所属的费用代码，此时费用代码不可修改；

②公式编辑框是费用代码"11"的计算公式；

③点击按钮［确定］保存费用代码"11"计算公式的修改，并关闭公式编辑条；

④点击按钮［X］关闭公式编辑条，不保存结果；

⑤公式中的费用格式：［费用代码］，在公式中不允许有常数；

⑥编辑公式：可单击费用代码"11"以前的费用代码行以添加的方式将费用代码公式加入到费用代码公式中，如果已经存在则不再加入；也可以按费用代码格式填写公式。

⚓修改费用代码：进入费用代码单元格修改，修改后系统自动将使用到的此费用代码修改为新的费用代码。

⚓修改费率：费率单元格只能输入两种类型的数据——X 或数字。X 表示计算此费用时按照计算公式为取费基数，在选定的费率方案中查询此类费用的费率。数字表示计算就按这个数字作为费率计算。

⚓添加费用代码：点击图 7-32 所示的［添加］［⑤］或双击结尾窗体右侧的费用代

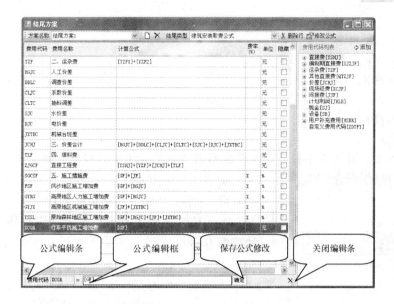

图 7-34

码，费用代码列表中选中的费用代码将会被添加到左侧计算公式网格当前位置下一行处的新行中。如果此费用代码已经存在，则不允许添加。当用户添加的是［自定义费用代码］时，用户除编辑计算公式外需更改费用代码、输入费用名称。

（9）费率方案

费率方案用于设置结尾计算公式中每项费用对应的费率。

从主菜单选择［数据准备］→［费率方案］或点击主窗口工具栏中的［费率］打开窗体（图 7-35）。

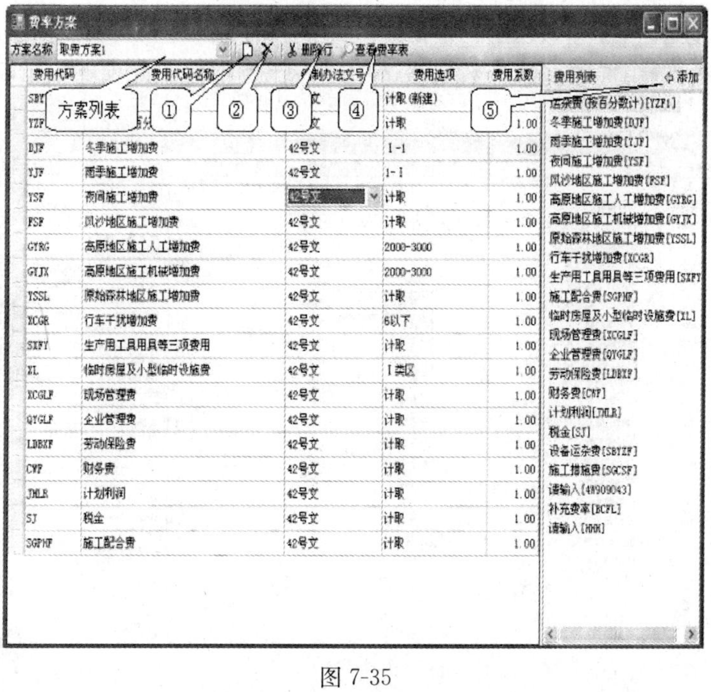

图 7-35

注：

①添加费率方案；

②删除费率方案；

③删除一种费率；

④查看费率表；

⑤添加一种费率。

操作说明：

↓选择方案：从方案下拉列表中选择所需要查看或编辑的费率方案。

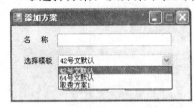

图 7-36

↓添加费率方案：如图 7-35 所示，单击"添加费率方案"[①] 按钮，在名称输入框中输入要添加的费率方案名称，在费率方案模板（包含系统及已经创建的费率方案）。点击 [确定] 按钮增加费率方案（图 7-36）。

↓删除费率方案：如图 7-35 所示，单击"删除费率方案"[②] 按钮删除当前网格中显示的费率方案。

↓添加一项费用的费率：如图 7-35 所示，单击 [添加] [⑤] 按钮或双击要添加费率的费用代码，将费用列表中选中的费用代码添加到当前的费率方案中。当前要添加的费率必须是右侧费用列表中的费用的费率。如果要添加的费率的费用代码已经在左侧的费率方案中存在，则不会被重复加入到费率方案中。如果要添加的费率不在费用列表中，请先在 [补充费率] 功能中添加的用户补充费率的费用代码及费率。

↓调整某项费用的费率：先单击要调整费用的"编制办法文号"数据格，如"夜间施工增加费"[YSF] 选择编制办法文号（图 7-37）；然后双击要调整的"费用选项"数据格，弹出如图 7-38 所示的费用选项界面。调整 1：采用标准费用，在要选择的费用选项前面选择框选中，此时只有一项选中，单击 [确定] 保存结果；调整 2：采用费用选项加权系数，在要选择的费用选项的选择数据格选中，在比例中输入此项的权重（如果不输入比

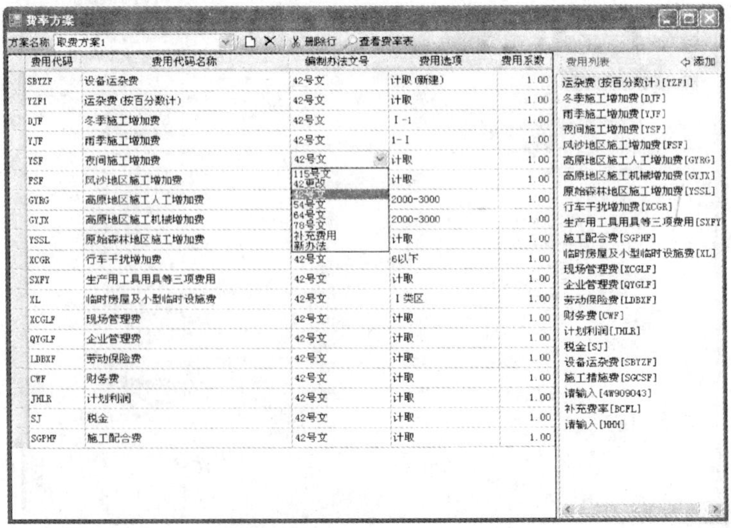

图 7-37

例值，默认为0；每项权重范围为0～1；所有选中项权重的和为1）；说明3：如果选择了"不计"选项则原来的选择都无效了，如果选中了"不计"选项，要选择其他项，需先去掉"不计"选项。

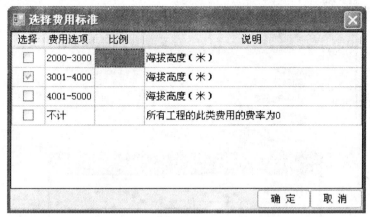

图 7-38

　　◆删除一项费用的费率：单击图7-35所示的工具栏按钮［删除行］［③］，删除当前费用方案的当前单元格所在行费用的费率。

　　◆查看费率表：单击图7-35所示的工具栏按钮［查看费率表］［④］，弹出当前方案生成的费率（图7-39）。

工程代码	工程名称	设备运杂费	运杂费(按百分数计)	冬季施工增加费	雨季施工增加费	夜间施工增加费	风沙地区施工增加费	高原地区施工人工增加费	高原地区施工机械增加费	原地区增...
10	人力施工土方			1.86	0.16	0.3	12	10	17	
11	机械施工土方			1.86	0.16	0.3	12	10	17	
12	汽车增运土方			0.19		0.3			17	
13	火车运输土方									
14	人力施工石方			0.12	0.1	0.3	12	10	17	
15	机械施工石方			0.12	0.1	0.3	12	10	17	
16	汽车增运石方			0.01		0.3			17	
17	火车运输石方									
18	价购土砂石矿碴									
19	价购土砂石矿碴火...									
20	土石方施工计行车				0.16	0.3		10	17	
21	价购土砂石矿碴汽...			0.19		0.3			17	
22	路基附属土方			1.86	0.1	0.3	12	10	17	
23	路基附属石方			0.12	0.1	0.3	12	10	17	
24	路基加固及防护			0.74	0.1	0.3	12	10	17	
25	挡土墙			0.74	0.1	0.3	12	10	17	
26	抗滑桩			0.74	0.1	0.3	12	10	17	
27	一般特大桥(不含...			0.74	0.02	0.22		10	17	
28	深水复杂桥(不含...			0.74	0.02	0.22		10	17	
29	大桥(不含架、购梁)			0.74	0.02	0.22	12	10	17	

图 7-39

　　在这个费率表中显示了各种费用在不同工程类型中的费率，可根据实际修改某项费用的某一种工程类型的费率。也可修改某项费用的整列费率（图7-40）——鼠标右键打开菜单，单击［修改整列数据］，弹出新费率输入框（图7-41），输入费率后，单击［确定］

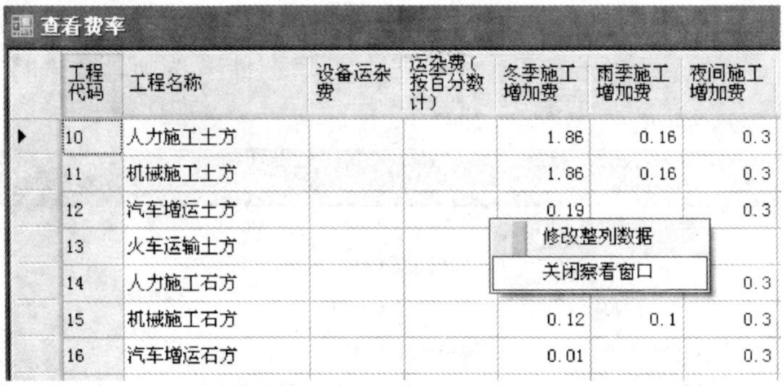

图 7-40

图 7-41

进行修改，［取消］放弃修改。（说明：如果此列中单元格数据为空或 0 的，将不会得到更改）。

（10）运输方案

从主菜单中选择［数据准备］→［运输方案］或点击工具栏中的［运输］按钮。

方案工具栏：

①添加材料运输方案；②删除材料运输方案；③计算当前材料运送方案；④预览当前材料方案的计算明细；⑤打印选中的材料运输方案计算明细；⑥将选中材料运输方案的计算明细输出到 Excel 文件中。

运输方案材料列表工具栏：

①编辑当前运输方案；②添加材料；③删除当前材料；④复制材料运输方式；⑤粘贴材料运输方式；⑥将单项材料中分析的材料添加到方案中；⑦更改方案全部材料运杂费计算方式。

材料运输方式工具栏：

①删除当前运输方式；②设置运输工具参数；③设置材料装卸单价。

相关说明：

方案操作：

⬥添加方案：单击方案工具栏的"添加方案"［①］按钮（图 7-42），输入运输方案编号，选择运输方案模板（即可以以在项目中已经编制好的运输方案模板建立新方案），单击［确定］按钮添加新方案（图 7-43）。

⬥删除方案＊：单击"删除"［②］按钮，删除方案列表中当前焦点所在行的方案。

⬥计算运输方案单价＊：单击"计算"［③］按钮，计算方案列表中焦点所在行的运输方案。任意一个运输方案修改过或者计算设置修改过后，每个方案都需重新计算。

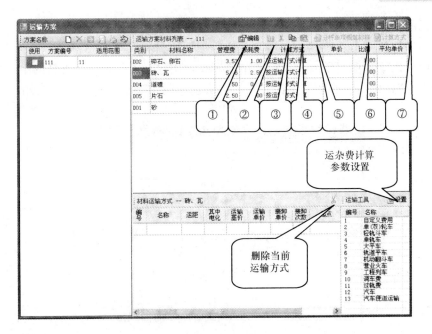

图 7-42

　　┻预览及打印：单击"预览"［④］或"打印"［⑤］按钮。预览是预览当前方案列表焦点所在行的方案的计算明细表，打印是将当前方案列表选中行的方案的计算明细直接打印。

　　┻输出到 Excel：单击"Excel"［⑥］，将方案列表中选中的方案发送到 Excel 文件中。文件发送完毕将弹出文件所在位置的文件。

　　＊：带"＊"的功能需要用户占用此方案后方可操作。

　　运输方案材料操作：

　　┻占用运输方案：单击"编辑"［①］按钮，占用当前方案，占用成功后按钮呈按下状态，用户方可对方案作修改操作。

　　┻从材料分类表中添加材料：单击材料工具栏"添加材料"［②］按钮（如图 7-44 所示，材料已经按专业大致划分了几类，每一类中列出了次专业常用到的材料；"全部"是软件中所能列举的所有材料），选择要添加的材料，单击［确定］

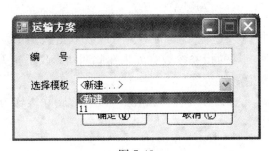

图 7-43

图 7-44

按钮将选择的材料加入到当前方案中。

🔹从单项概算中分析材料：单击"分析单项概算材料"［⑥］（图 7-45），在"单项概算列表"中列出了本项目所有总概算的单项概算，用户只需要在分析材料的单项概算复选框中打上"✓"，单击［确定］按钮，软件将从选中的单项概算中分析出材料添加的当前运输方案。

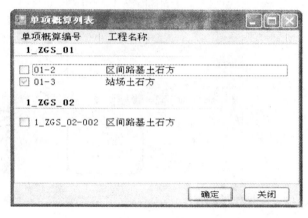

图 7-45

🔹更改材料运杂费计算方式：材料运杂费的计算方式有四种（按运输方式计算、按材料费百分数计算、用户指定运杂费单价、不计）（图 7-46）。修改某一项材料的计算方式即单击这项材料的"计算方式"数据格，从下拉列表中选择；修改当前方案所有材料的计算方式即单击"计算方式"［⑦］按钮，在下拉列表中选择新的计算方式即可。

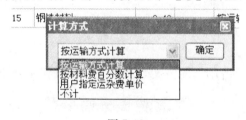

图 7-46

🔹删除某项材料：单击"删除"［③］按钮，删除当前运输方案中材料列表焦点所在行的材料。

🔹复制、粘贴材料的运输方法：单击"复制"［④］按钮，复制材料列表焦点所在行的材料运输方法；单击"粘贴"［⑤］按钮，将刚才复制的运输方法以追加的方式粘贴到现在材料列表焦点所在的材料的运输方法中。

🔹材料供应比例：当某项材料来自不同地点、采用不同的运输方法时，我们需要在方案中添加相同的此种材料，如果分别采用运输方法时，此时需要在供应比例中输入它们在此种材料中的比重。

材料运输方式操作：

🔹添加材料的运输方式：在编号中直接输入运输工具的工具号或者双击右侧的运输工具列表中的工具，系统自动带出采用此种工具的相关参数（如果在此期间修改了相关参数，只有在重新计算后才会在运输方式列表中刷新数据）。

🔹删除材料的运输方式：单击材料运输方式工具栏的"删除"按钮，删除运输方式列表中焦点所在行的材料运输方式。

运杂费计算参数设置（图 7-47）：

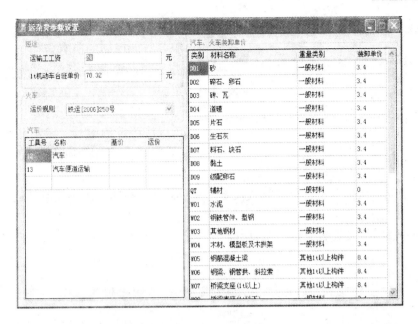

图 7-47

✦装卸单价：修改各类材料的装卸单价。

✦短途运输工资设置：修改短途运输工及 1t 机动车台班单价。

✦汽车运价设置：在汽车视图输入汽车的基价及运价，同时可增加汽车类运输工具。

（11）定额查询

定额查询窗体用于查找服务器上的所有部颁标准定额、补充单价分析。

从主菜单中选择［数据准备］→［定额查询］打开窗体（图 7-48）。

相关说明：

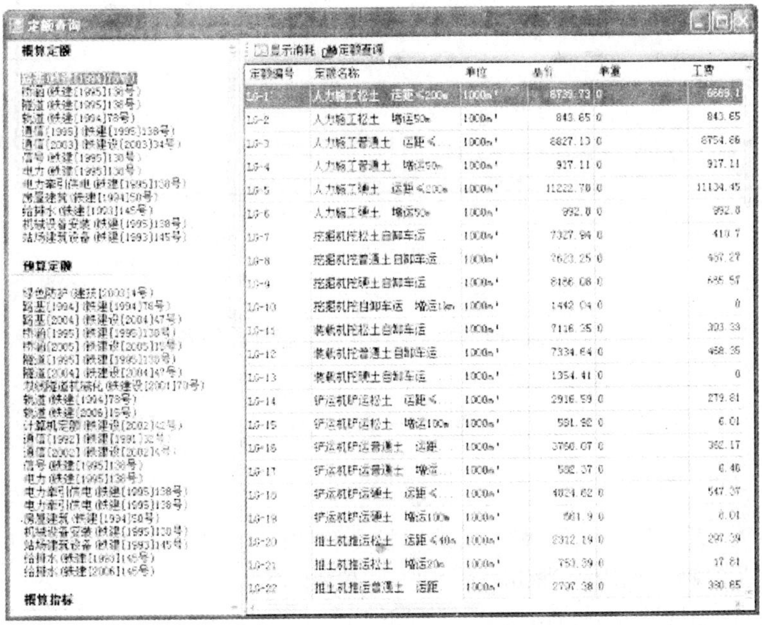

图 7-48

图 7-49

书名选择：窗体左侧分类列出了服务器上存储的所有定额书目名称。点击书名，窗体右侧显示该书内的所有定额。

定额查询：点击 [定额查询]，可以按照定额编号、定额名称或工作内容查找定额。找到的所有定额将处于选中状态（图 7-49）。

显示消耗：鼠标双击定额条目或按下 [显示消耗] 按钮，弹出定额消耗窗体。

2）总概算层

（1）创建总概算及设置总概算信息（图 7-50）

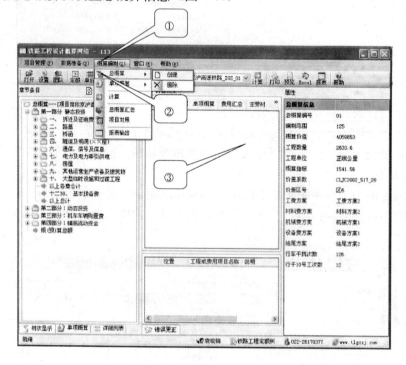

图 7-50

注：

①新建总概算：点击此按钮，系统将新建一个总概算，总概算编号自动生成，总概算编号的格式为：项目简称_ZGS_编号。

②删除总概算：删除选中总概算，并且删除总概算包含的单项概算及其他所有数据。

③总概算信息的设置。

操作说明：

项目负责人以及具有"项目管理"权限的编制人可以创建总概算，创建成功后，系统将创建一个新的章节树，右边出现相关的信息，该用户可以进行设置和修改。

只有项目负责人才可以删除总概算。

（2）条目增删及设置（图 7-51）

注：

①工程项目的当前总概算。

②章节表条目。

操作说明：

♣插入同级节点（图7-52）：在主窗口的章节表里，找到要加节点的位置（节以下条目），选择同级的一个节点，点击鼠标右键在菜单里找到［插入同级］，然后选择插入的位置，新插入条目的信息与选择的条目信息相同，例如，条目名称、条目类型等。

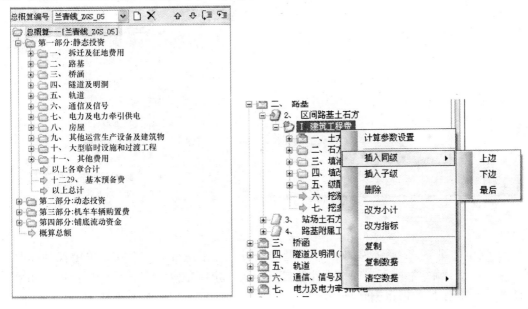

图 7-51   图 7-52

♣插入子级节点（图7-53）：在主窗口的章节表里，找到要加节点的位置（节以下条目），选择要插入条目的父级条目，点击鼠标右键在菜单里找到［插入子级］，点击保存。插入的条目类型为小计，条目名称为父级条目名称。

♣删除（图7-53）：在主窗口的章节表里，选择要删除的条目（部分以下条目），点击鼠标右键，在菜单中找到［删除］，点击［确定］即可。

♣刷新：刷新章节表看哪些章节没有被恢复。

♣恢复章节：选中要恢复的章节进行恢复（图7-54）。出现章节表恢复窗口。选择要恢复的部分、章、节，点击恢复。

注：红色图标表示项目中已有的条目；绿色图标表示项目中已经删除的条目。

♣改小计到指标：选择要改小计类型的指标，点击鼠标右键，在菜单中找到［改为指标］（图7-55），点击［确定］即可（如果小计条目下输入了定额信息，那么系统将出现下面的提示，如果确实改变类型，定额数据将删除）。

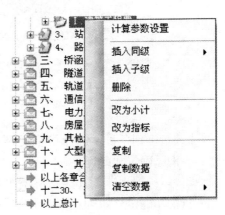

图 7-53

图 7-54

图 7-55

↓改小计到条目：选择要改小计类型的条目，点击鼠标右键，在菜单中找到［改为条目］，点击［确定］即可（如果小计条目下输入了定额信息，那么系统将提示，如果强行改变类型，定额数据将删除）。

↓改条目到小计：选择要改条目类型的小计，点击鼠标右键，在菜单中找到［改为小计］，点击［确定］即可（如果选择条目下有条目并且条目下有定额输入等数据，系统将提示，如果确实改变条目类型，条目下的子目及其子目的数据将删除）。

↓改条目到指标：选择要改条目类型的指标，点击鼠标右键，在菜单中找到［改为指标］，点击［确定］即可（如果选择条目下有条目并且条目下有定额输入等数据，系统将提示，如果确实改变条目类型，条目下的子目及其子目的数据将删除）（图 7-56）。

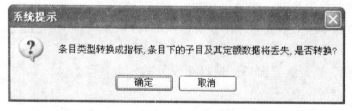

图 7-56

↓改指标到条目：选择指标类型的条目，点击鼠标右键，在菜单中找到［改为条目］，点击［确定］即可。

↓改指标到小计：选择指标类型的小计，点击鼠标右键，在菜单中找到［改为小计］，点击［确定］即可。

↓复制：复制章节表条目及其条目数据。选择要复制的条目，点击鼠标右键，在菜单中找到［复制］，点击［确定］即可。（条目复制包含章节表条目信息和当前总概算的数据）。

♣粘贴：选择要粘贴的条目，点击鼠标右键，在菜单中找到粘贴，选择粘贴到选择节点的位置，点击［确定］即可。

♣计算参数设置：选择相应类型的条目，点击鼠标右键，选择计算参数设置，系统显示参数设置窗，在参数设置窗体里输入或选择参数值（没有输入或选择的参数值，系统不作处理）将对此条目及其子条目设置其参数值（图7-57）。

♣复制数据：选择某一个条目点击［复制数据］，选择目标总概算，找到与此条目相同位置的条目点击［粘贴数据］，即将此条目中的所有小计的定额及工程数量复制到目标总概算的对应位置。

♣清空数据：［清空数据］菜单中包括［删除定额］和［删除工程数量］两个子菜单，［删除定额］即删除此条目下所有小计中的定额，［删除工程数量］即清除此条目及其子目的工程数量（图7-58）。

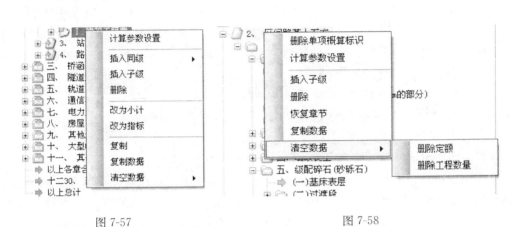

图7-57   图7-58

（3）定额输入

定额输入有两种方式，下面将详细说明。

在主窗口左边的章节树中选中某条小计，右边将出现定额输入表，此时定额输入表格的背景色为灰色，光标进入定额输入表，如果此条小计没有其他人员占用，那么此时定额输入表的背景色变为白色，用户可以输入定额、工料机以及各种费用，否则系统将提示此条小计正在被其他人员修改，表格的背景色仍为灰色，处于只读状态。

操作说明：

定额的输入方式有两种：

♣直接输入法：光标进入定额编号的单元格，直接输入定额编号并回车，如果定额编号正确，定额名称、单位、单价、单重将由系统直接调出，光标停留在工程数量输入的单元格中，用户直接输入工程数量或工程数量的数学表达式，系统将自动计算并将结果填入［数量］列中。

♣在间接输入法中，点击右键菜单［定额输入］→［定额］将出现下面的窗体（图7-59）。

图 7-59

①选择书目：选择书目的下拉列表框中列出了用户在项目信息中定额选择的互斥书目以及默认书目，切换不同书目，列表中将显示所选书目对应的全部定额。

②定额编号：在此文本框中直接输入定额并回车，系统将自动调出单位、名称及工作内容，并将光标定位到数量框中，用户输入数量，点击［输入］按钮或直接回车，此条定额将输入到主窗口定额输入的表格中。若定额编号有误或数量的数据格式有误，系统将作出提示。

③定额列表：当选中不同的行时，基本信息中定额编号、单位、名称、工作内容将自动填入当前行对应的值，用户只需输入数量便可添加一行数据。

④定额查找：点击［查找］按钮，将在窗体的下部出现下面的小窗口（图 7-60），用户可以按定额名称查找定额。点［下一个］或直接回车向下查找数据，点［前一个］或按 Shift＋回车向前查找数据。

图 7-60

➤人工、材料、机械、设备的输入方式与定额基本相同，在定额编号单元格直接输入电算代号并回车，系统将调出其单价、单重、单位、名称等，用户在［工程数量输入］中直接输入数量或数学表达式即完成输入；另一种方式就是点击右键［定额输入］→［人工］/［材料］/［设备］/［机械］弹出窗体（图 7-61）进行输入。

注：列表中列出了项目中所选材料文号对应的所有材料，也就是说此列表的材料数据与材料文号的选择有关。

➤系统还可以直接输入人工费 GF、材料费 LF、机械费 JF、设备费 SF、运杂费 YF、税前费 SQ、税后费 SH、填料费 TLF（113 号文）、行车干扰土石方（113 号文），用户可以直接输入，也可以通过右键菜单输入，单价默认为 1，用户可以进行修改。

右键菜单：

［复制粘贴］：选中一行或多行定额，点击［复制］，光标放置要粘贴数据的位置，再点击［粘贴］，系统将把选中的定额粘贴到当前位置行的下一行，也可以将这些选中的定额直接粘贴到 Excel 中（图 7-62）；此外，软件还支持将 Excel 文件中固定格式的定额粘贴到软件当中。例如，从 Excel 中将定额粘贴到软件中的某条小计之下。步骤如下：

a. 在 Excel 中选中数据，数据列要求有固定的顺序，依次是定额编号、定额名称、单位、工程数量表达式、工程数量、单价、单重、定额调整，其中定额编号不能为空，其他列值允许为空。在 Excel 中选中数据后，按 Ctrl＋C 或点击右键的［复制］。

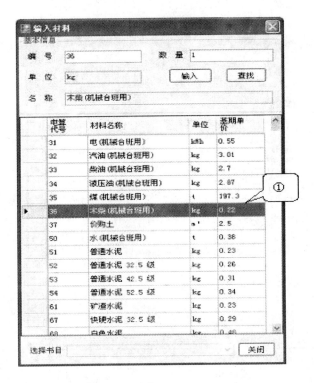

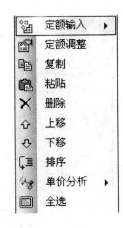

图 7-61   图 7-62

b. 打开软件，进入要粘贴的小计，光标定位于要粘贴的位置，点击右键的 [粘贴]，数据便粘贴到指定位置的下一行了。

如果 Excel 的数据只有定额编号，那么系统将根据定额编号和项目信息中定额书号的选择找到对应的定额粘贴到软件中，数量默认为 0。

[删除]：删除选中的单行或多行。

[上移下移]：将选中的当前行上移或下移一行。

[排序]：依次顺序为工料机、定额、补充定额、费用。

[单价分析]：选中要进行单价分析的定额，点击右键 [单价分析]（带结尾、不带结尾），便出现选中行的定额单价分析表，用户可以打印报表。

[全选]：选中所有行数据。

3）计算与成果

（1）计算

选中章节树上的条目，点击工具条上的 [计算] 按钮即可。如果选中的是总概算，那么系统将提示用户是否重新计算所有定额，点 [是] 系统将重新计算所有定额并汇总结果，点 [否] 系统将不再计算每条小计的定额而是直接汇总单项概算、总概算等；如果选中的是条目，系统将计算当前条目或条目所在的单项概算（图 7-63）。

（2）计算成果（图 7-64）

菜单说明：

打印：打印计算成果中当前显示的数据表格。

预览：预览计算成果中当前显示的数据表。例如，计算当前总概算之后，点击计算成

图 7-63

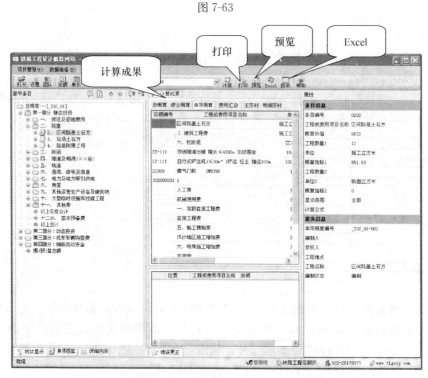

图 7-64

果中的［总概算］，将生成总概算表，点击［预览］出现图 7-65 所示的报表，在此报表中也可以进行打印等操作。

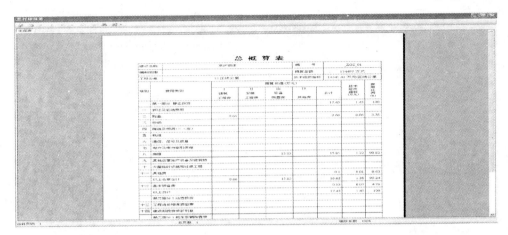

图 7-65

Excel：将计算成果中选中的数据表发送到 Excel 中，在 Excel 中用户可以根据需要进行调整。例如，计算总概算之后，点击计算成果中的［总概算］，将生成总概算表，点击［Excel］弹出图 7-66，双击 Excel 文件［总概算］即可看到总概算表的 Excel 表（图 7-67）。

图 7-66

总概算：选中章节树的总概算，点击［计算］系统生成总概算表。

综合概算：如果用户选中章节表中的条目，点击［综合概算］，系统将显示此条目的综合概算表，也就是说显示的是部分综合概算表，如果选中章节表的根节点（总概算），那么点击［综合概算］后将生成完整的综合概算表。

单项概算：选中章节表的单项概算，点击［单项概算］将生成单项概算数据表。

费用汇总：生成当前总概算的费用汇总表。

主劳材：生成当前总概算的主劳材表。

明细劳材：生成当前条目的明细劳材表。

原始数据表：计算之后，点击工具栏上的［原始数据］按钮，将弹出一个文件夹，双击原始数据表即可看到如图 7-68 所示的 Excel 原始数据表。

（3）报表

点击菜单［概算编制］→［报表输出］打开图 7-69 所示窗体。

点击左边的列表，右边将显示整个项目对应的列表，例如，选中左边的［总概算表］，右边列出了项目中已经计算出结果的所有总概算编号，用户可以选择性地打印或发送 Excel 表。

此报表只有项目负责人可以使用，其他人员可以利用上节介绍的计算成果出报表。

图 7-67

图 7-68

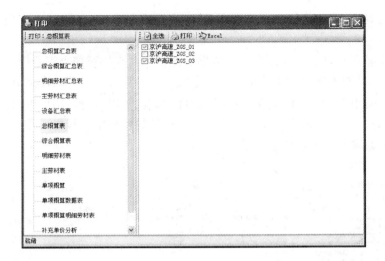

图 7-69

7.2 和 仁 软 件

西安和仁软件有限责任公司开发的铁路工程造价编审系统，系统内置现行所有编制办法（含工程量清单），可进行各文号的概预算、（预）估算文件的编制以及针对业主的业务特点而开发的审核功能，并提供了完善的企业定额、企业成本管理解决方案，同时还创造性地将投标报价和成本管理结合起来，形成了一整套系统的铁路工程造价业务解决方案。（软件运行平台：Win2000/XP/2003/Vista/Win7）

特点介绍：

1）支持目前所有文号的概预算、估算、预估算，以及工程量清单（招标投标）的编制和审核，并支持与其他各文号以及公路概预算编制办法（含 2008 年新版编制办法和概预算定额）的混合编制。图 7-70 为启动模板示意图。

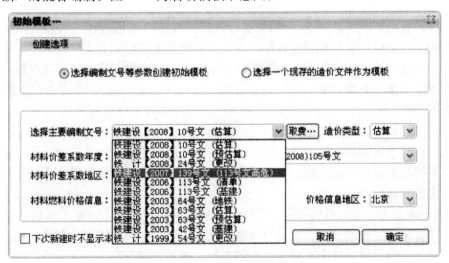

图 7-70 启动模板示意图

2）界面设计友好，操作方式方便快捷，功能布局简单明了，便于快速上手和使用。

3）具备审核设计功能，实现全过程数据对比审核。支持对综合工费价格、材料价格、机械台班方案、取费方案、工程数量及套用定额、各种计算参数等的详细审核和对比。在审核模式下，不同的审核版本数据采用不同的标记颜色加以区分，用户可以在同一个窗口对比查看和审核修改送审的文件数据，随时生成详细的审核细节报告，并支持审核报表的输出。图 7-71 为取费方案审核示意图。

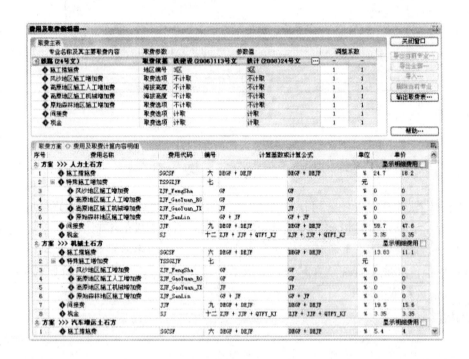

图 7-71　取费方案审核示意图

4）全面支持企业定额。系统采用从现行铁路标准定额库进行移植的方法，参照企业自己的管理手段、管理水平和管理目标，通过一系列的调整定制方案，对标准定额库进行改造，从而生成自己的企业定额库。除支持企业定额的定制外，系统还支持对标准定额库和企业定额库的集中查询、管理、搜索、打印、导出等功能。图 7-72 为企业定额管理主界面示意图。

在造价文档编制过程中，可任选标准定额或企业定额进行套用，并支持对已套用定额的项目，进行标准定额和企业定额之间的相互转换，如图 7-73、图 7-74 所示。

通过系统提供审核对比功能，可查看采用标准定额库和采用企业定额库的计算结果对比，并输出各对比报表。

5）强大的报表功能。系统采用自主开发的独立报表程序，不依赖于任何第三方电子表格软件即可进行完整的打印、导出等功能。各打印和导出功能也极具人性化，可任选某特定的页或某部分页进行打印和导出，如图 7-75、图 7-76 所示。

此外，系统还提供独立报表软件供用户使用，该报表软件与造价软件进行绑定打包，

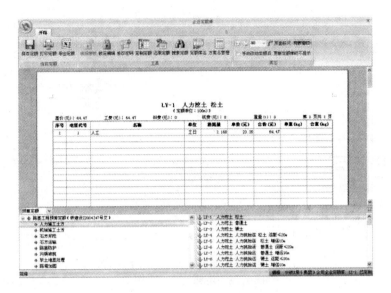

图 7-72　企业定额管理主界面示意图

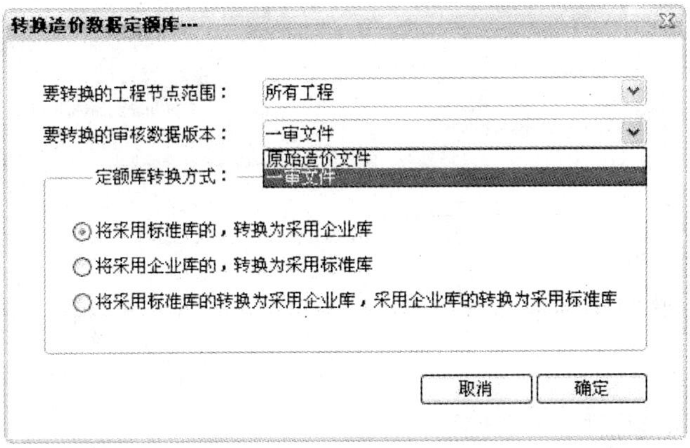

图 7-73　定额转换示意图 A

可脱离造价软件而且独立运行，并且不需要加密组件的支持。使用时只需在造价软件的报表预览窗口中选择相应的操作，将需要的数据保存在一个外部数据文件中，然后用报表工具将该数据文件打开即可。

图 7-77 为造价软件打印预览界面示意图。

图 7-78 为报表程序界面示意图。

6）多种费用计算方式，方便您在编制造价文档时，对各种规范或不规范的费用进行灵活处理和计算。系统共支持以下几种费用计算方式：

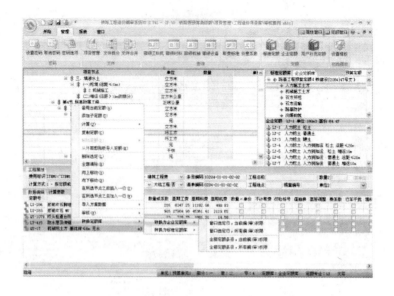

图 7-74　定额转换示意图 B

图 7-75　报表打印示意图　　　　　　　图 7-76　报表导出示意图

（1）按定额或定额指标分析计算；

（2）按数量×单价；

（3）自定义费用清单；

（4）按费率单价；

（5）内插法计算施工监理费；

（6）累进法计算建设单位管理费；

（7）计算工程造价增长预留费；

（8）计算建设期投资贷款利息；

（9）统计营业线配合施工费。

7）方便快捷的定额录入方式。系统支持多种定额录入，可在定额窗口中直接鼠标双击定额号，可直接输入定额号，可进行相互任意位置的复制和粘贴，同时，也可从电子表格中复制导入，便于快速录入其他造价软件的造价数据。

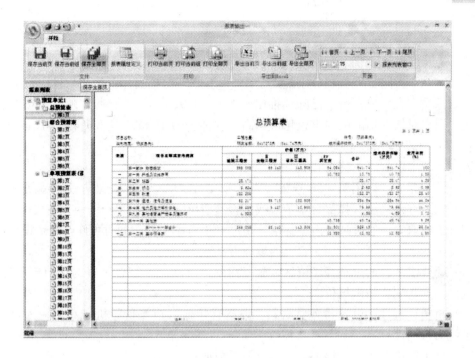

图 7-77 打印预览界面示意图

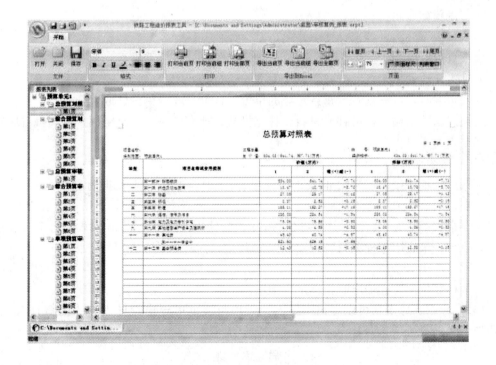

图 7-78 报表程序界面示意图

7.3　云　达　软　件

《云达 2000 铁路工程概预算系统》于 1994 年推出 1.0 版，由于该软件灵活方便、操作简单，深受广大用户喜爱。已陆续推出了 2.0、3.0、4.0、5.0 版。随着市场经济的不断深化，用户对软件功能的要求也越来越高。软件公司于 2001 年 5 月推出了全新的《云达 2000 铁路工程概预算系统》。

云达系统主要有以下特点：

（1）编制办法：适用于"36 号文"、"55 号文"、"115 号文"、地方铁路编制办法。

（2）输入方式：可选择综合章节表或工程量清单方式输入。

（3）工程取费：通过选择费率标准，自动产生费率文件，同时可修改费率设置、费率模板、基本费率，并可设计用户自己的取费方案。

（4）综合工资：通过选择工资区、施工津贴，自动产生综合工资的基期价和市场价，也可直接输入基期价和市场价。

（5）材料、机械、设备价差：材料、设备直接输入市场价，机械只需输入燃油市场价，系统会自动计算。

（6）外来料价差系数：增加新年度价差系数或直接选择。

（7）计算报表设置：可定义每个报表的保留小数位及选择主要报表输出格式。

（8）运杂费分析：可选择材料供应计划、直接输入综合单价、直接输入材料分类单价、直接输入用户自定义材料分类单价。

（9）概预算编制：

单项概预算表头：可选择费率、运杂费、综合工日。

概预算数据：直接输入定额、人材机当定额输入、定额乘系数、人材机换算、混凝土自动换算等。

输入定额时，可立刻看到每条定额的单价、合价及取费单价、取费合价。

无须退出数据输入，可补充材料、补充机械、补充设备、补充定额、修改查看取费结果、修改查看工料机汇总。

（10）报表输出：

直接产生本章报表、综合报表、投标报表等 20 多种表格，同时标题、表尾、页眉、页脚、左边距、上边距、下边距亦可修改。

所有报表都能完全转换成 Excel 文件，同时根据需要，自己设计报表。每个报表都可按章、节……最底层工程项目输出。

工程量清单降造。

定额换算情况，在输出时自动加以说明。

（11）导出、导入：可以导出、导入建设项目。也可导出、导入其中的概预算数据、工程取费、人材机价差、补充人材机、补充定额等。

思　考　题

1. 铁路工程投资控制系统的操作流程？

2. 云达 2000 铁路工程概预算系统的特点？

附　　录

附录1　概（预）算表格

总概算汇总表

建设名称				工程数量				
概（预）算总额				技术经济指标				
总概（预）算编号						合计	技术经济指标（万元）	费用比例（%）
编制范围								
章别	费用类别	概（预）算价值（万元）						
	第一部分：静态投资							
一	拆迁及征地费用							
二	路基							
三	桥涵							
四	隧道及明洞							
五	轨道							
六	通信、信号及信息							
七	电力及电力牵引供电							
八	房屋							
九	其他运营生产设备及建筑物							
十	大临和过渡工程							
十一	其他费用							
	以上各章合计							
十二	其他费用							
	第二部分：动态投资							
十三	工程造价增涨预留费							
十四	建设期投资贷款利息							
	第三部分：机车车辆购置费							
十五	机车车辆购置费							
	第四部分：铺底流动资金							
十六	铺底流动资金							
	概（预）算总额							

编制　　年　　月　　日　　　　　　　　　　　　　　　复核　　年　　月　　日

总　概　算　表

建设名称				工程数量			
编制范围				概（预）算总额			
工程总量				技术经济指标			

章别	费用类别	概（预）算价值（万元）					技术经济指标（万元）	费用比例（%）
		Ⅰ建筑工程费	Ⅱ安装工程费	Ⅲ设备购置费	Ⅳ其他费	合计		
	第一部分：静态投资							
一	拆迁及征地费用							
二	路基							
三	桥涵							
四	隧道及明洞							
五	轨道							
六	通信、信号及信息							
七	电力及电力牵引供电							
八	房屋							
九	其他运营生产设备及建筑物							
十	大临和过渡工程							
十一	其他费用							
	以上各章合计							
十二	其他费用							
	第二部分：动态投资							
十三	工程造价增涨预留费							
十四	建设期投资贷款利息							
	第三部分：机车车辆购置费							
十五	机车车辆购置费							
	第四部分：铺底流动资金							
十六	铺底流动资金							
	概（预）算总额							

编制　　　年　　月　　日　　　　　　　　　　　　复核　　　年　　月　　日

综合概算（汇总）表

建设名称			工程总量		编　号	
编制范围			概（预）算总额		技术经济指标	
章别	节号	工程及费用名称	单位	数量	概（预）算价值（元）	指标（元）

编制   年   月   日   复核   年   月   日

章别	节号	工程及费用名称	单位	数量	概（预）算价值（元）	指标（元）

编制   年   月   日   复核   年   月   日

综合概算对照表

建设名称			编制范围			编　号		
工程总量			概（预）算总额			技术经济指标		
章别	节号	工程及费用名称	单位	工程数量		概（预）算价值（万元）		指标（万元）
					增减		增减	增减

编制   年   月   日   复核   年   月   日

单项概（预）算表

表甲 　　　　　　　　　　　　　　　　　　　　　　　　　　　　第 页 共 页

建设名称		编 号	
工程名称		工程总量	
工程地点		概（预）算价值	
所属章节	章 节	概（预）算指标	

单价编号	工作项目或费用名称	单位	数量	费用（元）	
				单价	合价

编制　　年　　月　　日　　　　　　　　　　　　　　　　　　复核　　年　　月　　日

表乙 　　　　　　　　　　　　　　　　　　　　　　　　　　　　第 页 共 页

章别	节号	工程及费用名称	单位	工程数量		概（预）算价值（万元）		指标（万元）	
					增减		增减		增减

编制　　年　　月　　日　　　　　　　　　　　　　　　　　复核　　年　　月　　日

单项概（预）算表

表乙   第 页　共 页

单价编号	工作项目或费用名称	单位	数量	费用（元）	
				单价	合价

编制　　年　　月　　日   复核　　年　　月　　日

主要材料平均运杂费单价分析表

建设名称：

适用范围												编号		
材料名称	各种运输方法的全程运价（t）										采购及保管费（元）	共计（元）	全程综合运价（t）		
	运　输　费					杂　费							运输方法比重（％）	运杂费（元/t）	合计（元）
	运输方法	起讫点		运距（km）	单价（元）	小计（元）	装卸次数	装卸单价（元）	小计（元）						
		起点	终点												

编制　　年　　月　　日　　　　　　　　　　　　　　复核　　年　　月　　日

补充单价分析表

工程类别					单价编号		
工作内容					计算单位		
说 明							

编号	费用名称	单位	数量	单价（元）	合价（元）	重量（t）	
						单重	合重

编制　　年　　月　　日　　　　　　　　　　　　　　复核　　年　　月　　日

主要劳材机具数量计算表

序号	工程细目	工程单位	工程数量	所需劳材机名称及单位																
				定额	合计	定额	合计	定额	合计	定额	合计	定额	合计	定额	合计	定额	合计	定额	合计	合计

工程名称　　　　　　　　　　　　　　概算编号　　　　　　　　　　　　　第　页　共　页

编制　　年　月　日　　　　　　复核　　年　月　日

附录2 综合概算章节表（节选）

综合概算章节表（节选）

章别	节号	工程及费用名称	单位	附　注
		第一部分：静态投资	正线公里	
		拆迁及征地费用	正线公里	
		其中：Ⅰ.建筑工程费	正线公里	以下各章、节同
		Ⅱ.安装工程费	正线公里	以下各章、节同
		Ⅲ.设备购置费	正线公里	以下各章、节同
		Ⅳ.其他费	正线公里	以下各章、节同
		Ⅰ.建筑工程费	正线公里	
		一、改移道路	元	指废除既有道路后引起的有关工程费用
		（一）等级公路	km	
		1.路基	km	
		（1）土方	m³	含路基附属工程的土方
		（2）石方	m³	含路基附属工程的土方
		（3）路基附属工程	元	
		①干砌石	m³	
		②浆砌石	圬工方	
		③混凝土	圬工方	
		④钢筋混凝土	圬工方	
		⑤绿色防护、绿化	m²	
		⑥地基处理	元	按处理方式分列
		2.路面	m²	
		（1）垫层	m²	
一	1	（2）基层	m²	
		（3）面层	m²	
		①沥青混凝土路面	m²	含桥梁和隧道的路面面层。包括沥青贯入式路面、沥青表面处治路面和沥青混凝土路面
		②水泥混凝土路面	m²	含桥梁和隧道的路面面层
		3.公路桥（××座）	延长米	
		（1）下部建筑	圬工方	
		①基础	圬工方	
		A.明挖	圬工方	
		B.承台	圬工方	
		C.挖孔桩	m	
		D.钻孔桩	m	
		E.管桩	m	
		②墩台	圬工方	
		（2）上部建筑	m²	
		（3）附属工程	元	
		①土方	m³	
		②石方	m³	
		③干砌石	m³	
		④浆砌石	圬工方	

章别	节号	工程及费用名称	单位	附　注
二	2	路基	正线公里/路基公里	
		区间路基土石方	施工立方米/断面立方米	包括开挖路堑、填筑路堤（含桥台后过渡段），挖除池沼淤泥、多年冻土，路堤夯压、挖台阶、修整边坡、侧沟边及路面，清除植被和表土、原地面压实等。不包括桥头锥体土石方及桥台后缺口土石方
		Ⅰ.建筑工程费	施工立方米/断面立方米	
		一、土方	m³	
		（一）挖土方	m³	路基设计断面内土方的挖、装、运、卸等
		1.挖土方（运距≤1km）	m³	含铲运机铲运超过1km的部分
		（1）人力施工	m³	
		（2）机械施工	m³	
		2.增运土方（运距＞1km的部分）	m³·km	
		（二）利用土方填方	m³	利用土方的摊铺、压实、洒水等
		1.人力施工	m³	
		2.机械施工	m³	
		（三）借土填方	m³	借土方的挖、装、运、卸、摊铺、压实、洒水等
		1.挖填土方（运距≤1km）	m³	
		（1）人力施工	m³	
		（2）机械施工	m³	
		2.增运土方（运距＞1km的部分）	m³·km	
		二、石方	m³	
		（一）挖石方	m³	路基设计断面内石方的开挖，装、运、卸等
		1.挖石方（运距≤1km）	m³	
		（1）人力施工	m³	
		（2）机械施工	m³	
		2.增运石方（运距＞1km的部分）	m³·km	
		（二）利用石填方	m³	包括按以石代土路堤设计时利用石方的摊铺、压实、洒水等和按填石路堤设计时利用石方的填筑、码砌等
		1.人力施工	m³	
		2.机械施工	m³	
		（三）借石填方	m³	包括按以石代土路堤设计时的借石方的开挖、装、运、卸、摊铺、压实、洒水等和按填石路堤设计时借石方的开挖，装、运、卸、填筑、码砌等
		1.挖填石方（运距≤1km）	m³	

章别	节号	工程及费用名称	单位	附　注
二	2	（1）人力施工	m³	
		（2）机械施工	m³	
		2. 增运石方（运距＞1km 的部分）	m³·km	
		三、填渗水土	m³	渗水土的挖、装、运、卸、摊铺、压实、洒水等
		（一）挖填（运距≤1km）	m³	
		1. 人力施工	m³	
		2. 机械施工	m³	
		（二）增运（运距＞1km 的部分）	m³	
		四、填改良土	m³	
		（一）利用土改良	m³	配料、拌制，摊铺、洒水、压实
		（二）借土改良	m³	挖、装、运、卸，配料、拌制，摊铺、洒水、压实
		1. 挖填土方（运距≤1km）	m³	
		2. 增运土方（运距＞1km 的部分）	m³·km	
		五、级配碎石（砂砾石）	m³	配料、拌制、堆放；分层摊铺、掺拌水泥、洒水或晾晒、压实，排水；路面及边坡修整
		（一）基床表层	m³	
		（二）过滤段	m³	
		1. 路堤与桥台过渡段	m³	
		2. 路堤与横向结构物过渡段	m³	
		3. 路堤与路堑过渡段	m³	
		六、挖淤泥	m³	围堰填筑及拆除、抽水；挖、装、运、卸、排水，弃方堆放、整修
		七、挖多年冻土	m³	开挖、装、运、卸，弃方堆放、整理；路面和边坡修整
	3	站场土石方	（施工）m³／（断面）m³	含站场范围内的正线土石方；内容同区间路基土石方
		Ⅰ. 建筑工程费	（施工）m³／（断面）m³	
		一、土方	m³	
		（一）挖土方	m³	工作内容同区间路基土石方
		1. 挖土方（运距≤1km）	m³	含铲运机铲运超过 1km 的部分
		（1）人力施工	m³	
		（2）机械施工	m³	
		2. 增运土方（运距＞1km 的部分）	m³·km	
		（二）利用土填方	m³	工作内容同区间路基土石方
		1. 人力施工	m³	
		2. 机械施工	m³	

章别	节号	工程及费用名称	单位	附　　注
十一	29	2. 勘察监理与咨询费	元	
		3. 设计监理与咨询费	元	
		4. 施工监理与咨询费	元	
		5. 设备采购监造监理与咨询费	元	
		（五）工程质量检测费	元	
		（六）工程质量安全监督费	元	
		（七）工程定额测定费	元	
		（八）施工图审查费	元	
		（九）环境保护专项监理费	元	
		（十）营业线施工配合费	元	
		二、建设项目前期工作费	元	
		（一）项目筹融资费	元	
		（二）可行性研究费	元	
		（三）环境影响报告编制与评估费	元	
		（四）水土保护方案报告编制与评估费	元	
		（五）地质灾害危险性评估费	元	
		（六）地震安全性评估费	元	
		（七）洪水影响评价报告编制费	元	
		（八）压覆矿藏评估费	元	
		（九）文物保护费	元	
		（十）森林植被恢复费	元	
		（十一）勘察设计费	元	
		1. 勘察费	元	
		2. 设计费	元	
		3. 标准设计费	元	
		三、研究试验费	元	
		四、计算机软件开发与购置费	正线公里	
		五、配合辅助工程费	元	
		（一）立交桥（涵）两端引道	元	指等级公路
		1. 路基	km	
		（1）土方	m³	
		（2）石方	m³	
		（3）路基附属工程	元	
		①干砌石	m³	

章别	节号	工程及费用名称	单位	附　注
十一	29	②浆砌石	圬工方	
		③混凝土	圬工方	
		④钢筋混凝土	圬工方	
		⑤绿色防护、绿化	m²	
		⑥地基处理	元	
		2.路面	m²	
		（1）垫层	m²	
		（2）基层	m²	
		（3）面层	m²	
		①沥青混凝土路面	m²	
		②水泥混凝土路面	m²	
		3.沿线设施	km	包括护栏、隔离带（栅、块）、标志牌、标线、界牌、标桩、路面标线、轮廓标，路面及中央分隔带、排水设施等
		（二）立交桥综合排水工程	处	包括排水泵站房屋、排水设施及设备
		六、联合试运转及工程动态检测费	元	
		七、生产准备费	正线公里	
		（一）生产职工培训费	正线公里	
		（二）办公和生活家具购置费	正线公里	
		（三）工器具生产家具购置费	正线公里	
		八、其他	元	
		以上各章合计	正线公里	
		其中：Ⅰ.建筑工程费	正线公里	
		Ⅱ.安装工程费	正线公里	
		Ⅲ.设备购置费	正线公里	
		Ⅳ.其他费	正线公里	
十二	30	基本预备费	正线公里	
以上总计			正线公里	
第二部分：动态投资			正线公里	
十三	31	工程造价增涨预留费	正线公里	
十四	32	建设期投资货款利息	正线公里	
第三部分：机车车辆购置费			正线公里	
十五	33	机车车辆购置费	正线公里	
第四部分：铺底流动资金			正线公里	

章别	节号	工程及费用名称	单位	附 注
十六	34	铺底流动资金	正线公里	
		概（预）算总额	正线公里	第一、二、三、四部分之和

注：1. 编制概（预）算时，在不变动表中章、节的前提下，应根据实际需要、编制阶段和具体工程内容增减各节细目。

2. 枢纽建设项目应将"正线公里"改按"铺轨公里"编制综合概（预）算；专用线项目，如站线所占比重较大，亦可改按"铺轨公里"编制；表列"单位"，除章与节的"单位"不得变更外，其细目中的"单位"也可采用比表列"单位"更为具体的计量单位。

3. 土方和石方。除区间路基土石方和站场土石方外，仅指单独挖填土石方的项目和无需砌筑的各种沟渠等的土石方。如改河、改沟、改渠、平交道土石方，刷坡、滑坡减载土石方，挡沙堤、截沙沟土方，为防风固沙工程需预先进行处理的场地平整土方。与砌筑等工程有关的土石方开挖，其费用计入主体工程。如挡墙的基坑开挖及回填费用计入挡墙，桥涵明挖基础的基坑开挖及回填费用计入基础坑工。

4. 路基地基处理所列的项目不包括路基本体或基床以外构筑物的地基处理。挡土墙、护坡、护墙等的地基处理及墙背所设垫层等的费用应分别列入挡土墙、护坡、护墙等项目。

5. 锚杆挡土墙、桩板挡土墙、加筋土挡土墙、抗滑桩、预应力锚索、预应力锚索桩、桩板挡土墙等特殊形式的支挡结构，其费用列入独立的项目；其余重力式挡土墙、扶壁式挡土墙、悬臂式挡土墙等一般形式的支挡结构及抗滑桩桩间挡墙按坑工类别划分，其费用分别列入挡土墙浆砌石、挡土墙片石混凝土、挡土墙混凝土、挡土墙钢筋混凝土等四个项目；土钉墙的费用按土钉、基础坑工和喷混凝土等项目分列。

6. 预应力锚索桩桩身的费用列入抗滑桩项目，桩间挡墙坑工的费用列入一般形式支挡结构的项目；预应力锚索桩板挡土墙坑工的费用列入桩板挡土墙项目，预应力锚索单独计列；格梁等坑工的费用列入一般形式支挡结构的项目。

7. 路桥分界：不设置路桥过渡段时，桥台后缺口填筑属桥梁范围，设置路桥过渡段时，台后过渡段属路基范围。铺轨和铺道床应包含满足设计开通速度的全部内容。

8. 无论设计分工如何，各专业凡与信息系统有关的费用一律列入第六章17节相应的项目中。

9. 房屋附属工程土石方是指为达到设计要求的标高，在原地面修建房屋及附属工程面必须进行的修建场地范围的土石方填挖工程，不含已由线路、站场进行调配的土石方。修建房屋进行的平整场地（厚度±0.3m以内）和基础及道路、围墙、绿化、坑工防护等土石方，不单独计算，其费用计入房屋基础及附属工程的有关细目。

10. 与第九章有关的围墙、栅栏、道路、硬化面、绿化和取弃土（石）场处理等附属工程列入第25节的站场附属工程，其余均列入房屋附属工程相应细目。

11. 室内外界线划分：
   a. 给水管道：以入户水表井或交汇井为界，无入户水表井或交汇井而直接入户的，以建筑物外墙皮为界。水表井或交汇井的费用计入第九章第21节的给水管道。
   b. 排水管道：以出户第一个排水检查井或化粪池为界。检查井的费用计入第九章第21节的排水管道，化粪池列入第九章第21节的排水建筑物下。
   c. 热网管道：以建筑物外墙皮为界。
   d. 工艺管道：以建筑物外墙皮为界。
   e. 电力、照明线路：以入户配电箱为界。配电箱的费用计入房屋。

12. 房屋基础与墙身的分界
   a. 砖基础与砖墙（身）划分应以设计室内地坪为界（有地下室的按地下室室内设计地坪为界），以下为基础，以上为墙（柱）身。基础与墙身使用不同材料，位于设计地坪±0.3m以内时以不同材料为界，超过±0.3m，应以设计室内地坪为界。
   b. 石基础、石勒脚、石墙的划分。基础与勒脚应与设计室外地坪为界，勒脚与墙身应以设计室内地坪为界。

13. 除非另有规定，石碴场和苗圃不单独编制概（预）算。

14. 由于环境保护工程是结合主体工程设计统筹考虑的，其费用应与主体工程配套计列。

15. 第九章范围内的地面水（雨水、融化雪水、客车上水时的漏水、无专用洗车机的洗刷机车及车辆的废水等）的排水沟渠及管道，列入第25节的站场附属工程，其余地下水、生产废水和生活污水的排水沟渠及管道，列入第21节的排水工程。

附录3　铁路工程工程量清单计量规则（土建部分节选）

					01　第一章　拆迁工程		
编码	节号	名称	计量单位	子目划分特征	工程量计量规则	工程（工作）内容	附注
0101	1	拆迁工程	正线公里				
0101J		Ⅰ．建筑工程费	正线公里				
0101J01		一、改移道路	km				
0101J0101		（一）等级公路	km				
0101J010101		1．路基土石方	m³	综合	按设计图示断面尺寸，挖方以天然密实体积计算，填方以压实体积计算	土石方挖填	含路基附属工程的土石方
0101J01010103		2．路基附属工程	元				
0101J0101010301		①砌体及（钢筋）混凝土	圬工方	综合	按设计图示砌体尺寸计算。包括各种笼装片（块）石	1．基坑挖填；2．脚手架搭拆；3．砌体砌筑；4．选取片（块）石，安砌；5．模板制安拆；6．钢筋及预埋件制安；7．混凝土浇筑或预制构件制安；8．反滤层铺设；9．变形缝、泄水管（孔）设置	
0101J0101010302		②绿色防护、绿化	m²	综合	按设计绿色防护、绿化面积计算	翻土、挖土回填、围护，铺草皮、喷播植草、喷混植生，栽植花草、灌木、乔木等，浇水，养护	
0101J0101010303		③处理地基	元	综合	按设计要求综合计算	1．换填；2．各类地基处理桩；3．强夯等	
0101J010102		2．路面	m²				

01　第一章　拆迁工程

编码	节号	名称	计量单位	子目划分特征	工程量计量规则	工程（工作）内容	附注
0101J01010201		（1）垫层	m²	综合	按设计图示面积计算	混合料拌制、摊铺、洒水、压实，修整	
0101J01010202		（2）基层	m²	综合	按设计图示面积计算	混合料拌制、摊铺、洒水、压实，修整	
0101J01010203		（3）面层	m²				
0101J0101020301		①沥青混凝土路面	m²	等级	按设计车行道和人行道面层面积计算	1. 沥青混凝土拌制、铺筑、碾压、整形；2. 路缘石制安；3 培肩路	含桥梁隧道的路面面层。包括沥青贯入式路面、沥青表面处治路面和沥青混凝土路面
0101J0101020302		②水泥混凝土路面	m²	等级	按设计车行道和人行道面层面积计算	1. 模板制安拆；2. 混凝土浇筑；3. 钢筋及预埋件制安；4. 变形缝设置；5. 路缘石制安 6 培肩路	含桥梁隧道的路面面层
0101J02		二、砍伐、挖根	元	综合	按设计要求综合计算	1. 砍伐、挖根；2. 移栽 3. 清运	指修建铁路正式工程所发生的砍伐、挖根及移栽
0101J03		三、管线路防护	m	综合	按设计防护长度计算	1. 基坑、管沟挖填；2. 脚手架搭拆；3. 管套及支架制安；4. 圬工砌筑等	指修建铁路时须对属路外产权的管线路进行的防护、加固
0101J04		四、既有建筑物拆除后的垃圾清运	元	综合	按设计要求综合计算	装运，弃至指定地点，整理	指修建铁路正式工程须对建筑物拆除后的垃圾进行的清运
0101Q		Ⅳ. 其他费用	元				
0101Q01		青苗补偿费	元	综合	按设计要求和具体情况综合计算	协调，支付补偿费用	指在铁路用地界以外修建正式工程发生的青苗补偿费用

续表

02　第二章　路基

编码	节号	名称	计量单位	子目划分特征	工程量计算规则	工程（工作）内容	附注
0202	2	区间路基土石方	正线公里				
0202J		Ⅰ.建筑工程费	m³				
0202J01		一、土方	m³				
0202J0101		（一）土方	m³	综合	按设计图示开挖断面尺寸计算	1.挖、装、运、卸，排水，弃方或利用方堆放、修整；2.基床土翻松、压实；3.路面及边坡修整	
0202J0102		（二）利用土填方	m³	综合	按设计图示压实断面尺寸计算	1.分层摊销、翻晒、洒水、压实，排水；2.路面及边坡修整	如挖方未直接运至填筑点，还应包含从利用方临时堆放点运至填筑点的内容
0202J0103		（三）借土填方	m³	综合	按设计图示压实断面尺寸计算	1.挖、装、运、卸，排水；2.分层摊销、翻晒、洒水、压实；3.路面及边坡修整	

附录 4 部分相关专业名词英文翻译

A

决算	actual budget
补充定额	additional norms
固定资产投资方向调节税	adjustment tax of investment direction of fixed assets
津贴	allowance
辅助材料	auxiliary material
生产工人辅助工资	auxiliary wage

B

标底	base bid price
基本预备费	basic preliminary expense
道砟	ballast
无砟轨道	ballastless track
基本工资	base wage
垫层	bed course
投标人	bidder
开标	bid opening
借土	borrow earth
桥涵	bridges and culverts
预算	budget
施工图预算	budget according to working drawing
设计概算	budgetary estimates of design
铁路工程概预算	budgetary estimates and budget of railway engineering
竣工决算	budget needed for completion of project
材料预算价格	budgetary price of materials
铺道床	build road-bed
建筑安装工程	building and outfitting project

C

招标	calling for bid
基本建设程序	capital construction procedure
基本建设项目	capital construction project
索赔	claim
结算	clearing
工程结算	clearing of engineering
土地征用及拆迁补偿费	compensatory expense of land expropriation and demolition
编制期价格	compile period price

通信及信号	communication and signal
综合概算	composite estimates
综合工费标准	comprehensive construction cost
初步设计	conceptual design
不变费用	constant expense
承包人	contractor
教育费附加	construction education surchange
施工预算	construction budget
施工机械使用费	construction machinery expense
工程造价增长预留费	constructional preliminary cost
研究试验费	cost of study and test
路堑	cutting; road cut
土石方调配	cut-fill adjustment
周转性材料	cyclical material

D

赔款	damages
投标最后期限	deadline for acceptance of bidders
拆迁工程	demolition moving engineering
运输损耗费	depletion expense of transportation
折旧费	depreciation expense
直接工程费	direct engineering cost
施工机械调遣费	dispatch expenses of construction institutions
动态投资	dynamic costing

E

土石方工程	earthwork
电力及电力牵引供电	electric power and its towed power supply
路堤	embankment
职工福利费	employee services and benefits
发包人	employer
工程用电	energy of engineering
配合辅助工程费	engineering cost of coordination and supplement
企业管理费	enterprise management expense
燃料动力费	expenditure on power of fuel
检测试验费	expense of check and experiment
工程定位复测、工程点交和场地清理费用	expense of engineering location, resurveying, devolution and site clearance
设备及工器具购置费	expense of equipment and tools purchasing
设备购置费	expense of equipment purchasing
人工费	expense of labor

供电贴费	expense of power supply

F

可行性研究	feasibility
勘察设计费	fee of prospecting and design
财务经费	finance fee
固定资产	fixed assets

G

土工格栅	geogrid

H

高速铁路	high-speed railway

I

安拆及进出场费	imported and exported yard fee
改良土	improved soil
夜间施工增加费	increase expense for construction at night
风沙地区施工增加费	increase expense for construction at sand-storm region
高原地区施工增加费	increase expense for construction on plateau
原始森林地区施工增加费	increase expense for construction on primary forest
雨季施工增加费	increase expense for rainy construction
冬季施工增加费	increase expense for winter construction
间接费	indirect expense
估算	initial estimation
行车干扰施工增加费	interference expense for traffic
投资	investment
投资估算	investment cost ofinital
投资检算	investment examiation

J

无缝线路	jointless track

L

劳动保险费	labor insurance fee
劳动定额	labor norm
生产工人劳动保护费	labor protection expense
大型临时设施和过渡工程费	large-sized temporary facilities and transitional engineering expense
建设期投资贷款利息	loan interest of construction project

M

机车台班费	machine-team expense
汽车便道养护费	maitenance expense for access roads and bridges
建设管理费	management cost of construction unit
价差	margin of price

圬工方	masonry work
材料消耗定额	material consumption norm
材料费	material erpense
材料的原价	materials original price
中粗砂	medium-coarse sand

N

预算定额	norm of budget
概算定额	norm of preliminary

O

明洞	open culvert
轨道	orbit
其他运营生产设备及建筑物	other operational production equipment and building
零星材料	out-of-material
大修理费	overhaul charge

P

包装费	packing charges
经常修理费	permanent repair expense
计划利润	planned profit
标底编制	prepare base bid price
资格预审	prequalification
价差	price difference
概算	primary cost estimates
站后工程	project after the railway track in use
项目决策	project decision
站前工程	project prior to the railway track in use
发包人	promoter
公开投标	public bidding
机车车辆购置费	purchasing cost of vehicles
办公和生活家具购置费	purchasing expenses of office and life furniture
工器具及生产家具购置费	purchasing expenses of tools and production furniture

Q

定额	quota
报价	quotation of price

R

改建铁路	reconstructed railway
加筋土挡土墙	reinforced earth retaining wall
修正概算	revised estimates
养路费及车船使用费	road maintenance cost and vehicle and vessel tax

S

营业税	sales tax
静态投资	static cost
底砟	sub-ballast
路基	subgrade
基床表层	surface course of subgrade bed

T

税金	tax and duties
城市维护建设费	tax of urban maintenance
技术设计	technical design
临时房屋及小型临时设施费	temporary house and small temporary facilities
招标人	tender
投标报价	tender offer
装卸费	terminal charges
总概算	total estimates
铺轨	track-laying
过轨费	track-passed expense
生产职工培训费	training expenses of production employees
过渡工程	transition project
过渡段	transition section
运输费	transportation charge
运杂费	transportation expense
隧道	tunnel

U

单项概算	unit estimates
生产用工具、用具及仪器、仪表使用费	user charge of production instruments and tools

V

可变费用	variable expense
调车费	vehicle adjustment expense

W

工资性补贴	wage subsidization
铺底流动资金	working capital of bottom-laying
施工图设计	working drawing design
流动资金	working funds

参 考 文 献

[1] 铁路工程定额所. 铁路工程工程量清单计价指南(土建部分). 北京：中国标准出版社，2007.

[2] 田元福. 铁路与公路工程概预算编制原理与方法. 北京：中国铁道出版社，2008.

[3] 刘永俊. 工程量清单在我国铁路建设项目中的应用. 铁路工程造价管理，6(1)：32~34，2007.

[4] 铁路工程定额所. 铁路工程概预算工程量计算规则. 北京：中国标准出版社，2010.

[5] 皱桃花. 铁路工程计量与计价. 成都：西南交通大学出版社，2010.

[6] 刘芳，章疾雯. 铁路工程概预算与工程量清单计价. 北京：人民交通出版社，2010.

[7] 李向国，黄守刚，张鑫等. 高速铁路施工新技术. 北京：机械工业出版社，2010.

[8] 李秋全，林伟. 铁路工程概预算. 北京：中国铁道出版社，2006.

[9] 铁道部经济规划研究院铁路工程定额所《铁路工程预算定额》第一册路基工程. 北京：中国标准出版社，2010.

[10] 铁道部经济规划研究院铁路工程定额所《铁路工程预算定额》第二册桥涵工程. 北京：中国标准出版社，2010.

[11] 铁道部经济规划研究院铁路工程定额所《铁路工程预算定额》第三册隧道工程. 北京：中国标准出版社，2010.

[12] 铁道部经济规划研究院铁路工程定额所《铁路工程预算定额》第四册轨道工程. 北京：中国标准出版社，2010.

[13] 铁道部经济规划研究院铁路工程定额所《铁路工程预算定额》第十二册站场工程. 北京：中国标准出版社，2010.

[14] 铁道部经济规划研究院铁路工程定额所《高速铁路路基、桥梁、隧道、轨道工程补充定额》. 北京：中国标准出版社，2010.